D1664160

Die russlanddeutsche Migration in der Sprachbehindertenpädagogik

Geschichtlich-theoretischer Hintergrund und praxisrelevante Forschungsergebnisse für das sprachbehindertenpädagogische Handlungsfeld durch konfrontierende Sprachanalyse

Inaugural-Dissertation
zur
Erlangung des Doktorgrades
der Heilpädagogischen Fakultät
der Universität zu Köln

vorgelegt von
Lilli Jedik
aus Köln

im September 2001

Erster Gutachter: Prof. Dr. M. Grohnfeldt

Zweiter Gutachter: Prof. Dr. G. List

Tag des Rigorosums: 14.12.2001

Berichte aus der Pädagogik

Lilli Jedik

Die russlanddeutsche Migration in der Sprachbehindertenpädagogik

Geschichtlich-theoretischer Hintergrund und praxisrelevante
Forschungsergebnisse für das sprachbehindertenpädagogische
Handlungsfeld durch konfrontierende Sprachanalyse

D 38 (Diss. Universität Köln)

Shaker Verlag
Aachen 2002

Die Deutsche Bibliothek - CIP-Einheitsaufnahme

Jedik, Lilli:
Die russlanddeutsche Migration in der Sprachbehindertenpädagogik :
Geschichtlich-theoretischer Hintergrund und praxisrelevante
Forschungsergebnisse für das sprachbehindertenpädagogische
Handlungsfeld durch konfrontierende Sprachanalyse / Lilli Jedik.
Aachen : Shaker, 2002
        (Berichte aus der Pädagogik)
        Zugl.: Köln, Univ., Diss., 2001
ISBN 3-8322-0649-3

ISBN 3-8322-0649-3
ISSN 0945-0920

Shaker Verlag GmbH • Postfach 101818 • 52018 Aachen
Telefon: 02407 / 95 96 - 0 • Telefax: 02407 / 95 96 - 9
Internet: www.shaker.de • eMail: info@shaker.de

Vorwort

Fragen der Migration rücken in Deutschland zunehmend ins Zentrum des Interesses. Im Vordergrund und für die Öffentlichkeit in besonderem Maße erkennbar sind dabei Aufgabenstellungen, die mit teilweise bereits in der zweiten oder dritten Generation in Deutschland lebenden Ausländern und ihren Familien zu verzeichnen sind.

Nahezu unbemerkt und in den Medien vergleichsweise selten angesprochen sind dagegen Fragen und Problemstellungen, die im Zusammenhang mit Russlanddeutschen auftreten. Heute gibt es über 2 Millionen Aussiedler aus der ehemaligen Sowjetunion, die in ihrer Nationalität deutsch sind, in deren Familien jedoch häufig, wenn nicht überwiegend die russische Sprache gesprochen wird. Im Hinblick auf Zweisprachigkeit stellen Russlanddeutsche damit in Deutschland die größte Gruppe dar. So werden auch in der PISA- Studie von den 15-jährigen Jugendlichen mit Migrationshintergrund in den einzelnen Bundesländern unterschiedlich und stark variierend, jedoch übergreifend deutlich am meisten Aussiedlerfamilien genannt. Ihre Zahl ist erheblich größer als die der Türken, die die zweitgrößte Gruppe darstellen.

Dies ist in der Öffentlichkeit weitgehend unbekannt. Woran mag das liegen? Welche Bedeutung spielen Fragen der biografischen Erfahrung, der Mentalität und Identität von Russlanddeutschen? Wie kann man gezielte Hilfsmaßnahmen durchführen?

Auf diese Fragestellungen und auf noch mehr geht die vorliegende Veröffentlichung ein. Bereits die Ausführungen zum geschichtlichen Hintergrund vermitteln ein eindrucksvolles Bild der Migrationsbewegungen in Deutschland nach Russland u.a. im 18. Jahrhundert. Sie dokumentieren die Bedeutung der Sprache und Kultur in einem fremden Land trotz widriger Umstände. Die Idee der Rückkehr wurde dabei über Generationen aufrecht erhalten und mit manchen überkommenen, wenn nicht gar idealisierten Vorstellungen verbunden. Für die zurückgekehrten Russlanddeutschen ist häufig die Diskrepanz von eingeprägten Vorstellungen von der „neuen Heimat" und der vorgefundenen Realität Ausdruck vielfältiger Enttäuschungen. Während sie in Russland als Deutsche diskriminiert wurden, werden sie in Deutschland als Russen behandelt. Sie empfinden sich als „Fremde in der Heimat". Ausdruck des damit einher gehenden rückwärts gerichteten Pendels ist häufig, dass in Deutschland in der Familie russisch gesprochen wird – obwohl dies nach außen selten zugegeben wird - , während in Russland versucht wurde, die deutsche Sprache über Jahrhunderte zu erhalten.

Probleme der Identitätskonfusion sind damit ebenso im Zusammenhang zu sehen wie die Ambivalenz aus dem erklärten Willen zur Assimilation und dem emotionalen Bedürfnis nach einem verbindenden Gruppenzusammenhalt. Russlanddeutsche wollen daher – und darauf verweist die Verfasserin in ihrer Untersuchung - möglichst wenig auffallen und betonen eher ihre deutsche Nationalität. Hilfsmaßnahmen, die für Ausländer in Deutschland gängig sind (z.B. Sprachkurse), werden von daher kaum eingefordert. Andererseits steht fest: „ Die deutschen Sprachkenntnisse sind und bleiben sowohl im Herkunftsland als auch nach der Anreise für die Aussiedler der Schlüssel zur Lösung vieler Probleme" (S. 56).

Damit wird auf eine wesentliche sprachheilpädagogische Aufgabenstellung verwiesen, die sich auf die differenzialdiagnostische Abklärung bezieht, inwieweit die betreffenden Personen auch im Russischen Sprachstörungen aufweisen. Voraussetzung dazu ist ein kontrastiver Sprachvergleich beider Sprachen. Dazu wird eine umfangreiche Analyse zu Fragen der Artikulation und Grammatik vorgenommen. Neben linguistischen Aspekten wird dabei auf Konsequenzen für das sprachheilpädagogische Vorgehen eingegangen, die typische Fehlbildungen (z.B. die Auslassung von Artikeln, Veränderungen der Wortstellung im Satz ..) berücksichtigen, wobei das Aufzeigen dieser interferenzbedingten Erscheinungen nicht voreilig als Sprachstörung zu klassifizieren ist.

Dies alles vermittelt die Verfasserin in eindrucksvoller Art und Weise. Sie ist selbst Russlanddeutsche und weiß aus eigener Anschauung, wovon sie spricht. Ihre Ausführungen dokumentieren eine profunde Kenntnis auf diesem Gebiet. Sie verbleibt dabei nicht bei einer theoretischen Analyse, sondern entwickelt vor dem Hintergrund ihrer Tätigkeit als Sprachheilpädagogin konkrete Überlegungen, wie Aussiedlerfamilien aus Russland und ihren Kindern beim Vorliegen einer Sprachstörung geholfen werden kann.

Für die Sprachheilpädagogik sind die dabei angesprochenen Fragestellungen von wesentlichem Interesse. Die vorliegende Arbeit ist damit von wegweisender Bedeutung.

Prof. Dr. Manfred Grohnfeldt

Inhaber des Lehrstuhls für Sprachheilpädagogik an
der Ludwig – Maximilians – Universität München und Leiter
des Forschungsinstituts für Sprachtherapie und Rehabilitation (FSR)

1

Vorwort

Motivation und Ausgangspunkt der vorliegenden Arbeit war meine sprachbehindertenpädagogische Intervention mit zahlreichen russlanddeutschen Familien im Rahmen eines von Prof.Dr. Manfred Grohnfeldt geleiteten Forschungsprojektes im Forschungsinstitut für Sprachtherapie und Rehabilitation an der Universität zu Köln. Aus
der beruflichen und - auf Grund meiner eigenen Zweisprachigkeit - persönlichen Nähe zu diesen Familien entstand sehr bald der Wunsch, die praktisch-pädagogischen
Interventionsmaßnahmen wissenschaftstheoretisch zu reflektieren. Die Tätigkeit als
wissenschaftliche Mitarbeiterin an der Universität zu Köln bot für die Verwirklichung
dieses Vorhabens einen passenden Rahmen.

Während des gesamten Bearbeitungsprozesses meiner Dissertation war für mich die
fachliche Begleitung und Unterstützung durch Prof.Dr. Manfred Grohnfeldt bedeutsam. Für seine geistreiche Anregung und Herausforderung danke ich ihm sehr. In
diesem Zusammenhang möchte ich auch Prof.Dr. Ulrich Obst für die fachliche
Betreuung des sprachwissenschaftlichen Teils meiner Arbeit danken. Viele von mir in
der Arbeit aufgegriffene Ideen verdanke ich den spritzigen und anregenden Diskussionen in den Seminaren „Entwicklung sozialer Fähigkeiten" und „Psychologische
Aspekte von Mehrsprachigkeit und Kulturkontakt" unter der fachlichen Leitung von
Prof.Dr. Gudula List.

Ein besonderer Dank gebührt meinen Eltern für ihre moralische Unterstützung während der Bearbeitungszeit der vorliegenden Dissertation. In diesem Zusammenhang
danke ich Eugen Wagner vor allem für seine Hilfe bei technischen Problemen und
seinen ansteckenden Optimismus. Eduard(o) Flemmer und Jutta Volberg danke ich
für ihr unermüdliches Lesen meines Manuskripts. Nicht zuletzt möchte ich an dieser
Stelle all den Kollegen und Freunden meinen Dank aussprechen, die durch anregen-
de Diskussionen Motivationsarbeit leisteten und dazu beitrugen, dass diese Arbeit
recht bald Gestalt annahm.

Die vorliegende Arbeit richtet sich nicht nur explizit an Sprachbehindertenpäda-
gog(inn)en, sondern auch an Logopäd(inn)en, Lehrer(innen) und andere Spezialisten, die Aussiedlerfamilien betreuen und sowohl Interesse zeigen, einen detaillierten

Einblick in die historische Situation und das Kulturgut dieser Migrantengruppe zu bekommen, als auch praktische Hilfsmittel und Empfehlungen zum pädagogischen Umgang mit diesem Klientenkreis wünschen. In diesem Sinne versteht sich diese Arbeit als eine Verzahnung von pädagogischer Theorie und pädagogischer Praxis.

Mir bleibt nun zu hoffen, dass möglichst viele interessierte Leser aus dieser Arbeit Informationen und Anregungen schöpfen können, die einerseits das pädagogisch einfühlsame Verstehen sowohl dieser als auch anderer Einwanderergruppen ermöglichen und andererseits Fachleute, die Aussiedlerfamilien betreuen, auf die praktisch-pädagogische Tätigkeit und den alltäglichen Umgang mit diesem Klientenkreis besser vorbereiten.

Köln, im September 2001

Lilli Jedik

Inhaltsverzeichnis

4

5

6

Verzeichnis der Abbildungen und Tabellen

Einleitung

In der heutigen multikulturellen Gesellschaft ist die Diskussion um das Phänomen „Zweisprachigkeit als sprachbehindertenpädagogische Herausforderung" von nachhaltender Relevanz, denn zunehmend mehr zweisprachige Kinder werden zur sprachtherapeutischen Intervention vorgestellt. Dabei rückt die Notwendigkeit einer differenzialdiagnostischen Abgrenzung zwischen erwerbsbedingten Sprachschwierigkeiten und einer Sprachbehinderung in den Vordergrund. Einige Autoren verweisen in diesem Zusammenhang auf Strukturvergleiche zwischen verschiedenen Sprachen, die als Perspektive in die sprachbehindertenpädagogische Auseinandersetzung mit dem Phänomen Zweisprachigkeit herangezogen werden können; denn Kommunikation ist ein Prozess zwischen Menschen, deren Sprechen jeweils von den unterschiedlichen Hör- und Sprechmustern ihrer Sprachen, Kulturen und sozialen Gruppen geprägt ist. Durch die eigene Muttersprache können Lernerleichterungen (=positiver Transfer), aber auch Lernerschwernisse (=negativer Transfer) auftreten, wenn Deutsch Lernende ihre muttersprachlichen Gewohnheiten ins Deutsche übertragen.

Durch Sprachvergleiche auf der phonetisch-phonologischen Ebene lassen sich Laute und Lautgruppen bestimmen, die Deutsch lernende Kinder auf Grund mangelnder muttersprachlicher Hör- und Sprechgewohnheit nicht hören und nicht sprechen können oder die so gesprochen werden, dass sie von deutschen Hörmustern weit abweichen. Fehler dieser Art können die Verständigung schon auf der elementarsten Ebene stören. Durch Strukturvergleiche der verschiedenen Sprachsysteme auf der morphologisch-syntaktischen Ebene lassen sich erwerbsbedingte morphologisch-syntaktische Fehler im Zuge des Zweitspracherwerbs ermitteln, die von einer grammatikalischen Entwicklungsstörung abzugrenzen sind. In der vorliegenden Arbeit wird die Zielsetzung verfolgt, die grundsätzlich bestehende Abgrenzungsproblematik zwischen erwerbsbedingten Sprachschwierigkeiten und einer Sprachbehinderung bei zweisprachigen Kindern durch eine konfrontierende Sprachanalyse zu entschärfen.

Im Sinne des pädagogischen Verstehens wird zunächst der historische Hintergrund der russlanddeutschen Migrantengruppe erörtert, wobei die Auswanderung nach Deutschland einen entscheidenden Wendepunkt in der Geschichte von Aussiedlern

darstellt. In diesem Zusammenhang wird die Integrationsproblematik junger Spätaussiedler sowie die daran anknüpfenden integrationsfördernden Maßnahmen und
Projekte thematisiert und diskutiert. Besondere Aufmerksamkeit richtet die Verfasserin auf die Ermittlung der tatsächlichen Deutschkenntnisse der Russlanddeutschen
und vergleicht diese mit ihrer Selbsteinschätzung. Im Verlauf der gesamten Arbeit
wird der Akzent auf die Deutschkenntnisse dieser Migrantengruppe gesetzt, da diese
ausschlaggebend für eine erfolgreiche Integration sind.

Im Hinblick auf die Möglichkeit einer Verzahnung von pädagogischer Theorie und
pädagogischer Praxis wird anschließend die praktische Erfahrung im Forschungsinstitut für Sprachtherapie und Rehabilitation auf dem Gebiet der sprachtherapeutischen Intervention mit Russlanddeutschen dargestellt. Vor dem Hintergrund der historischen Situation dieser Migrantengruppe lassen sich Probleme bei der Erfassung
des Personenkreises sowie bei der Zusammenarbeit mit Eltern besser verstehen und
nachvollziehen. Im Verlauf der mehrjährigen sprachbehindertenpädagogischen Intervention der Verfasserin mit Aussiedlerfamilien im Rahmen eines Forschungsprojektes wurden für Sprachbehindertenpädagog(inn)en praktische Hilfsmittel ausgearbei-
tet, die die Elternarbeit mit diesem Klientenkreis erleichtern können.

Auf dem Gebiet der sprachtherapeutischen Intervention mit russlanddeutschen Kindern werden durch kontrastiven Sprachvergleich Russisch-Deutsch auf der phonetisch-phonologischen und der morphologisch-syntaktischen Ebene erwerbsbedingte
phonetisch-phonologische und morphologisch-syntaktische Fehler von russlanddeutschen Kindern im Zuge des Zweitspracherwerbs ermittelt, die als Hilfsmittel für eine
differenzialdiagnostische Abgrenzung von einer phonetisch-phonologischen sowie
grammatikalischen Entwicklungsstörung dienen.

Eine wichtige Informationsquelle für die sprachbehindertenpädagogische Diagnostik
bei zweisprachigen Kindern stellt eine umfassende Anamnese dar. Als Hilfsmittel für
Sprachbehindertenpädagog(inn)en wird ein von der Verfasserin entwickelter und in
deutscher und russischer Sprache übereinstimmend konzipierter Anamnesebogen
für zweisprachige Kinder vorgestellt.

Die individuelle Förderung einer bilingualen und bikulturellen Identität als Hauptziel einer sprachbehindertenpädagogischen Intervention lässt sich nur als eine interdisziplinäre Aufgabe in einem Netzwerk verwirklichen, wobei die Sprachbehindertenpädagogik als eine Integrationswissenschaft einen nicht zu unterschätzenden Beitrag zur sozialen Integration leisten kann.

Teil I
Geschichtlicher
Hintergrund

1   Eingrenzung des Klientenkreises

1.1   Die Russlanddeutschen als Migrantengruppe

„Mehr wolla bleiwa, was mr sain -

doch was sain mr?"

(Längin 1991a, 5)

Die Verwendung der Termini „Russlanddeutsche", „Sowjetdeutsche", „Baltendeut-sche", „Sowjetbürger deutscher Nationalität" u.ä. ist nicht unumstritten.

Gewiss handelt es sich um ein Volk bzw. um eine Gemeinschaft von Menschen mit gleicher Sprache, also mit einer nationalen und sprachlichen Identität und mit einer mehr oder weniger gemeinsamen Geschichte. Genauer genommen geht es um ei-nen deutschen Volkssplitter, nachhaltig geprägt durch die Gesamtentwicklung Russ-lands sowie dessen Beziehung zum eigentlichen deutschen Kernland.

Am ehesten trifft wohl der Begriff „Russlanddeutsche" auf die o.g. Migrantengruppe zu, der von Längin (1991a, 7-8) wie folgt definiert wird:

„Russland für das Land, das die frühen Kolonisten angeworben hat, auf dessen Ter-ritorium ihr Staatswesen an der Wolga lag. Deutsch für Fürstentümer und Territo-rien, für Österreich, Elsass-Lothringen oder die Schweiz als die historische Heimat der Siedler, für Sprache oder Dialekt als Mutterlaut. Russlanddeutsche als ein fester Begriff im Weltwanderbuch, so wie er sich einprägte und in enzyklopädischen Wör-terbüchern weitergeführt wird. Das Russlanddeutsche schließlich als Phänomen, wie es sich weit ab vom deutschen Kernland und der deutschen Hochsprache seit über 200 Jahren erhalten hat. Russlanddeutsche (...) und wenn nur aus dem einen Grund, dass für die Wahlheimat der frühen Kolonisten Russland die konstante, die Sowjetunion ihrer Nachkommen dagegen nur eine vorübergehende Erscheinung im großen Rahmen der Geschichte ist."

1.2 Zum historischen Hintergrund dieser Zielgruppe

„Russland, das Land, wo Milch und Honig fließt"
(Längin 1991a, 15)

Schon im elften Jahrhundert sind die ersten deutschen Kaufleute nach Russland gekommen und haben im Raum Kiew Handel betrieben. Im zwölften Jahrhundert waren deutsche Baumeister im Teilfürstentum Vladimir-Suzdal zu verzeichnen. Die „älteste deutsche Kolonie" auf russischem Boden gründeten 1229 die deutschen Kaufleute in Novgorod.

Russland litt jahrhundertelang unter den Einfällen der Tataren und Mongolen. Nachdem diese besiegt und vertrieben waren, musste ein richtiges Staatswesen mit einer modernen Verwaltung aufgebaut werden. Dazu benötigte man ausländische Fachkräfte, darunter auch viele Deutsche.

Schon unter dem Zaren Iwan dem Schrecklichen (1533-1584) wurden deutsche Offiziere, Techniker, Handwerker, Kaufleute und Gelehrte vor allem nach Moskau gerufen, um die Hauptstadt aufzubauen.

Alle Deutschen wurden außerhalb der Stadtmauer angesiedelt. Am Flüsschen Jausa befand sich die „Deutsche Vorstadt", die „Njemezkaja Sloboda", in der sich eine Gruppe unter großzügigen Privilegien aus dem Ausland angelockter Einwanderer sammelte. 1576 wurde hier die erste evangelische Kirche Russlands, die St.-Michaels-Kirche, erbaut.

Da die Deutschen meist evangelisch und nicht rechtgläubig orthodox waren, wurden sie durch einen „Ukas" des Zaren Aleksej Michajlovich (1645-1676) aus der Stadt vertrieben. Daraufhin gründeten sie ihre eigene Vorstadt bei Moskau, die ausländische „Sloboda". Die Bewohner der „Sloboda" hatten eine Selbstverwaltung sowie das Recht auf freie Religionsausübung und eine eigene Sprache, die ein deutsch-niederländisches Gemisch war. Sie unterlagen jedoch der russischen Jurisdiktion (vgl. Ingenhorst 1997).

Die systematische Einwanderung von deutschsprachigen Siedlern nach Russland begann am Ende des siebzehnten Jahrhunderts durch die Öffnung Russlands durch Peter I. (1682-1725). Der Zar galt als Bewunderer der deutschen Technik und Kultur. Unter seiner Herrschaft wurden viele deutsche Offiziere, Wissenschaftler, Ärzte und Baumeister ins Land geholt. Der westlich orientierte Peter I. räumte den Deutschen aus Moskaus „Njemezkaja Sloboda" bei der von ihm vorangetriebenen Europäisierung Russlands eine prominente Rolle ein.

1703 wurden die ersten Häuserreihen in der neuen Festung St.Petersburg angelegt. Gleichzeitig wurde dort die erste evangelische Kirche aus Holz erbaut, aus der sich später (1719) die große St.Annen-Kirche entwickelte. Das Deutschtum wuchs in St.Petersburg rasch an. Dort lebten bis zu 50.000 Deutsche gegenüber 20.000 in Moskau (vgl. Stumpp 1964).

Mit der Zarin Katharina II. (1762-1796), ehemalige Sophie Friederike Auguste von Anhalt-Zerbst, begann durch eine planmäßige Einwanderungspolitik eine neue Epoche in der Geschichte der Deutschen in Russland. Katharinas Edikt vom 22. Juli 1763 (Abb. 1) war sehr erfolgreich.

VON GOTTES GNADEN
WIR, CATHARINA DIE ZWEYTE,

Kayserin und Selbstherrscherin aller Reußen ...

Da Uns der weite Umfang der Länder

unseres Reiches zur Genüge bekannt;
so nehmen wir unter anderem wahr, daß
keine geringe Zahl solcher Gegenden noch
unbebauet liege, die mit vorteilhafter
Bequemlichkeit zur Bevölkerung
und Bewohnung des menschlichen
Geschlechtes nutzbarlichst könnte
angewendet werden, von welchen die
meisten Ländereyen in ihrem Schooße
einen unerschöpflichen Reichtum an
allerley kostbaren Erzen und Metallen
verborgen halten; und weil selbige mit
Holzungen, Flüssen, Seen und zur Handlung
gelegenen Meeren genugsam
versehen, so sind sie auch ungemein
bequem zur Beförderung und Vermehrung
vielerley Manufakturen, Fabricken und zu
verschiedensten anderen Anlagen ......
Verstatten Wir allen Ausländern
in Unser Reich zu kommen, um sich
in allen Gouvernements, wo es einem jeden
gefällig, häuslich niederzulassen ..."

Abb. 1 (Aktion Gemeinsinn e.V. 1994, 6)

Die deutschen Einwanderer - geplagt von dem Siebenjährigen Krieg (1756-1763) - kamen nun in großen Zügen (s. Abb. 2), bereit, brauchbare Felder in unbebauter Gegend als „staatliche Aufgabe" Katharinas II. und danach Alexanders I. zu bewirtschaften.

Abb. 2 (Landsmannschaft der Deutschen aus Russland e.V. 1993, 1)

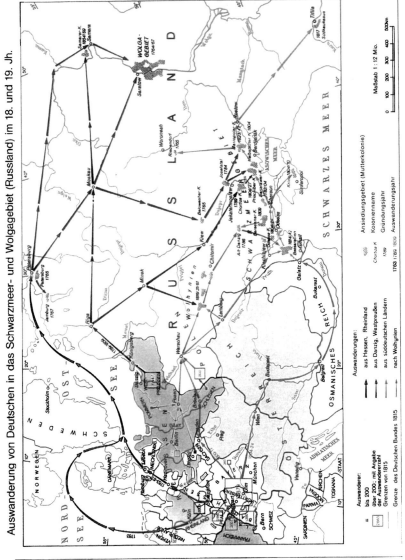

Auswanderung von Deutschen in das Schwarzmeer- und Wolgagebiet (Russland) im 18. und 19. Jh.

Titelbild: 1. Evang.-luth. Kirche in Walter (Gretschino)-Wolgagebiet
2. Katholische Kirche in Bähr (Kamenka)-Wolgagebiet
3. Mädchenschule in Chortitza/Ukraine
4. Flüchtlingstreck
5. Bauernstube in Elisabethdorf/Wolhynien
6. Oper in Odessa

Zwischen 1763 und 1767 wanderten etwa 8.000 Familien ins Wolgagebiet ein. Die Einwanderer stammten nicht aus der Oberschicht, sondern waren überwiegend bäuerlicher Herkunft.

Den Kolonisten wurde das Recht auf gemeindliche Selbstverwaltung ohne Einmischung der russischen Behörden in ihre inneren Angelegenheiten gewährt. Freie Religionsausübung nach ihren Kirchensatzungen und Gebräuchen war gestattet. Sie waren von den Abgaben an die Staatskasse (Steuern) und allen gewöhnlichen Diensten (etwa Militär- und Zivildienst) befreit. Es war ihnen erlaubt, Leibeigene zu kaufen. Wichtiger für die Kolonisten war aber die Zusicherung, dass alle das Zarenreich jederzeit wieder ungehindert verlassen durften.

Durch die Einräumung dieser Privilegien dauerte die gewaltige Einwanderungsbewegung rund 100 Jahre an. Die Kolonisten ließen sich jetzt nicht nur an der Wolga, sondern auch in der Südukraine, auf der Krim und im Kaukasus nieder.

3 bis 16 Dörfer vereinigten sich in einem Wolost (Bezirk), an dessen Spitze ein Oberschulze stand. Nach wirtschaftlicher Not und Beeinträchtigung der Glaubensfreiheit in der historischen Heimat - was in den meisten Fällen Grund für die Auswanderung war - bedankten sich die deutschen Bauern und Handwerker bei den russischen Herrschern für ihre Einladung, indem sie nun tatkräftig dabei halfen, Steppen fruchtbar zu machen und ganze Industrien aufzubauen.

Neben der Extensivierung durch Vergrößerung der Anbaufläche erhoffte sich Katharina II. auch eine Intensivierung und damit eine Anhebung der Produktivität. Die Kolonisten sollten neue und fortschrittliche Anbaumethoden in die rückständige Landwirtschaft Russlands einführen. Die Neugründungen sollten dann als Musterkolonien Anreiz für die russischen Bauern sein, ihre Landwirtschaft zu intensivieren, zu mechanisieren und zu modernisieren.

Die von Katharina zugesicherte freie Religionsausübung führte dazu, dass sich ganze Glaubensgemeinschaften nach Russland begaben. So siedelten die meist verarmten Mennonitenfamilien südlich von Jekaterinoslav und bauten die Kolonie Choritza auf. Diese Mennoniten waren als Taufgesinnte Angehörige eines Flügels der Reformation, ursprünglich aus der Schweiz, aus Süddeutschland nach Westpreußen emigriert, nun nach Russland weitergezogen, wo man sie, da der größte Teil friesischer Herkunft war, gerne Russlandfriesen nannte. 1801 folgten Familien aus Württemberg und Elsass und gründeten neue Kolonien wie Rosental, Neusatz Sudak und Zürichtal. Westlich von Odessa entstand Großliebental.

Ab 1804 änderten sich die Einwanderungsbedingungen. Es durften aus dem Westen nur gesunde, schuldenfreie und verheiratete Personen kommen. Trotzdem riss der Strom der Einwanderer nicht ab. 1808 gründeten die meist aus Bayrischer Pfalz, Baden und Elsass gekommenen Einwanderer katholische Kolonien im Kutschurganer Gebiet.

Württembergische, badische, elsässische und preußische Protestanten ließen sich im Glückstaler Gebiet nieder. Nach der Wolga wurde jetzt das Schwarzmeergebiet zum bevorzugten Ziel der deutschen Kolonisten.

Nach Napoleons Kriegen in Europa folgten Neueinwanderer, besonders in den Jahren 1804-1809, danach 1817, 1822-23 und 1837. In 209 deutschen Kolonien des Schwarzmeergebietes fanden rund 10000 Familien eine neue Heimat. Die Kolonisten waren angekommen, aber nicht alle ihnen zugesicherten Versprechungen wurden eingelöst.

Der Großteil der Kolonisten bestand aus deutschen Bauern und Handwerkern, die, getragen von einem tiefen Familiensinn und vom Zusammengehörigkeitsgefühl der Sippschaften, deutsche Bauern und Handwerker bleiben wollten. Während in den Städten die Assimilierung spürbar war (schon bald gab es dort echte russische Müllers oder Meiers), entstand draußen auf dem Land, wo man lange genug abgekapselt lebte, ein neues Volk. Man war als ein in Russland geborener Deutscher Untertan des Zaren, trotzdem aber ein eigenes Volk.

Doch immer stärker erhoben sich die Stimmen in Russland, die vor einer Germanisierung statt einer Russifizierung warnten. Diese Befürchtung hatte auch Zar Alexander III., der 1881 mit der Vorstellung, dass Russland den Russen gehören müsse, auf den Thron kam. Im selben Jahr besagte das Gutachten des Generalgouverneurs von Kiew, Ignatjew, dass die ausländische Kolonisation Russland keinen Nutzen bringe. Die „Russifizierungstendenzen" (Längin 1991a, 29) äußerten sich in Verboten von weiteren Ansiedlungen von Kolonisten.

1887 verbot Alexander III. den Reichsdeutschen den Landerwerb sowie die Verwaltung von Gütern, schon früher wurden ihnen auch andere Privilegien genommen. So wurde am 4. Juli 1871 das bei der Ansiedlung erlassene und große Rechte zusichernde Kolonistengesetz aufgehoben. Damit endete auch die Selbstverwaltung, die Kolonisten unterstanden jetzt dem russischen Innenministerium. Hinzu kam noch, dass Alexander II. (1855-1881) die Wehrpflicht für deutsche Kolonisten einführte.

Diese veränderten Verhältnisse führten zu einer Auswanderung der Kolonisten nach Kanada, in die USA und nach Südamerika. Die große Auswanderungsbewegung von Russlanddeutschen begann 1873 und dauerte bis zum Beginn des Zweiten Weltkrieges an.

Um die Jahrhundertwende waren örtliche Administrationen zwar weiterhin an deutschen Bauernwirtschaften interessiert, mussten jedoch die generell deutschfeindliche Politik des Hauses Romanov und die wachsende Konkurrenz des deutschen Ackerbaukapitals berücksichtigen.

Als Reaktion auf diese Maßnahmen folgten weitere Auswanderungsströme. In den Jahren 1901 bis 1911 verließen 105.000 Deutsche das Zarenreich. 1920 wurden in den USA bereits über 300.000 Russlanddeutsche gezählt, 120.000 davon waren an der Wolga geboren (Längin 1991a).

Für die Kolonisten war nicht Deutschland, sondern vorwiegend die Übersee Auswanderungsziel, da sie an uralten Bräuchen festzuhalten pflegten und aus diesem Grunde in ihrer historischen Heimat als rückständig galten.

Sehr schwere Zeiten waren für die Kolonisten angebrochen. Nicht nur ihre Privilegien wurden aufgehoben und die Eigenverwaltung abgeschafft, sondern auch die Reichsregierung von Berlin lehnte jegliche Unterstützung der Kolonisten ab. Diese war der Ansicht, dass denen, die ihr Vaterland verlassen hatten, kein Schutz mehr gewährt werden sollte. Den Botschaftern in Petersburg befahl die Reichsregierung, nichts zu unternehmen, wenn die Kolonisten dazu gezwungen würden, die russische Staatsbürgerschaft anzunehmen oder das Land zu verlassen.

Zu dieser Zeit befanden sich rund 1,7 Millionen Deutsche in Russland. Durch den großen Kinderreichtum (vor 1918 betrug die durchschnittliche Kinderzahl bei Russlanddeutschen 8 Kinder) wuchs die Zahl der Deutschen in Russland von rund 100.000 im Jahre 1774 auf 1,7 Millionen im Jahre 1914; d.h. in 140 Jahren hatte sich das Deutschtum versiebzehnfacht (Stumpp 1964).

Der Ausbruch des Ersten Weltkrieges verschlechterte rapide die Lage der Russlanddeutschen. Deutschfeindliche russische Kreise entfalteten eine hemmungslose Hetze gegen die Russlanddeutschen: sie bezichtigten sie der Spionage für Deutschland und bezeichneten sie als feindliche Soldaten einer deutschen Armee.

Zar Nikolaus II. wollte nach dem Krieg alle Deutschen nach Sibirien aussiedeln. Eine eigens hierfür geschaffene „Kommission zur Bekämpfung der deutschen Vergewaltigung" hatte den Auftrag, die Deutschen als „Feinde des russischen Reiches" zu liquidieren, mit dem Gesetz zur „Liquidation des deutschen Grundbesitzes" die Deutschen unentgeltlich zu enteignen und sie von Haus und Hof zu vertreiben.

Über 100.000 Deutsche wurden nach Enteignung ihres Landbesitzes nach Sibirien deportiert, wo einige Zehntausende starben (Landsmannschaft der Deutschen aus Russland e.V. 1957). Die Liquidation des deutschen Grundbesitzes war in vollem Gange, als in Russland die Revolution ausbrach.

Die revolutionäre Bewegung in Russland erstreckte sich auf die deutschen Kolonien. Die Erhebung gegen den Zaren Nikolaus II. wurde auch von einigen Russlanddeutschen, wie Nikolai Baumann, der eng mit Lenin zusammenarbeitete, mitgetragen.

Diese Revolution brachte den Kolonisten wieder gewisse Rechte. Neue deutsche Vereine wurden gebildet. Die deutschsprachige Presse, so etwa die „Volkszeitung", „Bürgerzeitung" oder die katholische „Deutsche Rundschau" vertrat die akuten Interessen dieser Volksgruppe. Auch den Sturz des Zaren (Revolution 1917), mit dem ein neuer Abschnitt ihrer Geschichte begann, begrüßten die Russlanddeutschen. In den deutschen Kolonien regte sich die Hoffnung auf eine Mitgestaltung der sozialen, wirtschaftlichen und politischen Zukunft.

Dies konnte nicht als Vorgriff auf die Überlegenheit der kommunistischen Idee gelten, sondern als Absage an das längst überholte Gesellschaftsbild und die deutschfeindliche Haltung des Zarenhofes. Es war allerdings auch kein Geheimnis, dass der 1917 im Wolgagebiet entstandene „Verband der Wolgadeutschen Sozialisten" die bolschewistische Machtergreifung in den deutschen Kolonien vorbereitet und dann als ein wichtiger politischer Faktor beim Umsturz begleitet hatte. Erstmals begannen sich die deutschen Kolonien nach außen zu öffnen.

Gleich nach der Revolution bildeten sich im Wolgagebiet, am Schwarzen Meer, im Kaukasus und in Sibirien „Komitees russischer Staatsbürger deutscher Nation", die Forderungen nach Annullierung der zaristischen Liquidationsgesetze stellten. Außerdem forderten sie die Zulassung von Deutsch als Amtssprache sowie die Gleichstellung mit anderen Völkern Russlands.

Bei Ausbruch des Bürgerkrieges lebten die Russlanddeutschen in etwa 3.300 geschlossenen Siedlungen und Kolonien in einem Gebiet, das sich von Wolhynien bis Sibirien über rund 4.000 km und von St. Petersburg bis in den Kaukasus über 2.000 km erstreckte (Landsmannschaft der Deutschen aus Russland e.V. 1957). Das Wolgagebiet lag im Bürgerkrieg zwischen den Fronten der Roten und der Weißen. Gerade die wohlhabenden deutschen Kolonien bildeten einen magischen Anziehungspunkt für umherziehende Banden. Bürgerkriegsparteien bedienten sich der Kolonien und zwängten Kolonisten in ihre Reihen. Ganze Dörfer wurden eingeäschert und ihre Bevölkerung vernichtet.

Der von 1917 bis 1920 tobende Bürgerkrieg unterband jede organisatorische Arbeit, zerrüttete die Landwirtschaft in ganz Russland und führte zu einer Hungerkatastrophe, die Hunderttausende von Menschenopfern in den Jahren 1920-1923 forderte. Der Kommunist B. Bartels schätzt in seinem Buch „Die deutschen Bauern in Russland. Einst und Jetzt" die Zahl der verhungerten Wolgadeutschen auf 50.000 bis 70.000 und die Zahl der Evakuierten und Geflüchteten auf 80.000. G. Löbsack, einer der besten Kenner des Wolgadeutschtums und Augenzeuge dieser Hungersnot, beziffert in seinem Buch „Einsam kämpft das Wolgaland" die Zahl der Verhungerten auf 166.000. Die Zahl der in den anderen deutschen Siedlungsgebieten verhungerten, getöteten und vertriebenen Deutschen lässt sich nur vermuten (vgl. ebd.).

Der einzige Lichtblick in dieser schweren Zeit nach der Revolution war die Tagung des zweiten Sowjetkongresses der Wolgadeutschen in Seelmann am 10. Oktober 1918, auf der das von Lenin unterzeichnete „Dekret über die Autonomie des Gebietes der Wolgadeutschen" verkündet wurde. Eine Autonome Sozialistische Sowjetrepublik der Wolgadeutschen wurde 1924 gegründet und stellte einen Zusammenschluss von Orten dar, in denen die deutschen Kolonisten des mittleren Wolgagebietes - ein Viertel der Deutschen in Russland - lebten.

Auch die Schwarzmeerdeutschen erhielten „autonome nationale Gebiete", und in Sowjetwolhynien gab es ein autonomes Verwaltungsorgan - Pulino. Für die Deutschen bedeutete dies aber praktisch nur eine äußerst beschränkte Selbstverwaltung in kleinen Dingen. In Wirklichkeit waren diese autonomen Gebiete nur Scheingebilde - ausführende Organe der Moskauer Kommunistischen Partei der UdSSR, deren Direktive und Befehle rückhaltlos durchgeführt werden mussten. Alles - die deutsche Presse, Schulen und das öffentliche Leben - erfüllte der Kommunismus mit dem zersetzenden Geist des marxistischen Materialismus und führte einen harten Kampf gegen die Sitten und Gebräuche sowie gegen die christliche Weltanschauung der Kolonisten.

Um der Hungersnot entgegenzuwirken, liquidierte Lenin kurzerhand den Kriegskommunismus und führte 1922 das sogenannte „NEP"- System ein - die „Neue Ökonomische Politik" (ebd., 117), die Privateigentum wieder in einem sehr beschränkten

Umfang zuließ. Trotz Enteignungen, Unterdrückung, Verfolgungen und Verarmung der deutschen Dörfer hatten die Kolonisten damit die Möglichkeit, sich bis zum Jahre 1928 einigermaßen zu erholen.

Die Sowjetunion plante, weiteren Kolonisten neue Flächen zu eröffnen. Das Land für neue deutsche Bauern sollte in den nordrussischen Gouvernements Wologda und Wjatka liegen. Für Industriearbeiter war südöstlich von Moskau eine Arbeitsgruppe mit deutschen Immigranten geplant. Beide Projekte schlugen fehl, da die Einwanderer sich in Leningrad und in der Gegend um Moskau niederließen.

Ein neuer Plan, Bauern aus Deutschland ins Wolgagebiet zu locken, scheiterte ebenfalls, da Immigranten gezwungen waren, in Genossenschaften (Kollektiven) zu leben, diese aber mit der Vorstellung auswanderten, eigenen Grund und Boden zu erwerben.

Wie viele Deutsche befanden sich bereits in Russland? Eine genaue Auskunft darüber gibt die 1926 durchgeführte Volkszählung in Russland. Diese Volkszählung ist eine zuverlässige Quelle, um die Bevölkerungszahl der Deutschen in Russland zu dieser Zeit nach verschieden Kriterien (Alter, Geschlecht, wohnhaft in Städten oder auf dem Lande) zu ermitteln.

Vom großen Interesse ist, dass in dieser Zählung zum ersten Mal bei Deutschen ein Unterschied zwischen den Angaben nach Volkszugehörigkeit und Muttersprache festgestellt wurde:

a) Deutsch als Volkszugehörigkeit   1.238.549

b) Deutsch als Muttersprache   1.193.210

Dieser Unterschied von 54.661 ist wohl auf die Volksdeutschen zurückzuführen, die in den Städten und der Zerstreuung lebten und bei der Volkszählung Russisch als Muttersprache (Umgangssprache) angaben. Über die Verteilung der Deutschen in den einzelnen Gebieten der Sowjetunion gibt die folgende Karte Aufschluss:

Abb. 3 (Bundesministerium des Innern 1999, 6)

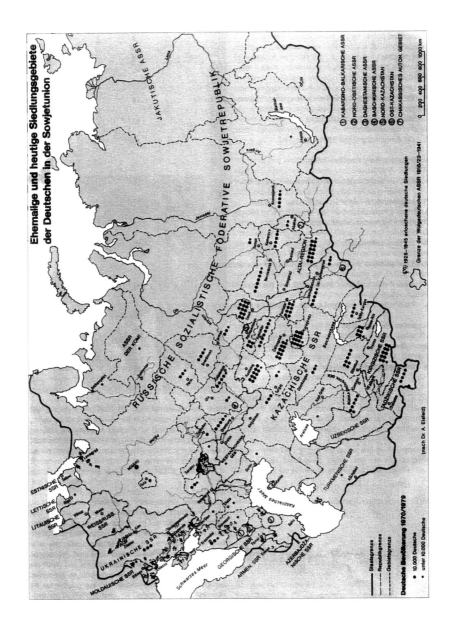

In der wirtschaftlichen Wiedererstarkung des Bauerntums erblickte die Sowjetregierung eine Gefahr für ihre Machtstellung. Sie beschloss deshalb die Vernichtung des Bauerntums – die sogenannte „Entkulakisierung". Diese Maßnahme traf die deutschen Kolonisten besonders hart, weil sie wirtschaftlich zu der stärksten Bauernschicht gehörten. Mit Stalin begann für sie die Zeit der Enteignung und Kollektivierung. 1929 unternahmen sie einen verzweifelten Versuch, dem drohenden Untergang durch eine mächtige Demonstration zu entgehen. 14.000 Kolonisten zogen nach Moskau, um die Erlaubnis zur Auswanderung zu erlangen. 8.000 von ihnen wurden zwangsweise in ihre Dörfer zurückgeführt, den übrigen gelang die Ausreise.

Ein Jahr später begann die Massenverbannung der für die Kollektive ungeeigneten „Kulaki" in die Urwälder des Nordens, wobei fast jeder deutsche Bauer ein „Kulak" und damit ein „Volksschädling" war (Längin 1991a). Es kam zur Umgestaltung der Landwirtschaft in eine sozialistische Monokultur. Schnell schmolz damit der einstige Wohlstand der Deutschen dahin. Schwer waren die Bodenverluste durch die sowjetischen Agrargesetze: das Land wurde verstaatlicht, und der bisher freie Bauer arbeitete im Kollektiv.

Eine Begleiterscheinung der „Entkulakisierung" war die Auflösung der alten Dorfstruktur - des Zusammenhalts innerhalb der deutschen Gemeinden - und die Vernichtung der „Intelligenz".

Da das religiöse Leben die deutsche Volksidentität immer stark beeinflusst hatte, war die Zerschlagung der Kirche systematisch betrieben worden. Die russlanddeutschen Siedler galten als tief religiös. Ohne den Rückhalt durch Glauben und Kirche wäre die Aussicht auf ein Überleben als Volksgruppe minimal gewesen. Im Kampf gegen die Kirche war den neuen Machthabern jedes Mittel recht. Gotteshäuser wurden den Gemeinden entzogen, die Jugend wurde zur Ablehnung des christlichen Glaubens erzogen.

Die rücksichtslose Kollektivierung der Landwirtschaft und die Misswirtschaft in den Kollektiven hatten in den Jahren 1933-34 wieder eine Hungersnot zur Folge, die viele Todesopfer verlangte.

In den Jahren 1937-1938 waren die Repressionen am schlimmsten. Man suchte „Volksfeinde", die sich angeblich in der Bevölkerung der Kolonien (laut Volkszählung 1939 1.423.534 Russlanddeutsche) versteckt hielten und nur auf den geeigneten Moment warteten. Jede Nacht wurden Männer verhaftet, die dann spurlos verschwanden. In den Kolonien gab es kaum eine Familie, die davon verschont blieb. Die deutschen Schulen wurden geschlossen, die Religion war verboten.

Der Beginn des Zweiten Weltkrieges machte die Russlanddeutschen noch einmal zum großen „inneren Feind" ihres Gastlandes. Die Anschuldigungen, die den Russlanddeutschen gemacht wurden, reichten von der Verbreitung der verbotenen Literatur bis zum Verdacht, ein Propagandist für eine auswärtige Macht zu sein. Die meisten wurden der Zusammenarbeit mit Hitler oder der Spionage beschuldigt. Gemäß Erlass des Präsidiums des Obersten Sowjets der UdSSR vom 28.08.1941 wurden alle Russlanddeutschen von ihren Heimatorten vertrieben.

Der Dnjepr war zur Schicksalsgrenze für die Kolonisten geworden. Die Russlanddeutschen, die westlich des Flusses lebten, kamen unter den Schutz des Deutschen Reiches; diejenigen, die östlich des Flusses lebten, wurden von der Sowjetmacht als „Hitlerische" nach Osten abtransportiert und in Mittelasien oder Sibirien in Arbeitslagern festgesetzt. Sie mussten ihre Häuser mit allem, was darin war, zurücklassen. Pro Person durften sie nur ein kleines Gepäckstück mitnehmen. In Güterwagen gepfercht, wurden sie zu ihren Verbannungsorten transportiert. Monatelang dauerten diese Fahrten. In eisiger Kälte, ohne Winterbekleidung und ohne ausreichende Nahrung erkrankten viele unterwegs und fanden ihren Tod. In diesen speziellen Lagern angekommen, befanden sie sich hinter Stacheldraht unter strenger Bewachung. Sie wurden im Konvoi zur Arbeitsstelle und wieder zurück geführt. Die harte Arbeit im tiefen Schnee bei großer Kälte und schlechter Kost konnten viele nicht überleben.

Auf diese Weise wurde zuerst das Schwarzmeergebiet „gesäubert", dann wurde die Republik der Wolgadeutschen aufgelöst. Eine Kultur, die bereit war, Russland zu dienen, war vernichtet. Die Russlanddeutschen waren nach freiwilligen wie unfreiwilligen Wanderungen zum „Wandervolk", zum Volk ohne Heimat geworden.

Die düstere Prophezeiung von Peter Sinners (Längin 1991a, 67) hatte sich erfüllt:

„Wie die entrissenen Blätter jagen -

treibst Du, mein Volk, mit zagem Sinn,

vom Mutterstamme losgeschlagen,

durch fremde Fluren irgend hin.

Ein Blatt, dem Mutterstamm entnommen,

ist Wetter, Sturm und Wind geweiht;

es treibt, um nur zur Ruh zu kommen,

bis es ermordet, eingeschneit.

So wird's auch Dir, mein Volk, ergehen,

hältst Du am Volksstamm noch so zäh;

wirst in der Fremde untergehen,

ersterbend unter Schutt und Schnee."

Diesem Schicksal konnten auch die Russlanddeutschen, die westlich des Flusses Dnjepr lebten, nicht entgehen. 1941, unter dem Schutz der deutschen Besatzungsmacht, begann für sie zunächst ein neues Leben. Deutsche Schulen und Kirchen wurden geöffnet, Haus und Hof den Bauern zurückgegeben. Beim Herannahen der Roten Armee begannen aber auch für diese Russlanddeutschen Umsiedlungen nach dem deutschen Osten, hauptsächlich nach Warthegau (1942-1944). 350.000 Russlanddeutsche wurden beim Rückzug der deutschen Truppen aus der Sowjetunion im Warthegau angesiedelt (ebd., 14). Doch auch hier war ihnen ein kurzer Aufenthalt beschieden. Bei dem Einmarsch der Roten Armeetruppen in den östlichen Teil des Deutschen Reiches (1944-1945) waren sie wiederum gezwungen, die Flucht zu ergreifen, um nicht in die Hände der Sowjets zu gelangen. Der größte Teil wurde jedoch auf der Flucht überrollt und in die verschiedenen Verbannungsorte in der Sowjetunion verschleppt.

Nach Kriegsende wurden über 250.000 Russlanddeutsche, die während der Kriegszeit nach Deutschland übergesiedelt oder geflüchtet waren, zwangsweise nach Sibirien verschleppt. Außerdem gliederte die UdSSR nach der Kapitulation der deutschen Wehrmacht (1945) das nördliche Ostpreußen mit Königsberg an.

Deutsche Männer und Frauen im Alter zwischen 15 und 60 sollten selbst noch ein Jahrzehnt nach Beendigung des Zweiten Weltkrieges unter Spezialkommandanturen die Reihen der sogenannten „Trudarmija", der Arbeitsarmee, füllen und waren Opfer der härtesten physischen Ausbeutung neben jeder Art von Repressalien. Hunderttausende gingen daran zugrunde. Die Zeit, die auf Krieg und Deportation folgte, waren die Jahre des großen Schweigens, der totalen Entrechtung und der zwangsweisen Assimilation eines Volkes.

Auch für Deutschland waren es schwere Nachkriegsjahre. In die 1949 gegründete Bundesrepublik Deutschland waren nach Ende des Zweiten Weltkrieges bis ins Jahr 1950 etwa acht Millionen Deutsche durch Flucht und Vertreibung aus den ehemaligen deutschen Ostgebieten und aus Ost- und Südosteuropa gekommen (Ingenhorst 1997). Sie gründeten eine „Arbeitsgemeinschaft der Ostumsiedler e.V. ", die 1950 als „Landsmannschaft der Deutschen aus Russland e.V. " in der Bundesrepublik konstituiert wurde.

Die Landsmannschaft der Deutschen aus Russland e.V. widmet sich seit 1950 bis heute der materiellen, kulturellen und gesellschaftlichen Belange der Russlanddeutschen durch Mitwirkung bei der Schaffung eines sozialen Rahmens für Aussiedler, Aufklärung der Betroffenen und Gewährung von Rechtshilfe. Sie betreibt die Erforschung der Geschichte und Kultur der Russlanddeutschen und verbreitet diese Ergebnisse in der Öffentlichkeit. Dazu dienen die Monatszeitschrift „Volk auf dem Weg" und zahlreiche Heimatbücher.

Stalins Tod 1953 erweckte bei den Russlanddeutschen neue Hoffnung auf die Besserung ihrer Situation, auf Rehabilitation und Rückkehr in ihre früheren Wohngebiete, aus denen sie von Hitler oder Stalin vertrieben worden waren. Diese Hoffnung verstärkte sich, nachdem durch Adenauers Besuch in Moskau im Jahre 1955 die Entlassung der letzten Kriegsgefangenen erreicht wurde. Zu dieser Zeit befanden sich etwa 1,5 Millionen Russlanddeutsche - vom Säugling bis zum Greis - in russischem Gewahrsam (ebd.).

Durch die Aufnahme diplomatischer Beziehungen zwischen Bonn und Moskau konnte es am 13.12.1955 zum Dekret über die Aufhebung der Beschränkungen in der Rechtsstellung der Deutschen und ihrer Familienangehörigen kommen. Die Verbannten durften ihre Sondersiedlungen verlassen, allerdings nicht in frühere Wohngebiete zurückkehren. Die Abschaffung der Sonderkommandantur löste eine Art Völkerwanderung aus, vor allem aus dem kalten Norden ins südlichere Kasachstan.

Viele verließen daraufhin den Verbannungsort und ließen sich in Moldawien, im Baltikum, in Mittelasien oder in anderen Gebieten nieder. Durch diese Verstreuung der Deutschen über das ganze Land gab es keine Hoffnung mehr, das Deutschtum zu erhalten. Die Regierung war daran auch nicht interessiert. Den Deutschen blieb nur der Ausweg einer Ausreise nach Deutschland - in das Land ihrer Ahnen. Es begann die Periode der Rückwanderung.

1.3 Der Wandel und die Entwicklung der Kultur und Sprache im Rahmen der geschichtlichen Entwicklung

„Solange es seine Sprache spricht, wird jedes Volk leben"
(Längin 1991a, 33)

Seit ihrer Auswanderung nach Russland konnten die Russlanddeutschen über alle Schicksalsschläge hinweg ihre eigenständige deutsche Kultur und Sprache bewahren. Auch in den Zeiten der Verfolgungen und des Lagerlebens hielten sie am Deutschen fest, so gut es möglich war.

Das städtische Deutschtum als zeitweise privilegierte Gruppe hatte unter Peter dem Großen in Moskau, danach in St.Petersburg, in Saratow, Odessa und Baku eine kulturelle und wirtschaftliche Blüte erlebt. Es erschienen deutschsprachige Zeitungen, Verlage versorgten den deutschen Büchermarkt, das Theater in deutscher Sprache war eine Selbstverständlichkeit. Die deutschen Kirchenschulen von Moskau, Rostow oder Odessa standen als „Schulen der Sprachen, Künste und Wissenschaften" (Längin 1991a, 33) sogar in internationalem Ruf.

Im Laufe der Jahre kam es in Moskau zu einer Reihe beachtlicher deutscher Kultureinrichtungen. Es gab dort u.a. einen deutschen Klub, eine Knabenschule mit den Rechten eines Gymnasiums, eine höhere Mädchenschule und die „Moskauer Deutsche Zeitung". In der russischen Sprache bürgerten sich zu dieser Zeit Wörter wie butterbrod, pudel, bank, chormeister oder kartoffel ein.

In fast allen großen Städten gab es deutsche Kirchen, für die allerdings im orthodoxen Russland ein strenges Missionsverbot bestand. Von besonderer Bedeutung waren St.Petersburgs deutsche Kirchen und Kirchenschulen, die zu Mittel- und Hochschulen, Gymnasien und Lyzeen heranwuchsen. Bildungszentren wie die ehrwürdige alma mater Petrika auf dem Nevskij Projekt, die St.-Annen-Schule oder auch die

St.-Petri hatten einen so guten Ruf, dass dort selbst nach der Russifizierung unter Alexander III. die deutsche Sprache beibehalten werden durfte.

Auf Katharinas Anwerbemanifest vom 22. Juli 1763 waren von dem Siebenjährigen Krieg (1756-1763) geplagte, ausgehungerte deutsche Bauern und Handwerker in großen Zügen nach Russland ausgewandert und hatten dort Kolonien gegründet. Auf Grund ihrer Abstammung und Geschichte wurde in diesen deutschen Kolonien kein Hochdeutsch, sondern hessischer, pfälzer, nieder-deutscher oder anderer Dialekt gesprochen, je nachdem, aus welcher Gegend die Vorfahren emigriert waren.

Die Vielzahl von Dialekten stellte ein typisches Merkmal der russlanddeutschen Sprachinseln dar. Die Abgeschlossenheit der Kolonien, die soziale, ökonomische, kulturelle sowie konfessionelle Distanz der deutschen Kolonisten zur Bevölkerung der Umgebung ließ die deutschen Sprachinseln lange Zeit überdauern.

In den Kolonien fand ein Prozess der Dialektmischung statt. Vor allem in den sogenannten Mutterkolonien bildeten sich mehr oder weniger einheitliche Ortsmundarten heraus. Das Ergebnis dieses sprachlichen Prozesses war die Reduzierung der Dialektvielfalt auf eine - immer noch große - Anzahl von „Hauptvarietäten" (Stricker 1997, 586). In den wolgadeutschen Mundarten setzten sich vor allem hessische und rhein-fränkische Dialektmerkmale durch. Reine Dialekte aus dem binnendeutschen Sprachraum sind selten erhalten geblieben.

Als wichtigster unterstützender Faktor des Hochdeutschen kann die Schule genannt werden. Zwar sprachen auch die Lehrer oft ein dialektal gefärbtes Deutsch, doch stand dieses dem Hochdeutschen näher als die Ortsdialekte, die im Dorf üblich waren. Die Elementarschulausbildung der Deutschen war zu jener Zeit gemessen an der russischen Umgebung weit überdurchschnittlich. Das deutsche Schulsystem war dem russischen deutlich überlegen. Dies galt für das gesamte neunzehnte Jahrhundert.

Auch die Kirche nahm eine bedeutende Stellung bei der Verbreitung des Hochdeutschen ein. Die Geistlichen kamen in den meisten Fällen nicht aus den Dörfern und waren in Deutschland ausgebildet worden. Da bis zum Ersten Weltkrieg keine Trennung zwischen Kirche und Schule existierte und die Kirche auch schulische Funktionen übernahm, war ein deutlicher Einfluss der Kirche auf das Hochdeutsche der Gesamtbevölkerung festzustellen.

Im Großen und Ganzen aber war bei allem Hochdeutscheinfluss seitens der Schule sowie der Kirche die immer noch gegebene dialektale Vielfalt das besondere Kennzeichen der russlanddeutschen Siedlungen. Die Russlanddeutschen bildeten Kolonien, jedoch nie eine einheitliche Sprachgemeinschaft.

Der Kontakt zur russischen Umgebung war in der Frühzeit äußerst spärlich und beschränkte sich auf Handelskontakte und bestimmte Dienstleistungen. Entsprechend betrafen auch die ersten Lehnwörter aus der russischen Sprache die Bereiche des Handels und des Gewerbes. Interessanterweise hatte bereits früh eine Russifizierung der Eigennamen stattgefunden. Ein Einfluss der russischen Sprache konnte bereits früh beobachtet werden. Der Einfluss der russischen Kultur hingegen war auf Grund der kompakten Ansiedlung der Deutschen viel zu gering, um das Deutsche zu verdrängen.

Das Dekret vom 4. Juni 1871, mit dem Alexander II. die Sonderrechte der deutschen Kolonisten aufhob, brachte eine Zunahme des Sprachkontakts zur russischen Umgebung mit sich. Von nun an konnte in bestimmten gesellschaftlichen Bereichen (Militär, Administration, Schulwesen) von einer gewissen Integration der Deutschen in die russische Verwaltung gesprochen werden.

Die Einführung der Wehrpflicht für die Kolonisten bewirkte, dass unter den russischen Lehnwörtern viele aus dem Militärwesen stammten. Die Eingliederung der deutschen Kolonien in die russische Verwaltung zog einen stärkeren Übergang der Verwaltungssprache zum Russischen nach sich. Es ließ sich von nun an eine gewisse Funktionsaufteilung zwischen dem Deutschen und dem Russischen mit klar getrennten Verwendungsbereichen feststellen. Während die dörfliche Alltagssprache Deutsch mit seiner ganzen Dialektvielfalt war, ging ein bestimmter Öffentlichkeitsbereich - so etwa die Verwaltungssituationen - nach und nach zum Russischen über.

Ende des neunzehnten Jahrhunderts waren auch die russlanddeutschen Schulen formal dem russischen Ministerium für Volksbildung unterstellt. Die Gemeinden wurden unter anderem verpflichtet, Russischlehrer einzustellen. Als Unterrichtssprache sollte nur noch Russisch dienen. In der Realität ließ sich jedoch eine Russifizierung der Schulen nicht durchsetzen. Vor allem die dörflichen Gemeindeschulen hielten weitgehend am Deutschen fest.

Im Jahre 1914 zählte der Bezirk des deutschen evangelisch-lutherischen Generalkonsistoriums von St.Petersburg rund 120 Kirchen. Es gab eine ganze Reihe von wissenschaftlichen, künstlerischen und literarischen Vereinen und etwa 100 verschiedene Hilfs- und Betreuungseinrichtungen dieser Volksgruppe. Das Petersburger Deutschtum mit seiner Eigenart war mit der russischen Gesellschaft verbunden.

1915 untersagte eine Verordnung des Samaraer Gouverneurs die Verwendung der deutschen Sprache in der Öffentlichkeit und belegte sie mit einer Geldstrafe oder einer dreimonatigen Gefängnisstrafe. Diese Zeit wurde aber noch keinesfalls als sprachliche Russifizierung unter den Russlanddeutschen betrachtet.

Die sprachliche Russifizierung war in erster Linie eine Frage der sozialen Schichtzugehörigkeit. Vor allem die örtlichen „Eliten" gingen zuerst zum stärkeren Gebrauch des Russischen über. Bei der Masse der deutschen Dorfbevölkerung wurden einzelne „eingedeutschte" Russizismen in den ansonsten deutschen Redefluss übernommen. Bei den höheren Sozialschichten trat auf Grund eines hohen Sozialprestiges des Russischen ein sog. „Code Switching" in Erscheinung: Es wurde in einer Äußerung abwechselnd Deutsch und Russisch gesprochen.

Mit dem Ersten Weltkrieg aber, mit der Revolution und der immer stärker werdenden Militanz der kommunistischen Ideologie führte Russland einen Krieg nicht nur gegen das Deutsche Reich, sondern gegen das Deutschtum schlechthin. Es kam zu Repressalien wie Sprachverboten und Enteignungsgesetzen sowie zu „generellen Maßnahmen zur Liquidierung der deutschen Vorherrschaft" (Längin 1991a). So schaffte Zar Nikolaus II. zunächst entlang der Westgrenze einen Sicherheitsraum

„frei von feindstaatlichen Volkszugehörigen". Das gleiche Schicksal traf dann auch die Wolga- und Schwarzmeerdeutschen sowie die Deutschen im Baltikum.

Erst die Oktoberrevolution 1917 brachte den Deutschen die langersehnte Freiheit, wenn auch nur für eine kurze Zeit. In kürzester Frist entstand eine mannigfaltige deutsche Presse mit einigen großen Tageszeitungen an der Spitze, die die Interessen der Kolonisten wahrnahm.

Die zwanziger Jahre können insgesamt als eine unerwartete Blütezeit des deutschsprachigen Bildungswesens, der deutschen Sprache und Kultur betrachtet werden. Die deutschen Kolonisten hatten eigene Vereine zur Pflege kultureller und gesellschaftlicher Belange sowie zur Förderung des geistigen deutschen Innenlebens.

An der Wolga und in anderen autonomen Gebieten konnte wieder die Muttersprache in Schulen, Administrationen und vor Gericht verwendet werden, da das Sowjetsystem bestrebt war, die Minderheiten zu fördern. In der Hauptstadt St.Petersburg wurde 1923 wieder ein deutscher Verein gegründet. Zahlreiche deutsche Zeitungen erschienen; es gab Theater, Rundfunk und zwei Universitäten der Volksgruppe.

Wesentliche Änderung war auch die Trennung von Kirche, Staat und Schule, wodurch ein tiefer Einschnitt in die bisherige Bildungs- und Kulturarbeit des Kirchenschulwesens - ganz generell in die kirchliche Tradition der Deutschen - erfolgte. Trotzdem konnte die Schule weiter ausgebaut werden, das Fachschulwesen erhielt einen Aufschwung. In Engels (Wolga) und Odessa entstanden zwei deutsche Pädagogische Institute.

Langfristig gesehen konnte aber der Prozess der Russifizierung nicht aufgehalten werden. Obwohl die Sowjetunion auch in den Verfassungen von 1924 und 1936 ein Vielvölkerstaat blieb, arbeiteten alle politischen und gesellschaftlichen Prozesse der Modernisierung, der Migration und des Aufbaus eines einheitlichen Staatsapparats auf eine umfassende Russifizierung hin. Die Russlanddeutschen waren dem Druck durch die Quasi-Staatssprache Russisch ausgesetzt. Diese bewusste Politik der

Russifizierung wirkte sich bereits auf die deutsche Intelligenz aus, die jetzt gezwungen war, sich in russischen Lehranstalten weiterzubilden.

Mit der „Sowjetisierung" der Gesellschaft wuchs auch der Einfluss des Russischen bis zur zweiten Hälfte der dreißiger Jahre. Der seit 1933 öffentlich ausgetragene Kampf gegen den „Nationalismus" deutete das Ende der vorübergehenden Blüte des Deutschen an.

Durch die Verschleppungen im Zweiten Weltkrieg wurde die geschlossene deutsche Siedlung - die wichtigste Existenzgrundlage der deutschen Sprache in der Sowjetunion - aufgelöst. Die Deportationen bedeuteten eine entscheidende Zäsur auch in der Sprachentwicklung der Russlanddeutschen. Das Deutsche galt nun als „Sprache der Faschisten" und war in der Öffentlichkeit stark stigmatisiert.

In den Zwangsarbeiterlagern drohte den Deutschen die Gefahr der Russifizierung. Allgemein fing die Russifizierung schon bei den Kindern an, die tagsüber in Kindergärten untergebracht wurden, in denen sie nur Russisch sprechen konnten. Die Russlanddeutschen hingen aber zäh an ihrer Sprache. Überall dort, wo viele Deutsche in einem Lager waren, wurden die deutsche Sprache, die deutschen Sitten und Gebräuche sowie alte Traditionen im Rahmen des Möglichen gepflegt. Obwohl dies strengstens untersagt war, hielten die Deutschen in Lagern heimlich Gebets- und Bibelstunden sowie Gottesdienste ab, wofür sie mit neuen Verhaftungen und Weiterverbannungen bestraft wurden.

Die Deportationen machten die „Mischsiedlung" zur Regel, in der Deutsche mit einer anderssprachigen Bevölkerung zusammen lebten, womit auch im Dorfe die Notwendigkeit der Verwendung der russischen Sprache entstand. Außerdem wurde die Struktur der Dörfer durch die wirtschaftliche und administrative Zentralisierung verändert. Die Siedlungen wurden nun Bestandteil eines „öffentlichen" Bereichs, der der „öffentlichen" Sprache - also dem Russischen - vorbehalten war.

Zu der Zeit, als die Deutschen in den Kolonien noch die Mehrheitsbevölkerung darstellten, führte dies lediglich zu einer Funktionsaufteilung zwischen dem Deutschen und dem Russischen und betraf in erster Linie diejenigen, die durch Beruf und Ausbildung mit der russischen „Außenwelt" in Kontakt treten mussten. Nun aber waren die Russlanddeutschen häufig in wenigen Familien unter eine anderssprachige Mehrheitsbevölkerung zerstreut worden. Auch die Zahl der Mischehen wuchs. Die Verwendung der deutschen Sprache in den - ursprünglich homogen deutschen - Siedlungen ging damit immer weiter zurück. Russische Sprachkenntnisse erhielten auf Grund der Stigmatisierung des Deutschen als „Sprache der Faschisten" einen geradezu existenziellen Wert.

In diesem Zusammenhang wird der Widerspruch zwischen dem multiethnischen Charakter der sowjetischen Gesellschaft und der allmählich einsetzenden Russifizierung deutlich. Einerseits wurde die russische Sprache als gemeinsames „zwischennationales" Kommunikationsmedium notwendig, andererseits entsprach die Bewahrung der nichtrussischen Sprachen dem gesellschaftlichen Konzept des Vielvölkerstaates. Eine Schwächung der Nationalsprachen - so etwa die Stigmatisierung der deutschen Sprache - stand somit im Widerspruch zu diesem Konzept.

Ein Verbot deutschsprachiger Publikationen bis 1955 unterdrückte jegliches literarische Schaffen. Neben der sprachlich-kulturellen Unterdrückung behinderten die zerstreute Ansiedlung und kulturelle Isolation das literarische Schaffen der Deutschen in der Sowjetunion. Während der Nachkriegszeit kam ihrer Literatur sowie ihrer Presse vorrangig die Aufgabe zu, die deutsche Sprache für eine weit verstreut lebende Bevölkerung zu bewahren und lebendig zu erhalten.

Erste Neugründungen des deutschsprachigen Pressewesens für die russlanddeutsche Bevölkerung nach vielen Jahren erzwungenen Schweigens gingen auf die Mitte der fünfziger Jahre zurück. So entstand 1955 eine deutsche Zeitung in Altai, 1957 die Zeitung „Neues Leben" in Moskau. Deutsche Radiosendungen wurden in Moskau und Kasachstan im Jahre 1956, in Kirgisien 1962 erlaubt. Allerdings dienten diese Medien weniger den Interessen der Russlanddeutschen (1959 bereits 1.620.000 Russlanddeutsche laut Volkszählung) als vielmehr den Interessen von Partei und Staat (Landsmannschaft der Deutschen aus Russland e.V. 1981).

Auch für die Wiederbelebung und Weiterentwicklung der Musik der Russlanddeutschen brachten die Jahre nach 1955 eine Wende. Die lange Zeit vernachlässigte deutsche Musiklandschaft wurde nun von Musikern geformt, die noch vor 1941 ausgebildet worden waren.

Die russische Sprache wurde in der Nachkriegszeit zum sprachlichen Medium und Symbol der Modernisierung der sowjetischen Gesellschaft. Obwohl Russisch nie formelle Staatssprache war, verdrängte es die anderen Sprachen allmählich aus den öffentlichen Funktionen in Wirtschaft, Verwaltung, Bildung und Kultur. Die Bildungsministerien verschiedener Unionsrepubliken verordneten zwar 1957 die Einführung eines „erweiterten Deutschunterrichts", tatsächlich aber hatten nur wenige deutsche Schüler die Möglichkeit, an einem muttersprachlichen Deutschunterricht Teil zu nehmen.

1964 wurden durch den „Ukas" des Präsidiums des Obersten Sowjets die kollektiven Anschuldigungen gegenüber den Russlanddeutschen widerrufen, ihre Forderung auf eine Wiederherstellung ihrer autonomen Republik wurde jedoch als Nationalismus ausgelegt und abgewiesen. Der obligatorische Russischunterricht wurde in den Hoch- und Fachschulen eingeführt. Der Prozess der Russifizierung wirkte sich besonders hart auf die deutsche Sprache aus, da durch die Zwangsmigration der Deutschen die objektive Existenzgrundlage der geschlossenen Kolonien fast vollständig aufgelöst war.

Die Stigmatisierung des Deutschen wirkte sich außerdem auf das subjektive Erleben aus. In den Mischsiedlungen lebten Deutsche jetzt nicht nur mit Anderssprachigen auf engem Raum. Auch die deutsche Bevölkerung selbst war äußerst heterogen zusammengesetzt. Deutsche von der Wolga, von der Krim, aus dem Schwarzmeergebiet, aus dem Kaukasus bildeten infolge der Deportation Mischsiedlungen, in denen eine Vielzahl von Dialekten gesprochen wurde.

Die sprachliche Heterogenität der russlanddeutschen Dorfgemeinschaften wurde zusätzlich durch die sowjetische Siedlungspolitik der Bildung von „Zentraldörfern" verstärkt, die in den 70er Jahren ihren Höhepunkt fand. Dabei wurden häufig dialektal weitgehend homogene Dörfer aufgelöst und mit Nachbarorten zusammengelegt, die eine andere deutsche Varietät sprachen. Dies führte dazu, dass es keine geschlossenen Siedlungsgebiete von Russlanddeutschen mehr gab sowie keine Kirchen und Schulen in der Muttersprache.

Der sprachliche Kontakt zwischen den sprachlichen Varietäten solcher „Zentraldörfer" erreichte maximal die Stufe einer individuellen „Mehrdialektualität" bzw. der Kenntnis der anderen Dialekte im Dorf. Häufiger aber bewirkte die dialektale Heterogenität solcher „Zentraldörfer" einen Übergang zum Russischen, dem sich nur diejenigen Sprecher entziehen konnten, die über Hochdeutschkenntnisse verfügten, was nur noch auf die ältere Generation und auf einige jüngere Mennoniten unter den Russlanddeutschen zutraf.

Nach Jahrzehnten des Schweigens gab es erst in den siebziger Jahren Bemühungen um die Wiederbelebung eines deutschen Theaters. 1975 wurden erstmals nach 1941 an der Moskauer Schtschepkin-Theaterschule sowjetdeutsche Theaterstudenten aufgenommen. Auf Beschluss der Sowjetrepublik Kasachstan im Dezember desselben Jahres wurde bei Karaganda ein „Deutsches Schauspielhaus" eingerichtet.

Seit dem Beginn der Perestroika und dem Zusammenbruch der Sowjetunion ist die Literatur der deutschen Bevölkerung in eine neue Phase getreten. Die traumatischen Repressalien gegen deutsche Literaten wurden erstmals in der Öffentlichkeit - wenn auch nur in russischer Sprache - diskutiert.

Seit Anfang der 90er Jahre wurde die deutschsprachige Presse in Russland und in anderen Nachfolgestaaten durch Neuerscheinungen erweitert. So wurde in St.Petersburg das alte Traditionsblatt „St.Petersburger Zeitung" wieder herausgegeben. Einige Blätter sind durch die Unterstützung von Wirtschaftsunternehmen entstanden, so etwa die „Zeitung der Wolgadeutschen" und die „Bunte Woche" in Omsk. Die Berichterstattung zielte ausdrücklich auf das Informationsbedürfnis der jeweiligen deutschen Ortsbevölkerung. Die deutschsprachige Presse dient bis heute der Formung und Stabilisierung des Wissens der Russlanddeutschen um ihre eigene Kultur, Geschichte und Identität.

Die Vielzahl von Dialekten war seit Beginn der Kolonisation stets ein Wesensmerkmal der russlanddeutschen Sprachsituation. Während im neunzehnten Jahrhundert in den deutschen Kolonien ein weitgehender Dialektausgleich möglich war - die deutsche Hochsprache stand durch deutschen Schulunterricht zumindest den höheren Gesellschaftsschichten als Verkehrssprache zur Verfügung -, bewirkte die sprachliche Heterogenität nun einen beschleunigten Übergang zum Russischen.

Die Sprache der Aussiedler heute ist weitgehend durch die Dominanz des Russischen gekennzeichnet. Nur die Ältesten sprechen überwiegend Deutsch, und zwar in dialektaler Form - zum Teil mit zahlreichen russischen Interferenzen. Hochdeutsch ist nur noch bei älteren Russlanddeutschen oder als sekundär erworbene Fremdsprache vorhanden.

Generell ist in der Sprechweise von Russlanddeutschen die häufige Verwendung von russischen Partikeln auffällig, die der Gliederung des Gesprächs und der Interpretation einer Gesprächssituation dienen. Außerdem kann das Phänomen des „Code Switching" beobachtet werden bzw. die Einschaltung ganzer russischer Passagen in den sonst deutschen Redefluss. Der ständige Wechsel zwischen deutschen und russischen Äußerungen kann dabei den Charakter einer Mischsprache annehmen, die nicht mehr eindeutig als „Deutsch" oder „Russisch" bezeichnet werden kann, sondern sozusagen „deutsch-russisch" ist.

Die Sprachentwicklung der Russlanddeutschen in den vergangenen Jahren lässt sich insgesamt durch einen rapiden Rückgang des Deutschen und einen Sprachwechsel zum Russischen kennzeichnen. Diese Entwicklung hing zum großen Teil damit zusammen, dass die deutsche Bevölkerung sich im Laufe der Jahre immer mehr in die Städte zurückgezogen hat, wo sie stärker der Russifizierung unterworfen war (vgl. Abb. 4). Die sprachliche Dominanz des Russischen wird zusätzlich durch die häufig unter den Russlanddeutschen auffindbare Geringschätzung der Dialekte untermauert, die gegenüber dem Russischen und dem Hochdeutschen als minderwertig gelten.

41

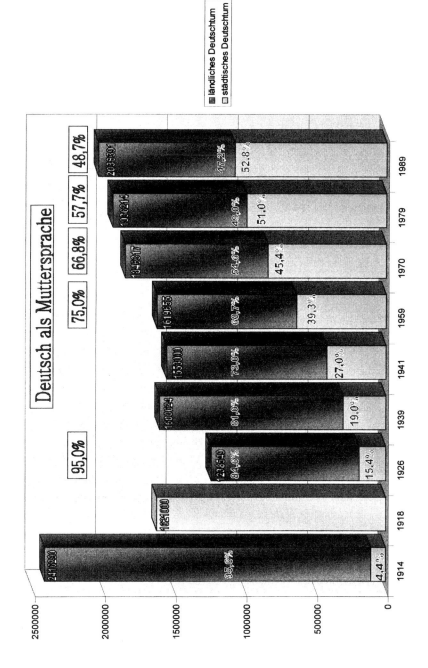

Abb. 4: Sprachentwicklung der Russlanddeutschen laut Angaben in den amtlichen Volkszählungen von 1914, 1926, 1939, 1941, 1959, 1970, 1979, 1989 (Landsmannschaft der Deutschen aus Russland e.V. 1993, 26)

Zu 1914: Einschließlich Baltikum (165.000), Kongresspolen (500.000), polnisch Wolhynien (15.000) und Bessarabien (80.000), die damals noch zu Russland gehörten

Zu 1918, 1926, 1939, 1941: Ohne Baltikum, Kongresspolen, polnisch Wolhynien und Bessarabien

Zu 1959: Einschließlich der in den Jahren 1943-45 Zwangsverschleppten, Gefangenen und Flüchtlinge aus den Ostgebieten und der zurückgebliebenen Kriegsgefangenen

2 Geschichtlich geprägte Besonderheiten der Russlanddeutschen und deren Auswanderungsmotive

Die Auswanderung von Russlanddeutschen in ihr Heimatland nach dem Zweiten Weltkrieg lässt sich chronologisch in drei große Phasen einteilen:

a) die durch Krieg und Niederlage erzwungene Auswanderung der Vertriebenen aus ihren Siedlungsgebieten am Ende und im Anschluss an den Zweiten Weltkrieg,

b) die Aussiedlung aus eben diesen Gebieten ab Anfang der 50er Jahre zu Zeiten des Kalten Krieges und des Umbruchs und Zusammenbruchs der kommunistischen Staaten ab Mitte der 80er Jahre,

c) die Spätaussiedlung ab 1993. (Ingenhorst 1997)

Diese Auswanderungsphasen mit den jeweiligen Auswanderungsmotiven sollen im Folgenden dargestellt werden.

2.1 Die erzwungene Auswanderung der Vertriebenen am Ende und im Anschluss an den Zweiten Weltkrieg

Die russlanddeutsche Bevölkerung westlich des Dnjeprs stand nach Einzug der deutschen Wehrmacht unter dem Schutz des Deutschen Reiches. Nach der Niederlage bei Stalingrad begann der Rückzug deutscher Truppen. Oft war nur eine überstürzte Flucht möglich. Die Russlanddeutschen verließen fluchtartig ihre Gebiete. Der erste Treck der Schwarzmeerdeutschen setzte sich im November 1943 in Richtung Reichsgrenze in Bewegung. Er bestand aus 90.000 Personen mit Fuhrwerken und Vieh aus dem Reichskommissariat Ukraina.

Der sogenannte „Große Treck" bestand aus 125.000 Deutschen aus dem Gebiet zwischen Dnestr und Bug. Er legte in der Zeit von Januar bis Juli 1944 eine Strecke von rund 2.000 km zu Fuß zurück. Die Flüchtlinge dieser beiden Trecks wurden in Warthegau erfasst und eingebürgert. Bis heute wird diese Einbürgerung durch das „Gesetz zur Regelung von Fragen der Staatsangehörigkeit" vom 22.02.1955 von Deutschland anerkannt (Eisfeld 1989).

Bei Kriegsende wurden rund 200.000 Russlanddeutsche in Warthegau von der Roten Armee überrollt und in die Sowjetunion zurückgebracht. Etwa 150.000 Russlanddeutsche befanden sich bei Kriegsende in den westlichen Besatzungszonen. Etwa die Hälfte von ihnen wurde von den Westalliierten ebenfalls in die UdSSR „repatriiert".

Bei dieser „Repatriierung" kam es vielfach zur Trennung von Familien. Die Menschenverluste während der Festnahme und des Transports werden auf 15-30 Prozent geschätzt. Die Überlebenden wurden in Sondersiedlungen unter Aufsicht des Innenkommissariats zusammengefasst und hatten, wie die Arbeitsarmisten, bis Ende 1955 Schwerstarbeit zu leisten.

Im September 1955 verhandelte Bundeskanzler Adenauer über die Freilassung der letzten noch in sowjetischer Gefangenschaft verbliebenen Kriegsgefangenen. Am 17.09.1955 (unter Chruschtschev - 1953-1964) wurden die in der Sowjetunion rechtskräftig verurteilten Kollaborateure und die in Gefangenschaft geratenen Militärangehörigen begnadigt. Die nicht verurteilten Russlanddeutschen blieben aber noch gefangen und rechtlos.

2.2 Die Aussiedlung ab Anfang der 50er Jahre

Wie bereits oben erwähnt, wurden nach Adenauers Besuch in Moskau im September 1955 diplomatische Beziehungen zwischen Moskau und Bonn wieder aufgenommen. Trotz Abschaffung der Sonderkommandantur wurden aber die nationalen Rechte der Deutschen in der UdSSR nicht wieder hergestellt. Die Russlanddeutschen durften auch keine Ansprüche auf konfisziertes Eigentum erheben oder in ihre früheren Wohnorte zurückkehren.

Daraufhin wandten sich rund 200.000 Deutsche mit Ausreiseanträgen an die deutsche Botschaft in Moskau. Sie durften jedoch nicht ausreisen, denn die Deutschen wurden in der UdSSR in erster Linie als wichtige Arbeitskräfte betrachtet, die man nach Möglichkeit halten wollte.

Da die Russlanddeutschen nicht in ihre früheren Dörfer zurückkehren durften, zogen viele in den Süden und in wärmere Gebiete und versuchten von dort über das Rote Kreuz in Deutschland, ihre Verwandten und Bekannten in ihrem Kernland ausfindig zu machen.

Somit war die deutsche Minderheit ohne geschlossene Siedlungsgebiete, wo man Deutsch als Umgangssprache verwenden, die Sitten und Bräuche pflegen und die Religion in der Muttersprache ausüben konnte sowie ohne Schulen und sonstige kulturelle Einrichtungen zum Aussterben verurteilt. Die Möglichkeiten, ihre nationale Eigenart zu erhalten, waren nur noch ganz gering oder gar nicht vorhanden.

Wenn ihre nationale Selbständigkeit im Osten nicht verwirklicht werden konnte, so blieb ihnen nur der Ausweg, dorthin zu gehen, wo sie hofften, diese Ziele verwirklichen zu können. Diese Einsicht veranlasste die heimatlosen Russlanddeutschen, auf denen infolge der breiten Propaganda in Literatur, Film und Massenmedien bis heute noch der Makel „Deutsche" lastet, sich auf den für sie oft folgenschweren Weg nach Deutschland zu begeben. Dies ist bis heute überwiegend der Grund des Auswanderungsbegehrens.

Der zweitwichtigste Grund war der Wunsch nach religiöser Freiheit. Trotz der in der Verfassung zugesicherten Religionsfreiheit waren die Gläubigen aller Konfessionen Repressalien und Benachteiligungen ausgesetzt. Religionsunterricht für Jugendliche war verboten, Gottesdienste und Zusammenkünfte wurden oft verhindert oder gestört. Religiöse Literatur stand nicht oder nur unzureichend zur Verfügung.

Die Verfolgung der Gläubigen in der UdSSR nahm in vielen Fällen radikale Formen an, so waren z.B. die Mitglieder der Freien Baptistenkirche permanent unmenschlichen Verfolgungen ausgesetzt. Die Gläubigen wurden an ihren Arbeitsplätzen schikaniert, die Kinder aus gläubigen Familien in den Schulen ausgelacht und zu Prügelknaben gemacht.

Der dritte Auswanderungsgrund, der Wunsch nach persönlicher und politischer Freiheit, war bei der Volksgruppe der Deutschen besonders stark ausgeprägt. Nach jahrzehntelanger Unterdrückung wussten sie es zu schätzen, was Freiheit bedeutet. Die Unterdrückung bekamen sie an Leib und Seele als Untertanen eines totalitären Regimes und als Deutsche doppelt zu spüren. Wirtschaftliche und berufliche Gründe spielten demgegenüber bei dieser Auswanderergruppe eine untergeordnete Rolle.

Da die Deutschen in der Sowjetunion keine autonome und kulturelle Selbständigkeit besaßen und selbst ein Mindestmaß ihrer Volksgruppenrechte zum Fortbestand ihrer nationalen Existenz nicht verwirklichen konnten, gab es für sie nur das eine Ziel - nach Deutschland, in das Land ihrer Vorfahren, auszuwandern. Für dieses Ziel setzten sie alles aufs Spiel: ihre Freunde, den Arbeitsplatz, die vertraute Umgebung und ihre kärglichen Ersparnisse, die sie zurücklassen mussten. Mitnehmen durften sie nur 90 Rubel pro Person und ihre persönliche Kleidung.

Mit der Antragstellung zur Ausreise begann für sie die Hölle: Repressalien in der Schule und am Arbeitsplatz bis zur Entlassung, Beschlagnahme von Eigentum und Häusern, Hausdurchsuchungen, Verhaftungen wegen Behördebittgängen für ihre Aussiedlung, Entlassungen von den Hochschulen der wenigen, die noch einen Studienplatz bekommen haben u.ä.. Auch moralisch waren sie davon durch die Abwendung der ehemaligen Freunde und Arbeitskollegen betroffen, denn die Ausreisewilligen wurden in der Regel als „antisowjetische Menschen" mit allen Konsequenzen daraus behandelt (Bosch 1991, 144).

Eine Chance auszuwandern hatte zu dieser Zeit nur derjenige Deutsche, der eine Einladung (Wysow) von seinen Verwandten aus dem Westen vorweisen konnte. Ein großer Teil der deutschen Bevölkerung hatte unter strengster Geheimhaltung Listen der Ausreisewilligen angefertigt, die von Vertrauenspersonen in die neu eröffnete deutsche Botschaft in Moskau gebracht wurden.

In den 60er Jahren wurde eine volle Rehabilitierung der deutschen Volksgruppe angestrebt. Von den gebildeten Initiativgruppen wurden Unterschriften für die Wiederherstellung der deutschen Autonomie an der Wolga, in der Ukraine und im Kaukasus gesammelt und durch zwei Delegationen im Januar und Juni 1965 nach Moskau
gebracht und der Regierung (unter Breschnev: 1964-1982) vorgelegt. Die Delegationen blieben ohne Erfolg.

Eine weitere Delegation, die im Juli 1967 beim Obersten Sowjet gehört werden wollte, wurde innerhalb von 24 Stunden aus Moskau verwiesen. Man verstand, dass es
nur eine Frage der Zeit sein würde, bis sich die deutsche Bevölkerung im „Sowjet-
volk" auflöste. Die Auswanderung nach Deutschland als einzige Alternative blieb
den Russlanddeutschen weiterhin untersagt.

Mehr als zehn Jahre später, 1979, scheiterte ein weiterer Versuch, irgendeine Form
russlanddeutscher Autonomie zu verwirklichen: In Jermentau, Gebiet Zelinograd
(heute Akmola) in Kasachstan, sollte auf Weisung Moskaus ein deutscher Rayon
geschaffen werden. Es kam zu Demonstrationen von ca. 5.000 kasachischen Studenten, die Schlägereien anzettelten und die kasachische Bevölkerung mit ihren
Plakaten: „Alle Deutschen nach Sibirien", „Kasachstan den Kasachen" aufwiegelten.

Nach Abschluss des deutsch-sowjetischen Moskauer Vertrages in den 70er Jahren
hatte sich eine neue Chance für die Auswanderung der Russlanddeutschen aus der
Sowjetunion ergeben. Am 18. Mai 1973 wurde eine Liste mit mehr als 7.000 Familien
(ca. 35.000 Personen) dem Obersten Sowjet mit der Bitte um Aufnahme von Gesprächen über Aussiedlung überreicht. Alle Delegierten wurden verhaftet, verhört
und unter Aufsicht des KGB in ihre Wohnorte gebracht, wo die Verhöre und Schika-
nen weitergingen.

1974 versammelten sich mehrere hundert Landsleute in Karaganda, um über ihr
Vorgehen zur Ausreise zu sprechen. Die Wohnhäuser der Deutschen wurden vo-
Beamten und Miliz umstellt. Die Veranstaltungsleiter wurden verhaftet und zum Ver-
hör abtransportiert. Einzelne Demonstrationen auf dem Roten Platz und vor der
deutschen Botschaft in Moskau sowie vor den Regierungsgebäuden in Alma-Ata,

Frunse, Duschanbe und anderen Städten waren an der Tagesordnung. Daraufhin durften einzelne Familien ausreisen. All diese Aktionen sowie der Druck von außen auf die Sowjetregierung bewirkten, dass die Aussiedlerzahlen stetig anstiegen.

1976 erreichte die Auswanderung eine Rekordzahl von 9704 Personen (ebd., 145). Die Zahl der Aussiedler aus der Sowjetunion war und ist von der politischen Großwetterlage und von den bilateralen Beziehungen abhängig.

Die Ostpolitik der sozial-liberalen Regierungen Brand und Schmidt und der KSZE-Prozess beeinflussten die Entwicklung positiv. In der zweiten Hälfte der 70er Jahre ging die Zahl der Ausreisegenehmigungen zurück und fiel nach der Verabschiedung des NATO-Doppelbeschlusses (Nachrüstung der NATO) und nach dem Scheitern der Entspannungspolitik durch den Einmarsch der Sowjetarmee in Afghanistan von 9.704 im Jahre 1976 auf 460 im Jahre 1985. Durch den dreifachen Regierungswechsel in Moskau nach Breschnev (Andropov: 1982-1984; Chernenko: 1984-1985; Gorbatschov:1985-1991) und die sich permanent verschlechternden Beziehungen mit dem Westen wurde die Zusammenführung der getrennten Familien beendet.

Aus diesem Grund haben viele Deutsche, deren Ausreiseantrag abgelehnt worden war, Zuflucht in den baltischen Republiken und in der Moldaurepublik gesucht, wo die Behörden Auswanderungsgesuche weniger restriktiv behandelten.

Mit dem Rückgang der Aussiedlerzahlen wurde der Druck auf die Ausreisewilligen verstärkt. Es sind zahlreiche Lohnkürzungen, Entlassungen von der Arbeit, Geld- und Gefängnisstrafen bekannt. In dieser schwierigen Phase wurde in Deutschland für die Russlanddeutschen von allen Parteien und der Bonner Regierung alles mobilisiert, um wieder einen positiven Trend in der Zusammenführung zu erreichen. Erstmals wurde in der Regierungserklärung vom 04.05.1983 die Forderung zur Verbesserung der Familienzusammenführung der Deutschen aus der UdSSR aufgenommen.

Über die Lage der Deutschen in der UdSSR wurden mehrere Debatten im Europäischen Parlament in Straßburg und im Deutschen Bundestag geführt. Alle Vertreter der Parteien, Gewerkschaften und Regierungen, die nach Moskau pilgerten, setzten sich im Kreml für die Belange und Erleichterung der Lage ein. Erstmals ließ die Sowjetregierung Anfang Juli 1987 unmittelbar vor der Reise des Bundespräsidenten Richard von Weizsäcker nach Moskau wieder mehr Russlanddeutsche auswandern. Es wurde für das Jahr 1987 eine Rekordzahl von 14.488 nach Deutschland ausgewanderter Aussiedler erreicht (ebd., 146).

Die neue Politik der Glasnost und Perestroika von Gorbatschov (1985-1991) zeigte auch in dieser Problematik ihre Wirkung. Die Aufbruchsstimmung und der Lawineneffekt der Auswanderung stellten die Machthaber vor allen Dingen in Kasachstan und in anderen Gebieten, in denen die Russlanddeutschen das Rückgrat der Wirtschaft bildeten, vor große Probleme. Man versuchte, die Russlanddeutschen mit Mitteln der neuen Glasnost-Politik zurückzuhalten bzw. durch die angeblichen Schwierigkeiten bei der Eingliederung im Westen von dem Ausreisebestreben abzuhalten.

Diese neue Politik Gorbatschovs hatte dem Teil der Russlanddeutschen, der die Wiederherstellung der Autonomen Deutschen Republik erstrebte, neue Hoffnungen gemacht. In der Gründung der Autonomen Deutschen Republik sah man eine Alternative zur Aussiedlung. In diesem Zusammenhang verkündeten die Abgesandten der Sowjetdeutschen, die sich in Moskau zu einer konstituierenden Konferenz zusammengefunden hatten, die Gründung der Unionsgesellschaft der Sowjetdeutschen „Wiedergeburt" für Politik, Kultur und Bildung. Diese Unionsgesellschaft hatte es sich zum Ziel gesetzt, dazu beizutragen, die nationalen Bedürfnisse des Volkes, der über zwei Millionen Sowjetdeutschen, zu befriedigen und vor allem die unrechtmäßig aufgelöste Autonome Republik der Sowjetdeutschen sowie die Reihe nationaler Rayons wieder herzustellen.

Hauptziel der „Wiedergeburt" war die vollständige Rehabilitierung der Sowjetdeutschen und die Wiederherstellung ihrer Gleichberechtigung mit allen Völkern der Sowjetunion. Trotz großer Anstrengungen blieben diese Autonomiebestrebungen sowohl unter Gorbatschov (bis 1991) als auch unter dem neuen Präsidenten Jelzin (1991-1999), der nach dem Moskauer Putsch von August 1991 Gorbatschov ablöste, ohne Erfolg. Somit wuchs der Strom der ausreisewilligen Sowjetdeutschen.

In Zahlen ist der Auswanderungsstrom der Aussiedler aus der UdSSR/GUS nach Deutschland in den Jahren 1950-2000 wie folgt konstatiert:

Jahr	Zahl	Jahr	Zahl
1950	0	1976	9.704
1951	1.721	1977	9.274
1952	63	1978	8.455
1953	0	1979	7.226
1954	18	1980	6.954
1955	154	1981	3.773
1956	1.016	1982	2.071
1957	923	1983	1.447
1958	4.122	1984	913
1959	5.563	1985	460
1960	3.272	1986	753
1961	345	1987	14.488
1962	894	1988	47.572
1963	209	1989	98.134
1964	234	1990	147.950
1965	366	1991	147.320
1966	1.245	1992	195.576
1967	1.092	1993	207.347
1968	598	1994	213.214
1969	316	1995	209.409
1970	342	1996	172.181
1971	1.145	1997	131.895
1972	3.420	1998	103.080
1973	4.493	1999	104.916
1974	6.541	2000	94.558
1975	5.985		

Tab. 1: Amtliche Statistik der BVA Köln (Landsmannschaft der Deutschen aus Russland e.V. 2/2000a, 5; 2/2001, 21)

In dem unten dargestellten Diagramm (Abb. 5) ist der Aussiedlerstrom nochmals an-
schaulich dargestellt.

Aussiedlerzahlen 1950-2000 aus der UdSSR/GUS

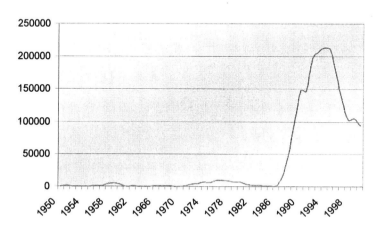

Aus dem Diagramm ist der starke Anstieg der Aussiedlerzahlen nach 1987 ersichtlich. Darauf reagierte Deutschland mit dem neuen Aussiedleraufnahmegesetz. Seit
dem 1. Juli 1990 müssen potenzielle Aussiedler ihre Anreise nach Deutschland bereits vom Herkunftsland aus beantragen. Zur Prüfung der deutschen Volkszugehörigkeit muss jetzt ein ca. fünfzig Seiten langer Fragebogen ausgefüllt werden. Außerdem wird über den Antrag nicht mehr sofort und unbürokratisch entschieden.

Diese neue Regelung führte 1990-1991 zu einem geringen Rückgang des Aussied-
lerzuzugs, der aber weit unter einem Prozent lag. Erst ab 1994 lässt sich ein signifi-
kanter Abfall der Aussiedlerzahlen feststellen.

2.3   Die Spätaussiedlung ab 1993

1992 wurde das Kriegsfolgenbereinigungsgesetz verabschiedet, welches am 1. Januar 1993 in Kraft trat und eine jährliche Quote der Aufnahme von Aussiedlern festlegte. Durch Quotierung und Steuerung der Zuwanderung nahmen die Einreisezahlen ab.

Das Kriegsfolgenbereinigungsgesetz legte außerdem fest, dass in Zukunft nur Personen, die vor dem 01.01.1993 geboren wurden, einen eigenständigen Antrag auf Aufnahme in Deutschland stellen können.

Trotz der neuen Regelung sind im Gefolge von Gorbatschovs liberaler Ausreisepolitik zwischen 1990 und 1997 fast 1,3 Millionen Russlanddeutsche nach Deutschland ausgewandert (Stricker 1997, 257).

Es handelt sich dabei um eine neue Auswanderergruppe. Die Gruppe der Spätaussiedler bilden Russlanddeutsche, die teilweise mit nicht-deutschen Partnern verheiratet sind und eine Ausreise nach Deutschland ursprünglich gar nicht erwogen haben. Ihre Deutschkenntnisse sind äußerst gering. Als Auswanderungsmotive dieser Gruppe können der Wunsch nach Familienzusammenführung sowie wirtschaftliche Gründe genannt werden. Sie erhalten in der Regel mit dem ersten Antrag die Ausreisegenehmigung und sind keinen Verfolgungen ausgesetzt.

Seit dem Inkrafttreten des Kriegsfolgenbereinigungsgesetzes hat sich aber die Bonner Aussiedler-Politik geändert. Sie ist offensichtlich jetzt darauf gerichtet, dass die Aussiedler in den Herkunftsgebieten bleiben. So wurden zwei Deutsche Nationale Rayons, die in den Jahren 1991 und 1992 in Sibirien entstanden, sowie zwei Projekte im Schwerpunktgebiet Wolga, Wolgograd und Saratow durch Förderprogramme des Bundesministeriums des Innern unterstützt.

Durch gemeinsame deutsch-russische Entwicklungsgesellschaften wurden in diesen Gebieten die Neuansiedlung von Russlanddeutschen, der Wohnungsbau, der Bau von Gemeinschaftseinrichtungen, der Ausbau der Infrastruktur sowie sonstige Unterstützungsmaßnahmen gefördert. Bis Mitte 1994 waren in diese deutschen Rayons Fördermittel in Höhe von ca. 150 Millionen DM geflossen (Ingenhorst 1997).

Statt einer Autonomen Republik hatten die Russlanddeutschen damit zwei Landkreise, in denen sie in gewissem Rahmen selbst über ihre Belange entscheiden konnten, die aber längst nicht alle in sie gesetzten Erwartungen erfüllten. Der langersehnte Traum eines deutschen autonomen Gebildes an der Wolga rückte in immer weitere Ferne, nachdem Jelzin während seines Reiseaufenthalts im Wolgagebiet im Winter 1992 den gegen die deutsche Republik demonstrierenden Russen versicherte, dass es keine Autonomie für die Russlanddeutschen geben würde.

Auch das Programm der Wiederansiedlung an der Ukraine, die Modellsiedlung bei Sankt-Petersburg 1996 sowie andere Autonomieprojekte schlugen fehl und stellten nicht mehr als ein „Lockmittel" für deutsche Gelder dar.

Bei der Debatte über die Zukunft der Russlanddeutschen in Russland und in den GUS-Staaten tauchte immer wieder die Frage auf, ob unbedingt eine territoriale Autonomie angestrebt werden muss oder ob eine Kulturautonomie ausreichen würde. Die Aussiedlerbefragungen hierzu zeigten, dass die Territorialautonomie bevorzugt wird. Von einer Kulturautonomie versprechen sich die Betroffenen keine wesentliche Änderung der Situation.

Wie wird wohl die Zukunft der Russlanddeutschen in rechtlicher, kultureller und wirtschaftlicher Hinsicht unter dem Nachfolger von Jelzin, Putin, aussehen, der am 07.05.2000 als neuer Präsident der Russischen Föderation vereidigt wurde? Auf diese Frage gab Hugo Wormsbecher – Vizepräsident der Föderalen Nationalkulturellen Autonomie „Russländische Deutsche" folgende Antwort (Landsmannschaft der Deutschen aus Russland e.V. 10/2000a, 14):

„Alles hängt von der weiteren Entwicklung in Russland ab. Das Problem der Russlanddeutschen ist kein isoliertes Problem. Es ist knallhart in die vielseitige und angespannte ökonomische und politische Problematik des ganzen Landes eingebunden. Deshalb kann es auch nur in einem breiten gesamtstaatlichen Kontext gelöst werden."

Das Schicksal der Russlanddeutschen werde davon abhängen, welchen Weg die weitere Entwicklung der Ereignisse in Russland nehme. Dabei sei es wichtig, so Wormsbecher, ob man in Putin einen Nachfolger Jelzins im Sinne eines Fortsetzens seiner Politik sehen könne. Es habe den Anschein, dass Putin im Interesse des Landes handele. Wenn ihm die Interessen des Landes wirklich teuer seien, werde Putin bemüht sein, diese in allen Bereichen und auf allen Ebenen zu wahren.

Wormsbecher glaubt deshalb, dass Änderungen des Verhältnisses zu den Russlanddeutschen, die unter Jelzin nicht möglich waren, unter Putin vollkommen realistisch seien. Um den Verlust, der dem Lande durch die Ausreise der Russlanddeutschen entsteht, zu verhindern, müsse Putin aber Bedingungen schaffen, die diese nicht in die Emigration treiben.

Die von Deutschland finanzierten Förderprogramme verfolgten auch alle das Ziel, die Russlanddeutschen von der Aussiedlung abzuhalten und ihnen eine dauerhafte soziale und ökonomische Perspektive in der Russischen Föderation zu bieten. Unter den gegebenen Umständen entwickelten sich die Projekte in Russland aber eher als „Zwischenlager" für die Russlanddeutschen auf dem Weg nach Deutschland. Auf Grund der Erfahrung der letzten Jahrzehnte zogen die meisten die Aussiedlung nach Deutschland den unsicheren Perspektiven in den deutschen Rayons in Russland vor.

Für die Deutschen aus den mittelasiatischen Republiken schien der „Umweg" über die Russische Föderation bis zur endgültigen Aussiedlung nach Deutschland durchaus attraktiv, denn die Perspektiven in ihren Wohngebieten Kasachstan, Tadschikistan, Kirgistan und anderen Republiken mit deutschen Bevölkerungsanteilen waren zum Teil durch Bürgerkriege und andere Nationalitätenkonflikte gekennzeichnet. Die Russische Föderation bot ihnen im Gegensatz zu ihren früheren Wohngebieten eine relativ gesicherte Ausreisemöglichkeit.

Nachdem im Zeitraum von 1988 bis 1994 etwa eine Million Russlanddeutsche aussiedelten und es etwa eine halbe Million Anträge auf Aussiedlung gibt, deuten alle Anzeichen darauf hin, dass die meisten der noch in der ehemaligen Sowjetunion verbliebenen etwa zwei Millionen Deutschen in den nächsten Jahren nach Deutschland aussiedeln wollen. Die Verödung der verbliebenen noch zusammenhängenden Siedlungsgebiete wird vermutlich auch die letzten noch zum Gehen bewegen, da es ihnen unmöglich gemacht worden ist, in der ehemaligen Sowjetunion als „Russlanddeutsche" zu leben.

In der National-Zeitung vom 12.11.99 (Artikel „438 Aussiedler-Anträge auf Halde", 13) wurden folgende Zahlen genannt, die der Beauftragte der Bundesregierung für Aussiedler Jochen Welt im Gespräch mit Vertriebenen- und Aussiedler-Organisationen erwähnt hat: etwa 438.000 Aussiedler-Anträge aus Russland, Kasachstan und anderen GUS-Staaten lägen in Deutschland z.Z. „auf Halde"; 1999 sind noch weitere 110.000 neue Anträge dazugekommen, von denen 60 bis 70 Prozent genehmigt würden. Im Jahr 2000 wurde die gleiche Tendenz festgestellt, und es kommen bis heute weitere Anträge dazu.

Die von Deutschland finanzierten Förderprogramme haben ihr Ziel verfehlt. Jetzt versucht Deutschland durch eine neue Quotenregelung (Neuregelung ab 1. Januar 2000: 100.000 Aussiedler pro Jahr, vgl. Landsmannschaft der Deutschen aus Russland e.V. 10/2000a, 8) und durch einen Sprachtest, die Russlanddeutschen von der Aussiedlung abzuhalten. Sogar der Aussiedler-Beauftragte der Bundesregierung Jochen Welt verteidigt die Einführung der neuen Zuwanderungsquote mit Worten: „Ich glaube nur die Botschaft zu vermitteln, dass *alle* kommen können, ist kein guter Ratgeber für eine seriöse Zuwanderungs- und Integrationspolitik" (ebd., 8).

Bezüglich der Einführung eines Sprachtestes äußerte er folgendes: „Wenn wir feststellen, dass immer weniger Deutsch sprechende Spätaussiedler nach Deutschland kommen, müssen wir uns des Themas annehmen. Das ist nicht nur aus integrationspolitischen Gründen notwendig. Es geht um die Gleichbehandlung mit anderen Personen, die die Staatsbürgerschaft beantragen und die nach § 85 den Sprachtest machen müssen. Warum sollte es bei mitreisenden Familienmitgliedern von Spätaussiedlern anders sein? Wir arbeiten an einer Gesetzesvorlage, die sie dazu verpflichten soll" (Artikel „Sprache ist der Schlüssel zur Integration" im General Anzeiger vom 31.01.2001, 3.).

Diese Aussagen hinterlassen gewisse Zweifel aufkommen an der immer wieder von Politikern wiederholten Aussage über das Tor, das für Aussiedler weit geöffnet bleiben solle. Die Befürchtung wächst, dass der Sprachtest eher zum Schloss an diesem Tor Deutschlands werden könnte (vgl. Artikel: «Замок к «воротам в Германию»» im Ost-Express 3(109), 7.-20.02.2001, 1). Und das, obwohl der Beschluss des Bundesverfassungsgerichtes vom Oktober 2000 lautet, dass die Sprachkenntnisse alleine kein Grund für die Erteilung oder Ablehnung eines Aufnahmebescheides sein können, da mehrere Kriterien zu erfüllen seien.

Die deutschen Sprachkenntnisse sind und bleiben sowohl im Herkunftsland als auch nach der Ausreise nach Deutschland für die Aussiedler der Schlüssel zur Lösung von vielen Problemen.

Die Auswanderung von Russlanddeutschen in ihre historische Heimat – Deutschland- stellt Pädagog(inn)en und andere Fachkräfte vor die schwierige Aufgabe, nach neuen Möglichkeiten einer raschen und möglichst reibungslosen Integration zu forschen. Dabei ist es wichtig zu erfahren, wer diese Leute sind, wie sie in der ehemaligen Sowjetunion - ihrer „alten Heimat" gelebt haben und was ihre „kulturelle Identität" ausmacht.

Aus diesem Grunde und unter Berücksichtigung der sinkenden Akzeptanz der Spätaussiedler seitens der Aufnahmegesellschaft soll im folgenden Kapitel der Frage nach „Mentalität" und „Identität" der Russlanddeutschen nachgegangen werden mit dem Ziel, Informationen weiterzugeben, die ein besseres Verstehen dieser Migrantengruppe ermöglichen. Damit soll ein Teil zur Aufklärungsarbeit beigetragen werden, damit Fachpersonen, die Aussiedler betreuen, mit mehr Verständnis und Toleranz an die Zusammenarbeit herangehen können.

Teil II
Die Auswanderung nach Deutschland als Wendepunkt in der Geschichte von Aussiedlern

3 Zur Frage der „Mentalität" und „Identität" von Russlanddeutschen

„Dort waren wir die Fritzen und Faschisten,

hier sind wir die Russen."

(Ingenhorst 1997, 166)

Die heutigen Aussiedler haben eine jahrhundertelange Geschichte außerhalb eines deutschen Staatsverbandes hinter sich. Sie haben die deutsche Nachkriegsgeschichte einschließlich der Veränderung im „modernen" Denk- und Lebensstil nicht oder nur aus der Entfernung miterlebt, dafür aber andere Erfahrungen gemacht. Um diese Migrantengruppe besser zu verstehen und sie in ihrem Anderssein nicht ungerecht zu beurteilen, ist es notwendig, sich diese Unterschiede bewusst zu machen.

3.1 Lebens- und Situationsbedingungen der Aussiedler in der ehemaligen Sowjetunion

Wie lebten nun die Russlanddeutschen in ihrer „alten Heimat"? Was prägte ihre „Identität"? Es soll im Folgenden um die Struktur der Familie - dem zentralen und prägenden Mittelpunkt ihres Lebens - gehen, um die Arbeitswelt, um Freunde und Freizeit, um Prestige, Zwänge und Wünsche. Weiterhin sollen die Vorstellungen der Russlanddeutschen vom Leben in Deutschland zusammengefasst dargestellt sowie ihr Selbstbild als Gruppe zumindest kurz erwähnt werden.

Über die letzten Jahrzehnte lässt sich in der ehemaligen Sowjetunion ein Strukturwandel vom Land in die Stadt feststellen. Im Vergleich zur sowjetischen Gesamtbevölkerung, von der im Jahr 1987 schon zwei Drittel in den Städten lebte, war jedoch die Landflucht der Russlanddeutschen in die Stadt nicht so schnell fortgeschritten. Fast die Hälfte der Aussiedler wohnte im eigenen Haus, und dies überwiegend auf dem Land. Durch die private Bewirtschaftung einer kleinen Ackerfläche und die weit-verbreitete Viehhaltung lebten sie auch in Mangelzeiten vergleichsweise gut ver-sorgt.

Das Zusammenleben unter den Russlanddeutschen entsprach einer eher bürgerli-chen Lebensweise. Die Erziehung der Kinder wurde meistens von der Mutter, manchmal auch von der Großmutter, geleistet, wobei von einer nicht unerheblichen Doppelbelastung der Frauen durch einerseits Berufsarbeit, andererseits Hausarbeit und Kindererziehung ausgegangen werden muss. Oft wohnten mehrere Generatio-nen in einem Haushalt.

Auch die Aussiedlung der Russlanddeutschen vollzieht sich meist mit dem gesamten Familienverband, der damit gewissermaßen zu einer „Aussiedlungskohorte" wird. Diese Großfamilie trifft dann meistens nicht gleichzeitig in Deutschland ein, sondern bewegt sich langsam, aber stets ganzheitlich über die verschiedenen Stationen der Aussiedlung in Richtung Deutschland.

Unter den gegebenen politischen und ökonomischen Verhältnissen der damaligen Sowjetunion erschien die Zukunft für die Russlanddeutschen sicher und geregelt. Zwar war sie - verglichen mit dem Lebensstandard in Deutschland - auf einem relativ niedrigen ökonomischen Niveau, aber ohne Gefahr eines sozialen „Absturzes". Um eine individuelle Lebensplanung mussten sich die Russlanddeutschen kaum größe-re Gedanken machen. Somit werden „Modernisierungsdifferenzen" im Vergleich zur westlichen Kultur deutlich, die durch Orientierungsmuster an beruflicher Karriere, durch die Individualisierung der Lebensplanung sowie durch die zunehmend wichti-ger werdende individuelle Altersvorsorge gekennzeichnet ist.

Die ländlichen Regionen mit geschlossenen deutschen Siedlungen stellten die Zent-ren deutscher Sprache und Kultur dar. Vor allem ländliche Strukturen schienen zu gewährleisten, dass Kultur und Sprache lebendig blieben. In der Stadt aber war die Bedrohung der „deutschen Identität" am stärksten. Unter den weitgehend anonymi-sierten Bedingungen der Stadtwohnungen war das Deutschtum - die Sprache und das Bewusstsein, der Minorität der Russlanddeutschen anzugehören - durch die

Anpassung an die sowjetische Umwelt gekennzeichnet und bereits im Zerfall begriffen.

Der Bildungsstand von Russlanddeutschen war im großen Maße davon abhängig, ob sie auf dem Lande oder in einer Stadt lebten. Eine Untersuchung im Rahmen des Projekts „Integrationsprobleme von Spätaussiedlern", die 1992-1994 in Münster durchgeführt wurde, zeigt, dass fast die Hälfte der im Rahmen dieses Projektes befragten Russlanddeutschen genau zehn Jahre zur Schule gegangen ist, ein Drittel von ihnen weniger und 15 Prozent länger als zehn Jahre. Vier Fünftel waren im Anschluss daran im Besitz eines Schulabschlusses. Dabei verfügten alle in der Stadt lebenden über einen solchen Bildungsabschluss, auf dem Lande hingegen nur etwa drei Viertel (vgl. Ingenhorst 1997).

Auffälligkeiten treten auch bei der Betrachtung der erlernten Berufe auf. Viele Russlanddeutsche haben in ihrer „alten Heimat" einen industriellen Beruf ausgeübt. Einen Dienstleistungsberuf übte fast jeder Fünfte aus. Als Lehrer/Staatsbediensteter war jeder Sechste tätig, im Handwerk nur jeder Sechzehnte und als Facharbeiter nur einzelne Personen. Im kaufmännischen Bereich hat jeder Zehnte gearbeitet und in Pflegeberufen nur jeder Zwanzigste, wobei der Anteil der Ärzte ebenso hoch war.

Das Wichtigste am Beruf in ihrer „alten Heimat" war für mehr als die Hälfte von Russlanddeutschen der Lohn und Arbeitsplatzsicherheit, gefolgt von den Kontakten am Arbeitsplatz. Selbstverwirklichung und Anerkennung wurden schon als weit weniger wichtig angesehen, interessant musste die Arbeit nur für wenige sein.

Das allgemeine Interesse am öffentlichen Leben war bei den meisten Aussiedlern in der ehemaligen Sowjetunion nur schwach ausgeprägt. Auch der Bürokratie stand man auf Grund früherer negativer Erfahrungen überwiegend ablehnend gegenüber. Das politische und gesellschaftliche Leben der Russlanddeutschen in ihrer „alten Heimat" wurde im Gesamtverlauf der Geschichte durch Befehl und Unterordnung, Stalinismus und Faschismus, Krieg, Zwangsarbeit, Vertreibung und heutzutage durch Nationalitätenkonflikte und Bürgerkriege nachhaltig geprägt. Diese politischen Primärerfahrungen bildeten die Basis für ein durch Misstrauen und Skepsis gekennzeichnetes Verhalten gegenüber dem gesellschaftspolitischen Leben.

In der ehemaligen Sowjetunion war es den Russlanddeutschen nicht möglich, konkrete und valide Informationen über Deutschland zu gewinnen. Die wichtigste Informationsquelle war das Fernsehen. Dieses Informationsdefizit wurde durch diffuse Bilder von vermeintlich besseren Möglichkeiten in der „neuen Heimat" ersetzt. Viele erwarteten in Deutschland ein ganz allgemein besseres Leben, eine bessere Ausbildung oder eine bessere Arbeit für sich und ihre Kinder.

In den meisten Fällen war für die Ausreise der Wunsch entscheidend, „als Deutscher unter Deutschen zu leben" und Deutsch zu sprechen. Viele hofften, ihre „Doppelidentität" (nicht mehr richtig „dort", aber auch noch nicht richtig „hier") in ihrer historischen Heimat Deutschland zusammenfügen zu können. Viele bemühten sich zwanghaft, einer sogenannten „typisch deutschen Mentalität" gerecht zu werden, wobei als „typisch deutsch" Eigenschaften wie „ordentlich", „sauber", „ehrlich", „fleißig", „pünktlich" etc. galten (vgl. ebd.).

Diese Eigenschaften wurden jahrhundertelang bewahrt und von Generation zu Generation weitergegeben. So finden wir im Gedicht vom russlanddeutschen Poeten Alexander Würz (Pseudonym – „Alexander Wolgaer"), welches am 06.10.1925 in Dönhoff/Wolga erschien, das Weltbild eines Deutschen schon zu jener Zeit (Landsmannschaft der Deutschen aus Russland e.V. 12/1999, 20):

Der Deutsche

Durch Sparsamkeit und Fleiß,
Durch Mühe, Arbeitsschweiß
Kommt stets der Deutsche
    durch die Welt.
Durch karge Sparsamkeit
Bringt er es vielmals weit
Und sammelt sich
    sein Stückchen Geld.

Die psychosoziale Struktur, die Bedürfnisstruktur sowie die Fähigkeiten und Fertigkeiten von Aussiedlern sind, soweit man dies überhaupt verallgemeinern kann, von

Introvertiertheit, Naturverbundenheit, Religiosität und einem hohen Maß an Famili-
enabhängigkeit geprägt. „Identität" wurde vor allem durch die Familie sowie durch
die deutsche Sprache erlangt und bewahrt. Jenseits der Familie herrschte dabei
weitgehende Identitätslosigkeit - eine Art frustrierter Pessimismus, der zum großen
Teil aus der psychischen sowie der geographischen Heimatlosigkeit resultierte.

Das Selbstbild der Russlanddeutschen als Gruppe lässt sich zusammenfassend wie
folgt beschreiben: Viele von ihnen halten sich für besonders dankbar, anpassungs-
fähig und duldsam – eine Selbstreflexion, deren Ursache in der sozial erlernten An-
passungsfähigkeit ans Gegebene haben kann. Da die eigene Biografie stets vom
Zwang zum Neubeginn gekennzeichnet war, ist es denkbar, dass insbesondere die
Älteren durch ihre ständigen Vertreibungserfahrungen gelernt haben, das Unver-
meidbare hinzunehmen.

Die Russlanddeutschen sehen sich selbst aktiver und arbeitsamer als andere Aussiedlergruppen. Vor allem aber begreifen sie sich als stille Bewahrer der deutschen
Kultur (ganz besonders solcher Tugenden wie Ordnung, Pünktlichkeit etc.).

3.2 Diskrepanz zwischen eingeprägten Vorstellungen von der „neuen Heimat" und der vorgefundenen Realität in Deutschland

Viele Aussiedler bemühen sich nach der Ausreise nach Deutschland, einen Teil ihrer Identität (den negativ besetzten russischen Teil) abzustreifen, was z.B. durch
Namensänderung im Zuge der Aussiedlung versucht wird. Der andere Teil ihrer aus
Russland mitgebrachten Identität (der positiv besetzte deutsche Teil) wird allerdings
nach der Aussiedlung nicht so schnell gefunden, wie man es sich wünschte. Man will
zwar schnell ein „guter Deutscher" werden, muss aber erkennen, dass solches kaum
etwas mit den Vorstellungen zu tun hat, die man sich in der „alten Heimat" davon
gemacht hatte.

Dies führt oft zu einem Übergangszustand psychosozialer Instabilität, der sich durch
die ungewohnte Komplexität der in Deutschland erlebten Welt, den Zerfall der eige-

nen „Großfamilie" sowie den Mangel an sozialer Kontrolle zusätzlich verschärfen kann.

Vor allem die älteren Aussiedler empfinden Deutschland nach ihrer Aussiedlung als „undeutsch" und lehnen hiesige Lebensweisen strikt ab. Sich selber aber begreifen sie als die eigentlichen Bewahrer der deutschen Kultur und der deutschen Werte, als die „wahren Deutschen". Kontakte zu anderen Deutschen finden auch vor diesem Hintergrund nur selten statt. Der Rückzug in die Familie und die jeweiligen Religionsgemeinschaften sind die Folge.

Der Prozess der Gettoisierung - zum Teil durch die marginale Wohnsituation bedingt und zum Teil selbst gewollt und gesucht - wird meist als positiv empfunden. Oft ist dies der Zeitpunkt, an dem diese Volksgruppe ihre „Identitätslosigkeit" bewusst wird.

Die Pastorin Irmgard Stoldt versuchte die „Identitätskrise" in Verse zu fassen, die schnell die Runde machten (Landsmannschaft der Deutschen aus Russland e.V. 2000, Teil 2, 16):

Wer bin ich ?

Auslandsdeutscher, Volksdeutscher,

Russlanddeutscher, Sowjetdeutscher,

Deutschstämmiger Sowjetbürger?

Deutschrusse auch? - Ach, was denn noch?

Doch, doch, ja noch:

Ausgewiesen, eingewiesen,

integriert und angepasst.

Hier Aussiedler, da Umsiedler –

Emigrant und Immigrant,

Auswanderer und Einwanderer,

russischer Bürger deutscher Zunge,

Vertriebener und Flüchtling.

Verschleppter Häftling noch dazu,

aus dem Gewahrsam fremden Staates

    schließlich freigegeben.

    Was will man denn von mir?

    Was macht man hier mit mir?

    Was müssen diese Etiketten denn

    festhalten und bestimmen?

Merkmale sind es, die mein Schicksal zeichnen

    und festnageln für immer!

Entscheidungen der hohen Politik sind das,

    Maßnahmen von Behörden,

    die diese Distanz bewirken.

    Warum nimmt man mich nicht auf?

    Heimkehrer bin ich doch -

    ein Deutscher weiter nichts!

Ein Deutscher, der den ganzen Hass,

    die Rache gegen Deutschland

    stellvertretend fühlen, tragen

    und erdulden musste.

    Als Sklave hungernd.

Kaum dem Tode entronnen sind meine Eltern.

    Beschimpft, zurückgesetzt in Schule

    und Beruf, riss' ich mich los.

Die ganze Jugend, die ihre Ängste überwand,

    sie drängt zurück zur alten Heimat.

    Kost' es, was es wolle!

Nur wenigen gelingt's, ans Ziel zu kommen.

    Nun - ich bin da!

    Und danke, danke, danke!

    Wer bin ich jetzt?

Kein fremder Gast, der irgendwann zurück will,

    sondern euer Landsmann, der endlich

nun daheim ist

und in Kirchenbüchern die Namen

seiner Ahnen sucht,

die einst des Vaterlandes Not

gezwungen auszuwandern.

Nach ihrer Ausreise in das Land ihrer Ahnen stellen die Aussiedler enttäuscht fest, dass sie in der ehemaligen Sowjetunion - ihrer „alten Heimat" die Bewahrer einer deutschen „Mentalität", Kultur und Lebensweise gewesen sind, die hier in Deutschland faktisch nicht mehr existiert. Die Tatsache, dass die Umgangssprache dort Deutsch, hier hingegen meist Russisch ist, kann als ein Indikator für die daraus resultierende Rückwärtsgewandtheit bzw. Nostalgie sein. Sprache als Ausdruck von Identität schwankt damit zwischen zwei Lebenswelten.

Die Frage nach ihrer „Identität" stellen sich auch immer öfter junge Aussiedler. Auf dem „Seminar zum Auf- und Ausbau der Jugendarbeit der Russlanddeutschen", das am 5.-7. Dezember 1997 in Darmstadt stattfand und sich mit dem Problem der Integration von jugendlichen Aussiedlern befasste, drückte der Aussiedler Valentin Braun seine Verzweiflung wie folgt aus:

„In der Medizin kommt zuerst die Diagnose und dann die Therapie. Bevor wir uns integrieren, müssen wir wissen, wer wir sind, unsere Identität finden!"

Zum einen führt eine hohe Erwartungshaltung der Aussiedler vor dem Hintergrund häufig unzureichender und lückenhafter Informationen in ihrer „alten Heimat" zu einer Fehleinschätzung der Situation nach der Aussiedlung. Zum anderen ist eine Rückkehr nach erfolgter Aussiedlung kaum mehr möglich, da eine funktionierende „russlanddeutsche" Infrastruktur dort kaum mehr existiert.

Am tiefsten trifft die Aussiedler das Begreifen der Tatsache, dass ihre Erwartung, in ihrem Beruf in Deutschland schnell weiter zu kommen, sehr weit von der Realität entfernt ist, denn ihre früheren Bildungsabschlüsse werden nicht automatisch anerkannt.

Die Teilnahme an Maßnahmen zur beruflichen Förderung von Aussiedlern erweist sich als notwendig, weil die in der ehemaligen Sowjetunion erworbenen Prüfungen und Befähigungsnachweise oft nicht hiesigen Anforderungen des Arbeitsmarktes entsprechen. Im Anschluss an den Sprachkurs empfiehlt sich daher oft eine berufliche Anpassung oder eine völlige Umschulung.

Aus unterschiedlichen Gründen haben nicht alle Aussiedler die Möglichkeit, an solchen Maßnahmen Teil zu nehmen. Dies führt dazu, dass viele Aussiedler mit höherer Qualifikation auf Tätigkeiten mit geringeren Qualifikationsanforderungen ausweichen, was ein Gefühl der Frustration und Unzufriedenheit auslösen kann.

Bei ihrem Versuch, im neuen Leben Fuß zu fassen, stoßen die Aussiedler auf weitere Enttäuschungen, die auf den Differenzen zwischen ihren idealisierten Vorstellungen und der Realität in Deutschland basieren:

Von einem Deutschland, das sie noch nie gesehen haben, sprechen Aussiedler als „meine Heimat", in die sie „zurückkehren" wollen. Wie enttäuscht sind sie dann, dass viele Deutsche an den Begriffen wie „Vaterland" oder „Heimat" uninteressiert sind und dass gerade jenes geistige Ideal, das ihnen selbst in der Situation nationaler Bedrückung Ansporn und Hilfe war, hier nicht mehr „trägt".

Noch mehr sind sie davon betroffen, dass gerade sie, die oft unter persönlichen Opfern an ihrer „deutschen Identität" festgehalten haben, hier von den Einheimischen irrtümlicherweise für „Ausländer" gehalten und nicht als Deutsche akzeptiert werden.

Das lange Leben unter Diktatur hat dazu beigetragen, dass die Aussiedler mit der Entscheidungsfreiheit, aber auch mit der damit verbundenen Notwendigkeit der Eigeninitiative und Eigenverantwortung erst umgehen lernen müssen, was in Deutschland nicht überall auf Verständnis stößt. Die Aussiedler ihrerseits vermissen oft die Mitmenschlichkeit besonders im Bereich der Nachbarschaft, denn in der ehemaligen Sowjetunion war Nachbarschaftshilfe lebensnotwendig, hier dagegen gilt das „Selbst-mit Problemen-fertig-werden" als erstrebenswert, Hilfsbedürftigkeit nicht selten als Makel.

Ähnliches zeigt sich hinsichtlich des Kirchenlebens. Die Aussiedler leiden unter e-
motionaler „Kälte" der hiesigen Frömmigkeit. Die gemeinschaftsbildende und den
Einzelnen tragende Kraft ihres Glaubens, die ihr schwieriges Alltagsleben in der „alten Heimat" erleichtert hat, finden sie hier nicht wieder, was nicht nur an sprachlichen Verständigungsproblemen liegt.

3.3 Aktuelle Diskussionen über Integrationsprobleme junger Spätaussiedler in der Presse

Die Diskrepanz zwischen Erwartetem und Vorgefundenem, die hiermit einhergehenden Identitätsprobleme, die nach der Aussiedlung erfahrenen Irritationen, Enttäuschungen und notwendig gewordenen Umorientierungen erweisen sich als guter
Nährboden für weitere, sekundäre Probleme. In diesem Zusammenhang können
Auffälligkeiten wie verstärkter Alkoholkonsum, Brutalität und Vandalismus, Zerfall
der Groß- bzw. Mehrgenerationenfamilie, Zerfall von Ehen und Partnerschaften sowie Erziehungsprobleme und Überschuldungen genannt werden. Artikel über solche
Auffälligkeiten unter Aussiedlern stechen immer öfter ins Auge:

Der Artikel „Totschlag nach Wodkaexzess bringt Täter acht Jahre Haft" im Lokalanzeiger Waldbröl vom 30. September 1998 (28) beschreibt, wie eine Gruppe junger
Aussiedler den Freitagabend mit Alkohol und Kartenspiel „feierte". Nach einer Auseinandersetzung schlug der 24-jährige Täter mit äußerster Brutalität kaltblütig seinem Kumpel den Schädel ein.

In dem Artikel „Attacke auf Jugendliche" im Lokalanzeiger Waldbröl vom 10. März
1999 (14) wird geschildert, wie eine Gruppe von zwölf Russisch sprechenden Jugendlichen eine brutale Attacke gegen drei heimische Jugendliche auf einem Spiel-
platz ausübte.

Der im Spiegel 6/1999 (42-44) erschienene Artikel „Alles ist besser als Kasachstan"
befasst sich mit der „Aussiedlerdomäne Waldbröl". Der Spiegel bewertete die Situation in Waldbröl wie folgt: Zuwanderer aus dem Osten haben dem idyllischen Städt-

chen Waldbröl eine Menge Probleme eingebracht: Fremde und Einheimische mögen sich nicht, die Arbeitslosigkeit ist hoch und die „Kriminalitätsrate dramatisch".

Eine interne Untersuchung der Polizei Oberberg, so der Spiegel, habe ergeben, dass 1997 in Waldbröl fast dreimal so viele Straftaten begangen wurden wie in einer vergleichbaren Nachbarstadt mit geringerem Aussiedleranteil. „Jugendliche Aussiedler" wurden in Waldbröl 14 mal so oft bei Straftaten erwischt wie in der Vergleichsstadt Engelskirchen.

Dabei konstatiert der Spiegel, dass die Kriminalitätsquote in Waldbröl erst nach oben kletterte, als die alte Bundesregierung die Sprach- und Berufsförderung einschränkte. Der Oberkreisdirektor Heribert Rohr beschuldigte daraufhin die alte Bundesregierung, es sei „unverantwortlich die Leute erst hierher zu locken und dann im Stich zu lassen".

Dieser Artikel löste eine heftige Diskussion in der Gesellschaft und in der Presse aus. Im Lokalanzeiger Waldbröl vom 24. Februar 2000 nahm der Internationale Bund (IB) für Sozialarbeit in Waldbröl zu diesem Artikel Stellung und bestätigte, dass die im Spiegel dargestellten Umstände „weitgehend korrekt geschildert" sind.

Jürgen Tonne vom IB betonte aber, dass in Waldbröl etwas gegen diese Umstände unternommen werde und machte auf sein neues Integrationsprojekt, das ein neues Jugendzentrum in Eichen vorsieht, aufmerksam. Im Lokalanzeiger Waldbröl vom 10. März 2000, Artikel „Offener Brief des IB zum Thema Integration jugendlicher Aussiedler" (17-18) wurde diese Diskussion weitergeführt und das Integrationsprojekt vorgestellt.

Mit Hilfe dieses Projektes soll eine „Aufhebung der Isolationsstrukturen der jugendlichen Aussiedler - unter expliziter Einbeziehung der Einheimischen" erreicht werden. Man sieht in diesem Integrationsprojekt einen neuen Weg, die Eingliederung der jungen Aussiedler in die Stadtgemeinde Waldbröl zu erreichen und die einheimischen Jugendlichen und die Aussiedler einander näher zu bringen.

Dies ist nur ein Beispiel, wie eine Gemeinde in Nordrhein-Westfalen versucht, der hohen Kriminalitätsrate unter Aussiedlern mit besseren Integrationsmaßnahmen für diese Migrantengruppe entgegenzuwirken.

Das Problem der hohen Kriminalitätsrate unter jugendlichen Aussiedlern ist auch in anderen Bundesländern aufgetreten. So wurde am 10. März 1997 von Prof. Dr. Christian Pfeifer, Katrin Brettfeld und Ingo Stelzer unter dem Titel „Kriminalität in Niedersachsen - 1985-1996" (Hrsg.: Kriminologisches Forschungsinstitut Niedersachsen e.V.) eine Datenanalyse vorgelegt, die auf der Polizeilichen Kriminalistik basiert und diese im Hinblick auf „Entwicklungstendenzen und spezielle Risikopopulationen" ergänzen soll. Junge Aussiedler wurden als eine dieser „Risikopopulationen" in den Mittelpunkt der Untersuchung gestellt.

Zentrale Aussage der vorgelegten Datenanalyse war der Kriminalitätsanstieg der 14- bis 25-jährigen Deutschen seit 1992. Untersucht wurde, ob diese Beobachtung mit der Tatsache zusammenhängt, dass es in einigen Regionen Niedersachsens eine starke Zuwanderung von Aussiedlern gegeben hat. Zwei Extremgruppen von Landkreisen wurden zur Überprüfung der Hypothese gebildet: die Landkreisgruppe A bildeten die vier Landkreise mit der höchsten Aussiedlerzuwanderung Niedersachsens; zur Landkreisgruppe B gehörten die fünf Landkreise mit der niedrigsten Zuwanderungsquote.

Die Zahl der polizeilich registrierten Straftaten Niedersachsens hat im Vergleich von 1990 zu 1996 in der Landesgruppe A um 31,9 Prozent zugenommen, in der Landkreisgruppe B um 4,8 Prozent.

Trotz der vermuteten Zusammenhänge zwischen der Zuzugsstärke von Aussiedlern in den einzelnen Landkreisen und dem unterschiedlichen Kriminalitätsanstieg unter jungen Deutschen in den betroffenen Regionen bleibt es eine Hypothese, die wissenschaftlich korrekt nicht zu belegen ist. Es darf nicht übersehen werden, dass auch in der Landkreisgruppe B mit niedriger Zuwanderung von Aussiedlern die Kriminalität unter deutschen Jugendlichen deutlich zugenommen hat. Dies ist ein Indiz dafür, dass sich auch bei Einheimischen ein Wandel der Lebenslage vollzogen hat, der Jugendkriminalität fördert.

In diesem Zusammenhang sind auch die Ergebnisse der Untersuchung von Prof.Dr. Wilhelm Heitmeyer von der Universität Bielefeld interessant, die im Artikel „Seit wann sind Aussiedler „Russen"?" (Landsmannschaft der Deutschen aus Russland e.v. 5/2000a) zitiert wurden: Während 0,4 Prozent der jungen Aussiedler täglich Bier, Wein oder Schnaps trinken, greifen 3,3 Prozent der deutschen Jugendlichen täglich zur Flasche. 32,5 Prozent der Deutschen zwischen 15 und 25 Jahren trinken wöchentlich Alkohol, aber nur 14,9 Prozent der Aussiedler. Mit 21 Prozent liegt der Anteil der jugendlichen Aussiedler mit Drogenerfahrungen erheblich unter dem der Deutschen mit 34,5 Prozent. Folgende Zahlen zur Kriminalität und Gewaltbereitschaft werden im Artikel „Jugendliche Aussiedler – Vorurteile und Wirklichkeit" (ebd. 1/2001, 15) genannt: 9,7 Prozent der jungen Aussiedler gaben zu, jemanden schon einmal so schwer verletzt zu haben, dass er oder sie hinterher zum Arzt musste. Der entsprechende Anteil bei den einheimischen Deutschen lag mit 17,7 Prozent deutlich höher.

Bevor man die jugendlichen Aussiedler für die negative Entwicklung in der deutschen Gesellschaft verantwortlich macht, wäre es sinnvoll, nach möglichen Gründen für diese Auffälligkeiten zu suchen. Offensichtlich merken die meisten jungen Aussiedler sehr schnell, dass sie in ihrer „neuen Heimat" Respekt nur unter Ihresgleichen finden werden, und dies fast immer nur als Gruppe. Deshalb ziehen sich viele von ihnen in eine Gruppe zurück - ein *kollektives Ich*, eine Art Kapsel, die sie vor der neuen Welt schützt und in der alten gefangen hält.

Diese Ansicht vertritt auch Barbara Dietz vom Osteuropa-Institut in München im Artikel „Rückzug in die eigene Gruppe" (Die Zeit, Nr. 14 vom 30. März 2000, 18). Nach den Ergebnissen einer Umfrage des Osteuropa-Instituts sprechen junge Aussiedler der neunziger Jahre, die in der postsowjetischen Gesellschaft groß geworden sind, schlechter Deutsch und sind mit anderen Normen hergekommen. Sie legen größeren Wert auf die Gruppe, mit Individualismus können sie weniger anfangen. Sie brauchen mehr Zeit, mehr Unter-sich-Sein, bevor sie in der Lage sind, auf einheimische Jugendliche ihres Alters zuzugehen.

In der Presse werden die Jugendlichen ständig in Gruppen aufgeteilt, miteinander verglichen und zueinander in Konkurrenz gestellt. Es sollte endlich damit begonnen werden, auch die Gemeinsamkeiten zwischen den einheimischen und den Aussiedler-Jugendlichen zu sehen. Darin bestünde sicherlich die Chance für ein friedliches und vor allem gemeinsames Miteinander. Man sollte versuchen, den Problemen der jungen Aussiedler auf den Grund zu gehen und sie bei der Suche nach deren Lösung zu unterstützen, um Schicksalswege wie sie im Artikel „Deutsch, aber nicht ganz" (Die Zeit, Nr. 14 vom 30. März 2000, 17-20) geschildert wurden, zu vermeiden.

In diesem Artikel wurde unter dem Gesichtspunkt: eigene Kultur, eigene Werte und eine Menge Probleme ausführlich über junge Aussiedler aus dem badischen Städtchen Lahr diskutiert. Es wurde berichtet, dass der 16-jährige Aussiedler Andreas sich am 2. November 1998 aus dem 13. Stock eines Hochhauses gestürzt hatte. Dabei sei dieser Junge wie auch viele andere Aussiedler mit dem einzigen Wunsch nach Deutschland gekommen, als Deutscher unter Deutschen zu leben. Vielleicht war Andreas zarter als andere. Doch die Welt, in der er sich behaupten musste, ist die der meisten jugendlichen Aussiedler: Da ist eine „Mutter, deren Deutsch gebrochen ist", und ein „Vater, dessen Stolz gebrochen ist". Auf Andreas lastete der Druck, die Mutter nicht zu enttäuschen und gute Noten nach Hause zu bringen, als seien sie seine Aufenthaltsgenehmigung.

Viele andere junge Aussiedler stehen ihren Problemen oft hilflos gegenüber. Auch die 16-jährige Larissa, die 1992 aus einem kleinem Dorf im Herzen Kasachstans mit den Eltern nach Lahr kam und jetzt unter den ehemaligen Mitschülern von Andreas ist, kommt mit den neuen Problemen nicht klar.

Larissa sehnt sich noch oft nach Osakarowka, will aber nicht dorthin zurück. Dabei will sie manchmal auch nicht bleiben. Dass sie als Deutsche geholt und als Russin behandelt wurde, hat sie zerrissen: „Ich weiß nicht, was ich bin", „irgendwie bin ich dazwischen." Ihr Pass sagt zwar, dass sie Deutsche ist, aber wenn sie von Deutschen redet, meint sie ein anderes Volk. Sie will jetzt nicht mehr dazu gehören – nicht, wenn Dazugehören Sich-selbst-aufgeben bedeute und wenn Deutsch sein verlangt, nicht mehr Russisch zu träumen.

Barbara Dietz spricht in diesem Zusammenhang von einem „Schonraum" für junge Aussiedler. Die jungen Zuwanderer brauchen eine gewisse Zeit, um die Sprache zu

erlernen. Sie können und wollen nicht alles, was sie mitgebracht haben, einfach ab-
schütteln. Vielmehr müssen sie auch bewahren dürfen, was sie bisher kulturell und
sprachlich gelernt haben. Andernfalls können sie in tiefe Lebenskrisen geraten.

So wie Larissa geht es anscheinend sehr vielen von den mehr als 350.000 jugendlichen Aussiedlern, die seit Anfang der neunziger Jahre nach Deutschland gekommen
sind und sich in Siedlungen wie der in Lahr niedergelassen haben.

Nach Meinung des Sozialarbeiters Dietmar Seiler-Fritsch (vgl. ebd.) hat sich diese
Siedlung in ein gepflegtes Getto verwandelt. Die Aussiedler von heute nennt er
„Kinder der zerfallenen Sowjetunion". Sie haben erlebt, wie sich das Imperium auflöste und heute nicht mehr galt, was gestern Doktrin war, und wie ihre Eltern Halt
suchten in einem System, das aus der Verankerung gerissen war. Dann kamen sie
nach Deutschland und erlebten den Bruch noch einmal. In der Schule galt nicht
mehr, was sie gelernt hatten. Sie erlebten, wie ihre Eltern Arbeit suchten und nur
Beschäftigungen fanden. Es ist die Generation, die Seiler-Fritsch mit großer Befürchtung beobachtet. Er nennt sie die „Zu-spät-Ausgesiedelten".

Die Probleme der jungen Spätaussiedler, die hier nur beispielhaft skizziert wurden,
dürfen nicht verschwiegen werden. Außerdem sollte die Verschlechterung der sozioökonomischen Situation für Aussiedler in Deutschland seit 1993 berücksichtigt
werden: Der Bund fährt seit einiger Zeit die Fördermaßnahmen zurück, was auch die
sprachliche Ausbildung betrifft. Ohne ausreichende Sprachkenntnisse besteht jedoch selten Aussicht auf eine Ausbildungsstelle und in vielen Fällen keine Aussicht
auf einen Arbeitsplatz. Deshalb müsste das Ziel verfolgt werden, weiter Sprachkurse
für junge Aussiedler zu fördern und zu reformieren sowie neue Ausbildungs- und
Umschulungsplätze zu schaffen, um auf diesem Weg der wachsenden Kriminalität
der jugendlichen Aussiedler entgegenzuwirken.

Wie vorher gezeigt, gibt es bereits Gemeinden (s.o. das Projekt Waldbröl), die einiges tun, um das Problem in den Griff zu bekommen. Die Liste der wirksamen Projekte können wir gemäß der Reportage von Robert Korn (Landsmannschaft der Deutschen aus Russland e.V. 1/1998) erweitern, denn auch das Land Niedersachsen hat

sich in dieser Hinsicht mit der Gründung des Berufsbildungs- und Technologiezentrums des Handwerks etwas einfallen lassen.

Das Berufsbildungs- und Technologiezentrum des Handwerks BTZ GmbH mit Standort in Lingen, Meppen und Nordhorn setzt sich zum Ziel, Defizite im Bereich der Sprachkenntnisse aufzuarbeiten und Anpassungsprobleme von jungen Aussiedlern aus dem Weg zu schaffen. Die Konzeption der „BTZ GmbH" besteht darin, außerbetriebliche Umschulungs- und Ausbildungsplätze zu bieten, um so den Teilnehmern durch berufliche Orientierung, Motivation und Betreuung eine Zukunft und Perspektive im Handwerk zu ermöglichen.

Vor dem Hintergrund eines zunehmenden Orientierungsbedarfs von Aussiedlern bietet dieser Ausbildungsweg ein weites Spektrum von Möglichkeiten zur langfristigen Integration dieser Migrantengruppe. Dabei leistet neben der Qualifizierung von Aussiedlern im arbeitsfähigen Alter insbesondere die Erstausbildung der jugendlichen Russlanddeutschen einen entscheidenden Beitrag zu ihrer Integration. Von 126 Teilnehmern im BTZ bilden hier junge Russlanddeutsche 80 Prozent der Gesamtteilnehmer. Das Alter der Lehrlinge liegt zwischen 17 und 25 Jahren. Die Lehrlinge haben die Möglichkeit, aus der laufenden Maßnahme in ein betriebliches Ausbildungsverhältnis zu wechseln. Dabei ist danach die Einstellung in diesem Betrieb praktisch gesichert. Dies ist ein sicherer Weg zu einer schnelleren Eingliederung von jungen Aussiedlern.

Aus der Überlegung heraus, dass eine bessere und schnellere Integration der Aussiedler zu einem konstruktiven Umgang mit vielen auftretenden Problemen führt, wird im nachfolgenden Kapitel das Augenmerk auf mögliche Formen der Integration gerichtet. Neue Perspektiven in der Aussiedlerpolitik 2000–2001 sollen in diesem Zusammenhang aufgezeigt und Beispiele für die Verwirklichung der neuen Richtlinien in verschiedenen Regionen dargestellt werden.

4   Integration von Russlanddeutschen

4.1   Rechtsstatus dieser Migrantengruppe ab 1945 bis heute

a) Vertriebene

Vertriebene sind Personen, die im Zusammenhang mit den Ereignissen des Zweiten Weltkrieges durch Vertreibung, Ausweisung oder Flucht als deutsche Staatsangehörige oder Volkszugehörige ihren Wohnsitz in den zur Zeit unter fremder Verwaltung stehenden deutschen Ostgebieten oder in den Gebieten außerhalb des deutschen Reiches nach dem Stand vom 31. Dezember 1937 verloren haben.

Am Ende des Zweiten Weltkrieges und in den ersten Nachkriegszeiten kamen Flüchtlinge und Vertriebene in großen Zügen nach Deutschland. Der Zuzug von Vertriebenen und ihre Eingliederung in die Nachkriegsgesellschaft verliefen keineswegs konfliktfrei.

Für die Integration dieser Gruppe und ihre Akzeptanz durch die deutsche Nachkriegsgesellschaft spielte der erkennbar unfreiwillige Charakter dieser Wanderung, also die Vertreibung, eine ebenso wichtige Rolle wie die Tatsache, dass es sich dabei um Deutsche handelte (vgl. Frantzioch 1987).

b) Aussiedler

Seit Anfang der fünfziger Jahre gelten die allgemeinen Vertreibungsmaßnahmen gegen Deutsche in Osteuropa als abgeschlossen, aus „Vertriebenen" wurden „Aussiedler".

Im Bundesvertriebenengesetz (BVFG) vom 19. Mai 1953 § 1 ABS. 2 Ziffer 3 sind die wesentlichen Merkmale des Aussiedlerstatus festgelegt. Aussiedler ist demnach, wer nach den allgemeinen Vertreibungsmaßnahmen (gelten ab dem Jahr 1950 als beendet) und bis zum 31.12.1992 in die Bundesrepublik Deutschland einreiste, deutscher Staatsangehöriger oder Volkszugehöriger war, aus Polen, Rumänien oder den Gebieten der ehemaligen Sowjetunion kam (vgl. Ingenhorst 1997). Gemäß diesem Gesetz wurden die Aussiedler den Vertriebenen der Nachkriegszeit faktisch gleichgestellt. Den Deutschstämmigen wurde damit die Möglichkeit eröffnet, nach Deutschland auszuwandern.

Auf Grund der Tatsache, dass viele Aussiedler, die in den letzten Jahren nach Deutschland kamen, der deutschen Sprache nicht mächtig sind, sind sie für viele Bürger in Deutschland nur eine weitere Gruppe von ausländischen Flüchtlingen. Die Aussiedler werden von ihnen als Wirtschaftsflüchtlinge und nicht als „Deutsche" betrachtet. Sie verstehen nicht, warum der deutsche Staat diesen „Fremden" so viel an materieller Hilfe und politischer Aufmerksamkeit zuteil werden lässt. Viele wissen nicht, dass diese Deutschen einige Voraussetzungen erfüllen müssen, um als Deutsche oder Vertriebene anerkannt zu werden.

Voraussetzung dafür, dass ein Aussiedler die vorgesehenen Eingliederungshilfen erhalten kann, ist nach § 1 Abs. 2 Ziffer 3 des BVFG (Bundesvertriebenen- und Flüchtlingsgesetzes) der Nachweis, dass er deutscher Staatsangehöriger oder deutscher Volkszugehöriger ist.

Der Nachweis der deutschen Staatsangehörigkeit erfolgt anhand von deutschen Personenstandsurkunden oder Geburts- und Heiratsurkunden. Sie ist oft auch anhand von bereits im Westen befindlichen Personalakten des betreffenden Aussiedlers oder seiner Eltern oder Großeltern nachzuweisen.

Die deutsche Volkszugehörigkeit liegt nach Paragraph 6 BVFG vor, wenn jemand „sich in seiner Heimat zum deutschen Volkstum bekannt hat, sofern dieses Bekenntnis durch bestimmte Merkmale wie Abstammung, Sprache, Erziehung, Kultur bestätigt wird." Aussiedler sind daher niemals „Polen", „Russen" oder „Rumänen", sondern stets Deutsche.

Man sollte sich der Tatsache bewusst sein, dass diese Aussiedler nicht nur Deutsche sind, sondern dass sie auf Grund ihrer Bekennung zur deutschen Staatsangehörigkeit unter den Folgen des Zweiten Weltkrieges weit mehr leiden und für Hitlers Verbrechen ungleich härter büßen mussten als die meisten Westdeutschen. In diesem Gesichtspunkt liegt die besondere Verantwortung begründet, die der deutsche Staat für die Aussiedler hat. Sie konkretisiert sich in Eingliederungshilfen, die die Aussiedler benötigen, um sich in den Verhältnissen in Westdeutschland, die deutlich anders sind als die im Ostblock, zurechtzufinden. Zwei Eingliederungsprogramme der Bundesregierung von 1976 und 1988 (zusätzlich zum BVFG und LAG - Lastenausgleichsgesetz) bilden die gesetzliche Grundlage hierfür.

c) Spätaussiedler

Mit dem am 1. Januar 1993 in Kraft getretenen Kriegsfolgenbereinigungsgesetz (KfbG) wurde der neue Rechtsstatus des Spätaussiedlers für die Deutschstämmigen eingeführt, die ab 1993 einen Aufnahmebescheid erhalten und aussiedeln. Die deutsche Volkszugehörigkeit und ein Kriegsfolgenschicksal sind weiterhin entscheidend für den Erhalt des Status eines ‚Spätaussiedlers'.

Das Lastenausgleichsgesetz ebenso wie das Kriegsgefangenenentschädigungsgesetz gelten ab diesem Zeitpunkt als abgeschlossen. Die Hauptentschädigung, Hausratentschädigung und Aufbaudarlehen entfallen für Spätaussiedler. Wichtigste Änderungen betreffen die Ehegatten, die anderer Nationalität sind, und die Kinder, die nach dem 31.12.1992 geboren wurden und noch werden. Sie können zwar weiter mit einreisen, erhalten aber nicht, wie bisher, den Spätaussiedlerstatus und die damit verbundenen Leistungen.

Parallel zu dem seit Ende der achtziger Jahre betriebenen Abbau der Sozialleistungen in Deutschland wurden die Leistungen für die Aussiedler in besonderem Maße beschnitten. Ihnen wurde die individuelle Integrationshilfe durch Kürzungen der gesamt zur Verfügung stehenden Mittel im Eingliederungsanpassungsgesetz (EinglAnpG) zum 01.01.1990 angepasst. Die materiellen Leistungen, die den Aussiedlern in der Übergangsphase nach der Einreise nach Deutschland vor der Arbeitsaufnahme gewährt wurden, sind schon seit 1989 den Realitäten „leerer Sozial-kassen" angepasst und bei den Spätaussiedlern ab dem 01.01.1993 drastisch ge-kürzt worden.

Befinden sich die Spätaussiedler nach Ablauf der sechsmonatigen Eingliederungs-hilfe noch in der Sprachförderung oder haben keine Arbeit aufgenommen, haben sie nur noch Anspruch auf die allgemeine Sozialhilfe. Dies hat weitreichende Folgen für den Eingliederungsprozess der Spätaussiedler.

Ab 1996 verschärfte sich die Situation für die Russlanddeutschen weiterhin. Es wur-den die Sprachtests im Herkunftsland eingeführt, mit denen die Spätaussiedler „auf Herz und Nieren geprüft" werden sollten. Viele haben diesen Sprachtest nicht be-standen.

Zum 01.01.2000 sind zwei von der Bundesregierung initiierte Änderungen des Bun-desvertriebenengesetzes in Kraft getreten:

- Präzisierung des Ausschlusstatbestandes in § 5 Nr. 1 BVFG, wonach privile-gierte Funktionsträger des kommunistischen Herrschaftssystems und deren gleichfalls privilegierte Verwandte wegen Fehlens eines Kriegsfolgenschick-sals vom Erwerb des Spätaussiedler-Status ausgeschlossen werden.
- Die Zahl der jährlich zu erteilenden Aufnahmebescheide für Spätaussiedler und deren Familienangehörige ist auf rd. 100.000 Personen pro Jahr festge-schrieben worden.

Seit Oktober 2000 wurde eine weitere Änderung der Rechtslage eingeführt. In sei-nem Urteil vom 19.10.2000 im Verfahren VC 44.99 führte das Bundesverwaltungsge-richt ein, dass bei der Prüfung bestätigender Merkmale für die gesetzliche Anerken-nung eines ‚Aussiedlers' nicht auf den Zeitpunkt der Ausreise zu achten ist, sondern auf den Zeitpunkt, zu dem die Vermittlung der Merkmale Sprache, Erziehung und Kultur im Elternhaus abgeschlossen wurde. Es reicht aus, wenn das Kind im Eltern-haus die deutsche Sprache und die Landessprache erlernt hat, also mehrsprachig aufgewachsen ist (Landsmannschaft der Deutschen aus Russland e.V. 3/2001, 16).

4.2 Wirtschaftliche Integration

Im Allgemeinen gilt, dass die Integration der Aussiedler, also ihr Einleben in die neuen Verhältnisse, folgende Phasen beinhaltet:

- die Erwartungsphase,
- die Enttäuschungsphase und
- die Bewältigungsphase.

(vgl. Militzer/Bourgeois 1994)

Je stärker sich die neuen Verhältnisse von den alten unterscheiden, desto schwieriger verläuft die Eingliederung.

Wichtige Aspekte der materiellen bzw. wirtschaftlichen Integration der Aussiedler sind die Wohnraumversorgung, die sprachliche Eingliederung, bei Kindern die schulische Eingliederung sowie der Lastenausgleich.

In den Kommunen, in welche die Aussiedler über Landesaufnahmestellen gelangen, mangelt es oft ebenso an Übergangswohnheimen für die ersten Wochen wie an Dauerwohnungen. So gestalten sich die ersten Wochen und Monate für viele Aussiedler schon in Bezug auf die Unterbringung nicht gerade einfach.

Auch nach dem Umzug in eine eigene Wohnung leben viele Aussiedlerfamilien unter beengten Bedingungen. Die Unterversorgungsquote mit Wohnraum liegt nach Angaben des Deutschen Instituts für Wirtschaftsforschung (DIW) (Landsmannschaft der Deutschen aus Russland e.V. 11/1997) bei Aussiedlerhaushalten mit 52,4 Prozent dreimal so hoch wie bei der Gesamtbevölkerung mit 17,3 Prozent. Für die Familie, die der wichtigste Ankerpunkt im Integrationsprozess ist, stellt dies eine schwere Belastungsprobe dar. Mitmenschlichkeit bei Behörden und Bürgern sind gefragt, um den Aussiedlern über diese schwierige Phase hinweg zu helfen.

Eine unentbehrliche Eingliederungshilfe ist die Sprachförderung. Erst mit ausreichenden Sprachkenntnissen ist berufliche und bei Kindern schulische Eingliederung zu bewerkstelligen. In vielen Schulen sind für Aussiedlerkinder „Förderklassen" eingerichtet worden, an denen sie Unterricht erhalten, bis sie am normalen deutschen Schulunterricht Teil nehmen können. Förderschulen und Förderunterricht werden von Garantiefonds finanziert.

Mangelnde Deutschkenntnisse sind nicht nur von Nachteil bei der schulischen und beruflichen Eingliederung, sie sind auch hinderlich für eine erfolgreiche soziale Integration. So gaben 54,2 Prozent der Aussiedlerjugendlichen an, ihr Freundeskreis bestehe überwiegend aus Aussiedlern. Gleichzeitig zeigte sich, dass 70,4 Prozent der Befragten sich mehr Kontakte zu einheimischen Jugendlichen wünschen. (Info-Dienst Deutsche Aussiedler 1996)

Die Schule ist einer der Orte, an denen sich Erfolg oder Misserfolg einer Eingliederung zeigen kann. Einheimische Lehrer und Mitschüler können viel dazu beitragen, dass ein Aussiedlerkind sich nicht isoliert und fremd vorkommt, indem sie Diskriminierung vermeiden und eine bewusste Aufnahme dieses Kindes in die Gemeinschaft vornehmen.

Der Lastenausgleich umfasst einen Komplex von Entschädigungen für Aussiedler. Da auch die heutige Aussiedlung noch Kriegsfolge ist, erhalten Aussiedler ebenfalls Lastenausgleich, dazu gehören eine Entschädigung für verlorenes Eigentum an Immobilien und Hausrat, billige Darlehen zur Existenzgründung usw.. Auf diese Weise trägt auch der Lastenausgleich direkt zur beruflichen und sozialen Eingliederung der Aussiedler bei.

Doch die materielle Eingliederung alleine reicht nicht aus. Selbst wenn alles geregelt ist - vom Sprachkurs über den Arbeitsplatz bis zum Lastenausgleich -, bedeutet dies noch nicht, dass ein Aussiedler sich auch innerlich in Deutschland zu Hause fühlt. Der Umbruch, den der Schritt in den Westen für jeden Aussiedler und jede Aussiedlerin bedeutet, muss auch geistig und seelisch verarbeitet werden - sowohl hinsichtlich der Trennung von der „alten Heimat" als auch in Form einer aktiven geistigen und emotionalen Auseinandersetzung mit dem Neuen. Nach Ansicht von Experten und Betroffenen dauert dieser Prozess der „gesellschaftlichen" bzw. der „soziokulturellen Integration" mindestens fünf, nicht selten aber auch sechs bis acht Jahre.

4.3   Soziokulturelle Integration

Für die meisten Aussiedler ist die Ankunft in Deutschland - vor allem nach hartem Kampf um die Ausreise - ein großer Augenblick. Gerade am Anfang ihres Hierseins haben sie ein großes Vertrauen darin, dass hier im Westen „alles gut" sei, und sind dementsprechend auch bereit, Einschränkungen (überfüllte Übergangswohnheime, lange Wartezeiten bei Behörden u.ä.) in Kauf zu nehmen.

Aber die zahllosen auszufüllenden Formulare machen einige sehr schnell verwirrt und unsicher. Es braucht Zeit und geduldige Hilfe, bis sie sich im neuen Leben zurecht finden. Diese Hilfe bekommen sie von vielen Organisationen und Einrichtungen, die soziale Betreuung der Aussiedler betreiben - darunter die freien und kirchlichen Wohlfahrtsverbände (Deutsches Rotes Kreuz, Arbeiterwohlfahrt, Deutscher Caritasverband usw.), die Kirchen, die Parteien sowie vor allem auch die im Bund der Vertriebenen (BdV) zusammengeschlossenen ostdeutschen Landsmannschaften. Bewährt haben sich mancherorts auch individuelle Patenschaften einheimischer Familien für Aussiedlerfamilien.

Trotz der Hilfe und Betreuung von Aussiedlern durch o.g. Organisationen und Einrichtungen ist die Integration dieser Migrantengruppe ein langjähriges Unterfangen, welches von einer Vielfalt von Faktoren beeinflusst wird.

So vollzieht sich der Integrationsprozess von (Groß-)Städtern oft problemloser als der von Aussiedlern aus ländlichen Regionen. Dies mag darin begründet sein, dass die Auflösung traditioneller Familien und anderer sozialer Strukturen auch in der ehemaligen Sowjetunion in den Städten früher eingesetzt hat und weiter fortgeschritten war als auf dem Lande.

Die Integrationsperspektiven der Russlanddeutschen haben sich seit Mitte der achtziger Jahre auf Grund unterschiedlicher Veränderungen - und zwar sowohl auf Seiten der Aussiedler als auch auf Seiten der Aufnahmegesellschaft - stark verändert. Geht man von der These aus, dass Integration am einfachsten gelingt, wenn sich Aufzunehmende und die Aufnahmegesellschaft stark ähneln, können im Falle von

Russlanddeutschen folgende Bedingungen genannt werden, die die Integration erschweren:

Auf Seiten der Aussiedler wirken ihr „massenhaftes" Auftreten sowie ihre immer geringer werdenden deutschen Sprachkenntnisse auf Grund der fortschreitenden Assimilation an die russische Gesellschaft bei gleichzeitiger weiterer Entfernung von
der Aufnahmegesellschaft problemverschärfend.

Seitens der deutschen Aufnahmegesellschaft haben Individualisierungs- und Mo-
dernisierungsprozesse und damit auch Enttraditionalisierung und Entsolidarisierung
zugenommen. Die Aufnahmebereitschaft ist dadurch und durch das „massenhafte"
Auftreten weiterer Einwanderergruppen gesunken.

Die Folgen der fortschreitenden Modernisierung, die damit einhergehenden Indivi-
dualisierungsschübe, das Aufbrechen von traditionellen Normalbiographien und die
Zunahme von Beliebigkeit und Eigenverantwortlichkeit in allen Lebensbereichen
berühren gerade die Aussiedler auf besondere Art und Weise, denn sie treffen hier
auf eine Migrantengruppe, die darauf wenig vorbereitet ist und vor allem in Tradition,
Beständigkeit, sozialer Sicherheit und standardisierten Lebensläufen denkt, plant
und handelt.

Ihr soziales Handeln wird von völlig anderen politischen, ideologischen und lebens-
weltlichen Erfahrungen bestimmt. Als Gruppe, die in ihrer „alten Heimat" über nahezu keinerlei Wahlchancen verfügte, stehen die Aussiedler in Deutschland der optio-
nalen Vielfalt gegenüber. Eigenverantwortliches Handeln ist dabei Voraussetzung
für das Gelingen der eigenen sowie der familiären Biografie. Alleine zurecht zu
kommen muss aber von Aussiedlern und Spätaussiedlern erst gelernt werden und
bedarf nach wie vor einer verständnisvollen Unterstützung und Förderung.

Dass die Integration der Aussiedler und Spätaussiedler insgesamt und der Jugendli-
chen insbesondere gefördert werden muss, ist auch für die Landesregierung in
Nordrhein-Westfalen eine Selbstverständlichkeit. Auf einem Informationsseminar zur
Integration junger Spätaussiedler hob Peter Schmitz - Vorsitzender des Ministerial-

rats - die Notwendigkeit der „Integrationsfördernden Hilfen" heraus, betonte aber, dass allerdings immer weniger Mittel dafür zur Verfügung stünden. Außerdem bemerkte er, dass der Integrationsprozess, der in vergangenen Jahren reibungslos verlaufen sei, heutzutage vermehrt auf Schwierigkeiten stoße.

Der gleichen Meinung war auch der Beauftragte der Bundesregierung für Aussiedlerfragen Jochen Welt, der sich zur Lage der Spätaussiedler in Deutschland äußerte und die Aussiedlerpolitik 2000 vorstellte (Landsmannschaft der Deutschen aus Russland e.V. 11/1999).

Laut seinen Angaben sind seit 1989/1990 rund zwei Millionen Aussiedler nach Deutschland gekommen. Die Integration dieser Zuwanderer und ihrer Familienangehörigen verlief zunächst weitgehend sozial unauffällig. Seit Mitte der 90er Jahre sei die Eingliederung der Spätaussiedler und ihrer Familienangehörigen problematischer geworden. Dies wird zum Beispiel an folgenden Veränderungen der Rahmenbedingungen sichtbar:

- Die Probleme auf dem Lehrstellen- und Arbeitsmarkt sind größer geworden.
- Die Diskussion über zusätzliche Zuwanderung nach Deutschland hat sich verschärft; die Akzeptanz seitens der deutschen Zivilbevölkerung den Zuwanderern gegenüber hat abgenommen.
- In der ehemaligen Sowjetunion – der „alten Heimat" der Spätaussiedler haben sich zum Teil dramatische Veränderungen im politischen, wirtschaftlichen und gesellschaftlichen Bereich ergeben.

Weitere Faktoren erschweren eine rasche Eingliederung:

- Wohngebiete mit hoher Aussiedlerkonzentration,
- zurückgegangene Deutschkenntnisse,
- punktuell sozial auffälliges Verhalten jugendlicher Aussiedler (Kriminalität, Drogen, Vandalismus),
- zunehmender kultureller Abstand infolge gemischtnationaler Ehen.

Wegen dieser neuen Entwicklungen ist der unmittelbare Zugang der Spätaussiedler zu den sozialen Sicherungsmaßnahmen allein nicht mehr ausreichend. Um eine rasche, sozialverträgliche Integration insbesondere der Jugendlichen zu erreichen, muss die Integration als gesamtgesellschaftliche Aufgabe begriffen werden. Dazu müssen die Eingliederungsmaßnahmen für den einzelnen Spätaussiedler und seine mitreisende Familie verbessert werden.

Wie sieht denn die Aussiedlerpolitik 2000-2001 aus? Welche neuen Integrationsmaßnahmen wird sie mit sich bringen?

4.4 Zur Aussiedlerpolitik 2000-2001

Die jetzige Bundesregierung hat neue Akzente in der Aussiedlerpolitik gesetzt. Sie hat die Bemühungen verstärkt, die Integration von Spätaussiedlern zu verbessern. Es setzt sich zunehmend die Erkenntnis durch, dass Aussiedler mit anderen Einwanderern vergleichbar sind. Nur mit erheblichen individuellen und gesellschaftlichen Anstrengungen werden sie ihren Platz in unserer Gesellschaft finden. Ihre Integrationsprozesse müssen begleitet werden von intensiven und vor allem längerfristigen finanziellen und sozialen Unterstützungsangeboten.

Im Mittelpunkt der Integrationsförderung des BMI stehen daher künftig verstärkt gemeinwesenorientierte und wohnumfeldbezogene Projekte. Die Arbeit für die jungen Aussiedler muss dort ansetzen, wo sie wohnen, dort, wo sie Schwierigkeiten haben.

4.4.1 Netzwerke für Integration

Die Bundesregierung sieht in der Integration von Aussiedlern den Schwerpunkt ihrer Aussiedlerpolitik. Es fehlt aber bis heute ein richtiges Integrationskonzept. Ein Schritt in diese Richtung sind die vom Aussiedlerbeauftragten Jochen Welt - MdB angeregten kommunalen Netzwerke für Integration. Mittelfristig soll ein *Bundesnetzwerk für Integration* unter Einbeziehung der Länder und gesellschaftlichen Gruppen entstehen. Das oberste Ziel ist, die Aussiedler für die schnelle und dauerhafte Teilnahme am sozialen, beruflichen und kulturellen Leben und vor allem an der örtlichen

Gemeinschaft vorzubereiten. So wird die Eingliederung von Spätaussiedlern zu einer gesamtgemeinschaftlichen Aufgabe.

Durch „kommunale Netzwerke" soll die Arbeit effektiver gestaltet werden. An diesen Netzwerken sollen sich verschiedene Gruppierungen und Organisationen beteiligen, wie Vertreter von:

- Spätaussiedlern,
- Betreuungsorganisationen,
- Kirchen,
- Gewerkschaften,
- Unternehmensorganisationen,
- Arbeitsämtern,
- Bildungseinrichtungen,
- beteiligten Ämtern der Stadtverwaltung,
- Kulturorganisationen und Traditionsvereinen,
- Sportvereinen usw.

Durch eine solche Vernetzung wird dem Leitbild des aktivierenden Staates Rechnung getragen. Indem sich der Staat auf Anstöße und das Setzen von Rahmenbedingungen beschränkt, ermöglicht er Organisationen und privaten Eigeninitiativen ein gesellschaftliches Engagement. Zugleich wird vermieden, dass Aussiedlerintegration zur sozialen Randgruppenarbeit wird.

Die Abb. 6 zeigt, wie viele Organisationen in Kassel zusammenarbeiten, um eine möglichst effektive Integration der Aussiedlerjugendlichen zu erreichen.

Vernetzung und Kooperation

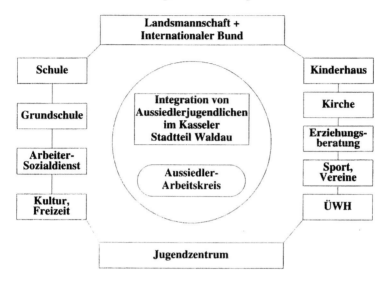

Abb. 6 (Landsmannschaft der Deutschen aus Russland e.V. 5/1999, 18)

Dies ist ein Modell, das so oder so ähnlich auch für andere Städte Gültigkeit haben kann. So hat z.B. auch in Köln–Chorweiler ein Interkulturelles Netzwerk (INK) im November 2000 seine Pforten geöffnet. Das INK verfolgt das Ziel, die konkrete Zusammenarbeit von Bevölkerung, Trägern, Einrichtungen und Migrationsdiensten zu fördern, um die Angebotsstruktur in allen Stadtteilen von Köln zu verbessern.

Der Beauftragte der Bundesregierung für Aussiedler Jochen Welt (ebd., 6) betonte in einem Interview die Wichtigkeit der Gründung von Netzwerken für eine erfolgreiche Integration:

„Die Diskussion in diesen Netzwerken ist ein erster wichtiger Ansatz, möglichst viele Beteiligte mit diesem Problem zu befassen. Einheimische erfahren einiges über Sozialerfahrungen und Hintergründe bei Aussiedlern, diese einiges über die Befindlichkeit der Einheimischen. Dieser Austauschprozess kann die Integration vor Ort fördern."

Am 1. Februar 2001 betonte Jochen Welt vor den versammelten Aussiedlern und Einheimischen im Pforzheimer Bürgerhaus Haidach erneut, dass die Prinzipien der Aussiedlerpolitik der Bundesregierung die Zusammenarbeit aller am Integrationsprozess Beteiligten in einem „Netzwerk" sei. „Wenn wir die Probleme heute nicht lösen, holen sie uns morgen wieder ein" (Landsmannschaft der Deutschen aus Russland e.V. 4/2001, 11). Eine gelungene Integration wirke wie eine Schutzimpfung gegen soziale Probleme.

Auch das Treffen von 500 Aussiedlerberatern am 8. Februar 2001 in der Friedrich-Ebert-Stiftung in Berlin verlief unter dem Motto „Integrationskonzept für Aussiedler: Netzwerke fördern, Angebote öffnen, Beteiligung stärken" (Landsmannschaft der Deutschen aus Russland e.V. 3/2001, 5)

Mit Integrationsmitteln des BMI sollen Projekte bevorzugt dann gefördert werden, wenn sie über das jeweilige Netzwerk vorgelegt und begleitet werden. Die Netzwerke sollen nach Beendigung der Förderung fortbestehen; sie sollen zu dauerhaften Einrichtungen für die Integration nicht nur von Aussiedlern, sondern auch von Ausländern werden. Das Ziel dieser Vernetzungen ist ein funktionierendes Miteinander von Einheimischen, Aussiedlern, Ausländern und anderen Bevölkerungsgruppen.

Dem steht auch die Notwendigkeit der Vernetzung auf Bundesseite gegenüber. Dabei wird eine Bündelung der vorhandenen Kräfte in einem *Bundesinstitut für Integration* angestrebt, welches als Abteilung des Bundesverwaltungsamtes vorhandene Ressourcen nutzen und sie sinnvoll ergänzen soll (Wirtschafts- und sozialpolitisches Forschungs- und Beratungszentrum 2000).

4.4.2 Sozialorientierte Integrationsprojekte des Bundesministeriums des Innern - BMI

Das Förderkonzept des Bundesministeriums des Innern wird den oben dargestellten veränderten Verhältnissen angepasst. Dabei werden folgende Eckpunkte in den Vordergrund gestellt:

a) Verbesserung und Verstärkung der Förderung sozialorientierter Maßnahmen am Wohnort der Spätaussiedler zur Eingliederung in das Wohnumfeld

Dabei sollen Deutsche und Aussiedler gleichermaßen in diese wohnumfeldbezogenen Projekte einbezogen werden.

b) Verstärkte Förderung von Projekten für die Zielgruppe der Jugendlichen entsprechend der Koalitionsvereinbarung, z.B. die Projekte „Sport mit Aussiedlern" des Deutschen Sportbundes und „Ost-West-Integration" des Deutschen Volkshochschulverbandes zur Heranführung an örtliche Vereine und Bildungseinrichtungen

c) Besondere Berücksichtigung der neuen Bundesländer; Modellprojekte zur Förderung von Aussiedlungskernen in den neuen Ländern

d) Maßnahmen in der Region mit hohem Aussiedleranteil zur Einbindung der Spätaussiedler in die örtlichen Gemeinschaften durch Begegnungen und Dialog (wie bereits erwähntes Beispiel „Gemeinde Waldbröl")

e) Stärkung des ehrenamtlichen Engagements - z.B. durch Fortentwicklung des Bundeswettbewerbs „Vorbildliche Integration von Aussiedlern"

Die Mittel, die das BMI zur Durchführung von entsprechenden Projekten 1999 zur Verfügung stellte, wurden von 32 Mio. auf 42 Mio. DM aufgestockt. Im Bundeshaushalt 2000 wurden hierfür 45 Mio. DM eingeplant (Landsmannschaft der Deutschen aus Russland e.V. 11/1999). Laut Innenminister Otto Schily (Rede auf dem 27. Bundestreff der Deutschen aus Russland am 02.06.2001 in Stuttgart) seien die Integrationsmittel des Bundes trotz rigoroser Sparmaßnahmen auf über 52 Mio. DM gestiegen (Landsmannschaft der Deutschen aus Russland e.V. 7/2001).

Es können bereits mehrere Projekte aufgelistet werden, die dieses Programm ins Leben gerufen hat, worüber auch auf der Tagung der Vertreter der Deutschen Jugend aus Russland (DJR) am 26.-28. Mai 2000 in Würzburg berichtet wurde. In diesem Jahr stand die Tagung unter dem Motto des *50-jährigen Jubiläums der Lands-*

mannschaft der Deutschen aus Russland, die der Jugendarbeit in all den Jahren eine wichtige Rolle beigemessen hat und sich für weitere integrative Maßnahmen für jugendliche Aussiedler besonders in Brennpunktgebieten eingesetzt hat. Das Projekt „Sport mit Aussiedlern", welches aus Integrationsmitteln des Bundesministeriums des Innern gefördert wird, lässt sich in diesem Zusammenhang als ein Beispiel nennen, das die Zusammenarbeit mit dem deutschen Sportbund intensiviert hat.

Die Landsmannschaft der Deutschen aus Russland sieht auch für die Zukunft ihre Aufgabe darin, Aussiedlerjugendlichen so schnell wie möglich beizubringen, sich zu organisieren und sich für ihre Belange zu engagieren. Über dieses Thema wurde auf der Tagung intensiv diskutiert. Der Geschäftsführer der Deutschen Jugend aus Russland (DJR) Ernst Strohmaier befürwortete das Leitmotiv für die künftige Integrationspolitik der Landsmannschaft, welches zukünftig heißen soll: nicht nur Arbeit *für,* sondern vor allem auch *mit* Jugendlichen. Dabei könne es nur von Vorteil sein, wenn man die jugendlichen Aussiedler in die normalen Strukturen der deutschen Jugendverbände integriert. (Landsmannschaft der Deutschen aus Russland e.V. 6/2000a, 1/2001)

Der Bundesjugendring gliedert sich in einzelne Landes- und Stadtjugendringe auf. Die DJR will sich dieser Struktur anpassen und Gruppen sowohl auf Bundes- als auch auf Landes-, Kreis- und Ortsebene bilden. Als Beispiel dafür wurde Stuttgart genannt, wo im März 2000 eine Gruppe der DJR[1] gegründet wurde, die inzwischen mit etwa 250 Jugendlichen in acht Ortsgruppen arbeitet. Weitere Gruppen, die im Jahr 2000 gegründet wurden, können hier genannt werden:

- *Neue Kreisgruppe der DJR in Kassel*

Um dem Wunsch zahlreicher russlanddeutscher Jugendlicher nachzukommen, sich aktiv an der Integrationsarbeit zu beteiligen, wurde am 25. Juni 2000 in Kassel eine neue Kreisgruppe der DJR gegründet. Die Integrationsprobleme der Kasseler Jugendlichen unterscheiden sich kaum von denjenigen anderer junger Deutscher aus

---

[1] Nähere Informationen über die neuen Projekte der Deutschen Jugend aus Russland (DJR) können über das Internet unter der Adresse www.deutsche-aus-russland.de abgerufen werden.

Russland. Mangelnde Sprachkenntnisse sind eine Bremse bei der schulischen und beruflichen Eingliederung. Viele leiden unter einer Identitätskrise. Im Bürgerhaus des Stadtteils Waldau trafen sich die russlanddeutschen Jugendlichen unterschiedlichen Alters zum Billard- und Tennisspielen, zum Tanzen und Singen und zu Theaterproben.

- *Neuer Jugendclub der DJR in Frankfurt/Main*

Schon die Eröffnungsfeier eines neuen Jugendclubs durch die DJR in Frankfurt/Main mit einem Programm und Konzert für die Gäste war ein großer Erfolg. Es wurden Adressen ausgetauscht, neue Ideen für die Arbeit des Clubs geäußert unter der Berücksichtigung des Hauptzieles, dass dieser Club nicht nur bei Russlanddeutschen, sondern auch bei einheimischen Jugendlichen an Popularität gewinnen und zu einem Forum der Begegnung, des Informationsaustausches und der kulturellen Annäherung werden soll (Landsmannschaft der Deutschen aus Russland 8/2000a, 9/2000a).

Unten folgen weitere Projekte, die unter dem Motto „bessere Integration von Aussiedlern" ins Leben gerufen wurden:

- *Einbindung der russlanddeutschen Jugend in die bestehenden Netzwerke*

Ein sehr interessantes Projekt, das von der zweiten Vorsitzenden der DJR Albina Nazarenus geleitet wird, läuft gegenwärtig in Hessen. Es realisiert die Einbindung der russlanddeutschen Jugendlichen in die bestehenden Netzwerke sowie die Zusammenarbeit mit Organisationen, die im Integrationsprozess aktiv tätig sind und eine fachliche Kompetenz besitzen.

Als erste hessische Institution hat der Jugendverband „Deutsche Jugend in Europa - dje" aus Poppenhausen (Kreis Fulda) mit der „Deutschen Jugend aus Russland" eine Kooperation geschlossen. Albina Nazarenus äußerte dazu, dass wenn die russlanddeutsche Jugend erfolgreiche integrative Arbeit leisten möchte, dies nur auf dem Wege einer Kooperation mit anderen Jugendorganisationen möglich sei.

Ein weiteres Projekt wird in Stuttgart durchgeführt. Hier haben aktiv fördernde Mitglieder der DJR Patenschaften über junge Russlanddeutsche übernommen, die mit dem Gesetz in Konflikt geraten sind. Auf dem Wege der Zusammenarbeit mit Fachleuten aus der Bewährungshilfe werden russlanddeutsche Jugendliche betreut, die vor Gericht Strafen auf Bewährung erhalten haben. Gemeinsam mit der Arbeiterwohlfahrt, den Organisationen „Release" (Fachberatung) und „IN VIA" sowie der Stadt Stuttgart beginnt die DJR ein neues Projekt im Bereich Drogen- und Gewaltprävention (Landsmannschaft der Deutschen aus Russland e.V. 11/2000a).

- *Breites Betreuungsangebot in Ingolstadt*

Die mittelbayerische Großstadt Ingolstadt ist eines der Zuzugszentren für Aussiedler in Bayern. 1998 lebten 15.348 Aussiedler in dieser Stadt, was 13,4 Prozent der Einwohnerzahl entspricht. Im September 1998 wurde Pfarrer Helmut Küstenmacher zum Beauftragten der evangelischen Kirchengemeinde für Aussiedlerfragen berufen. Ihm zur Seite steht der Jugendleiter Johannes Hörner, der selbst ein Aussiedler und deshalb mit den Problemen der jungen Spätaussiedler vertraut ist. Beide betreuen Aussiedler ab der Ankunft in Ingolstadt. Ihr Aufgabenbereich erstreckt sich von Seelsorge über Glaubenskurse, Gottesdienste, Bibelstunden, Unterricht bis hin zu einzelnen Projekten. Das „Pilotprojekt Kasachstan" ist an dieser Stelle erwähnenswert. Es kam durch eine Zusammenarbeit zwischen dem Förderkreis der Evangelischen Jugendarbeit, der Landsmannschaft der Deutschen aus Russland und dem Stadtjugendring Ingolstadt zustande.

Die Idee des Projektes war, die alte Heimat der Aussiedlerjugendlichen kennen zu lernen, inmitten der dort einheimischen Bevölkerung zu dort gegebenen Bedingungen zu leben, um sich ein eigenes Bild zu machen, welches verhelfen sollte, die Aussiedler besser verstehen zu können. 14 Teilnehmer(innen) aus Ingolstadt, Nürnberg, Augsburg, Sulzbach-Rosenberg, Oettingen, Bad Kissingen und Straubing meldeten sich für dieses Pilotprojekt an. Zu den Teilnehmer(inne)n zählten Sozialarbeiter(innen), Lehrer(innen), Jugendarbeiter, eine Soziologin, Student(inn)en und ein Pfarrer. Das Projekt hatte nach Meinung von allen Beteiligten zum besseren Verstehen der Aussiedlerprobleme geführt. Die Beteiligten wollen die neu gewonnenen Erlebnisse und Erkenntnisse in ihre Aufklärungsarbeit einbeziehen.

Ermutigt durch den bisherigen Erfolg haben Pfarrer Küstenmacher und seine Mitarbeiter vor, ihre Angebotspalette wie folgt zu erweitern:

- Gründung und Zusammenarbeit mit Jugendgruppen
- Die Werkstatt des Gemeinschaftshauses wartet auf Mitarbeiter, die die Jugendlichen von der Straße holen und sinnvoll beschäftigen
- Eine Sprachgruppe sowie Computerkurse für jugendliche Aussiedler. (Landsmannschaft der Deutschen aus Russland e.V. 6/2000a)

- *Jugendarbeit in Pforzheim*

Die Jugendarbeit in Pforzheim kann als ein weiteres gelungenes Beispiel der integrativen Arbeit mit jugendlichen Aussiedlern genannt werden. In Pforzheim wurde von Waldemar Meser, dem 1. stellvertretenden Vorsitzenden der Orts- und Kreisgruppe Pforzheim, eine Elterninitiative gegründet, deren Arbeit auf drei Bausteinen basiert:

- Jugendarbeit auf der Straße

Drei bis vier Eltern sind jeden Freitag und Samstag zwei Stunden unterwegs, sprechen dabei verschiedene Jugendgruppen an und hören sich deren Probleme und Wünsche an, um gemeinsam nach Lösungen zu suchen.

- Familienhelfer

Mit Lehrer(inne)n aus Russland, die jahrelange pädagogische Erfahrung haben, versucht die Elterninitiative, in Problemfamilien sozialpädagogische Arbeit zu leisten. Um diese Arbeit zu unterstützen, hat die Stadt vor, solche Lehrer als Brückenlehrer(innen) auch in Schulen einzusetzen.

- Sport- und Freizeitgestaltung

Unter Aussiedlern gibt es viele Sportlehrer und Künstler. Die Elterninitiative hat diesen Personenkreis angesprochen und in die integrative Arbeit einbezogen. Auf diese Weise sind in Pforzheim eine Jazztanzgruppe mit mehr als 100 Mitgliedern, eine Boxergruppe, eine Volleyballmannschaft für Mädchen, eine Ringergruppe für Kinder im Schulalter, musikalische Früherziehung für Kleinkinder, ein Akkordeonensemble, zwei Erwachsenenchöre und Tanzkurse für Erwachsene entstanden. Zahlreiche Projekte wären ohne Unterstützung anderer Vereine und Organisationen nicht möglich gewesen. Das ist ein Beispiel für ein funktionierendes Netzwerk. Die Ergebnisse der Zusammenarbeit können sich sehen lassen und können auch in anderen Städten Schule machen (Landsmannschaft der Deutschen aus Russland e.V. 11/2000a).

- *Integrationsarbeit im Landkreis Biberach an der Riss*

Die Orts- und Kreisgruppe Biberach steht in guter Zusammenarbeit mit allen Institutionen des Landkreises und der Stadt und setzt sich für die Integration der Aussiedler ein. Gemeinsam werden verschiedene Freizeitmaßnahmen wie Tischtennis- und Fußballturniere für russlanddeutsche, ausländische und einheimische Jugendliche organisiert. Informations- und Eingliederungsseminare mit Fachleuten als Referenten werden durchgeführt. In Biberach hat man gute Erfahrung mit der Annäherung aller Jugendgruppen gemacht. Hier ist man der Meinung, dass solche Veranstaltungen einen nicht zu unterschätzenden Beitrag zur Integration der Aussiedler und zur besseren Verständigung mit den einheimischen Jugendlichen leisten (Landsmannschaft der Deutschen aus Russland e.V. 8/2000a).

4.4.3   Sonstige integrationsfördernde Maßnahmen

a) Es soll auf eine verbesserte Anerkennung von Schul- und Berufsabschlüssen hingewirkt werden, damit die Eingliederung der Spätaussiedler und ihrer Familienangehörigen in Schule, Hochschule oder Beruf erleichtert wird.

b) Es besteht für die kommunalen Träger der Sozialhilfe die Möglichkeit, Aussiedler mit guten Deutschkenntnissen nach dem Modell „Arbeit statt Sozialhilfe" als „Eingliederungslotsen" in die Integration einzubinden.

c) Das Wohnortzuweisungsgesetz, das einer gleichmäßigen Verteilung der Spätaussiedler in Deutschland diente, lief Mitte 2000 aus. Wegen der unverändert bestehenden Integrationsprobleme war eine Anschlussregelung für dieses Gesetz vorgesehen. Am 7. Juli 2000 ist das Gesetz zur Änderung des Wohnortzuweisungsgesetzes verkündet worden. Es trat am 1. Juli 2000 in Kraft und gilt bis zum 1. Juli 2009. Auch für die neu in Deutschland eintreffenden Spätaussiedler soll an einer zeitlich begrenzten Wohnortbindung festgehalten werden, denn eine solche Regelung berücksichtigt auch das Interesse der Verwaltung an der Planungssicherheit beim Einsatz von Integrationsmitteln. Die Aufnahmefähigkeit des örtlichen Arbeitsmarktes muss dabei ein verbindliches Kriterium für die Wohnortzuweisung werden (Wirtschafts- und sozialpolitisches Forschungs- und Beratungszentrum 2000).

d) Das Bundesministerium für Verkehrs-, Bau- und Wohnungswesen verknüpft in seinem Bund-Länder-Programm „Stadtteile mit besonderem Entwicklungsbedarf - die soziale Stadt" eine nachhaltige Verbesserung der Lebenssituation der betroffenen Menschen in benachteiligten Stadtquartieren durch eine aktive und integrativ wirkende Stadtentwicklung mit einer Effizienzsteigerung öffentlicher Maßnahmen durch frühzeitige Abstimmung und Bündelung öffentlicher und privater Finanzmittel auf Stadtteilebene. Nach Angaben des Bundesbeauftragten für Aussiedlerfragen Jochen Welt war für 1999 zur Förderung dieses Programms ein Verpflichtungsrahmen von 100 Mio. DM veranschlagt worden.

e) Vor dem Hintergrund der sinkenden Akzeptanz für die Spätaussiedler in Deutschland müssen auch die Informationen über das Schicksal der Russlanddeutschen intensiviert werden. Für die erfolgreiche Betreuung von Spätaussiedlern müssen die Betreuer wenigstens fundierte Kenntnisse über deren Situation in ihrer „alten Heimat" sowie über Normen und Werte, die die Aussiedler mitbringen, haben.

Als ein gutes Beispiel für Veranstaltungen, die für die Verbreitung von Kenntnissen über Aussiedler unter den Einheimischen sorgen, kann die Wanderausstellung der Landsmannschaft genant werden. Breitgefächerte Thematik auf 29 Schautafeln über die „Schicksalswege der Deutschen aus Russland" übermittelt den Besuchern einen Einblick sowohl in die Geschichte als auch in die Gegenwart der Russlanddeutschen. Sie finden in der Ausstellung Material sowohl zum Thema „100 Jahre kulturelle Entwicklung im Russischen Zarenreich" als auch zum aktuellen Thema „Integration der Spätaussiedler in Deutschland".

Über Eindrücke, die diese Ausstellung bei den Einheimischen und Aussiedlern hinterlässt, liest man in den Zeitungen. So wurde z.B. in der „Oldenburger Volkszeitung" vom 24.03.1999 berichtet, dass der Satz „Nicht *übereinander*, sondern *miteinander* reden" bei der Eröffnung der Wanderausstellung in Lohne nicht nur zitiert, sondern auch realisiert wurde. Vertreter vieler Vereine, Ratsherren und –frauen und die Geistlichkeit hätten eine lebendige Ausstellungseröffnung erlebt, die nachahmenswert wäre. Sie waren alle der Meinung, dass nur wenn Einheimische, die schon jahre- oder jahrzehntelang hier wohnten, mit Deutschen aus Russland zusammenkommen, diese sich gegenseitig besser kennen und verstehen lernen. Diese Zusammenkunft sei ein wichtiger Weg zur Integration.

Auch die Aussiedler sind der gleichen Meinung. Herr Adalbert Cisek aus Lohne, der an diesem Begegnungsabend Teil genommen hat, drückt dies wie folgt aus: „Ich finde es gut, dass die Ausstellungen so flächendeckend durch die Republik gehen. Sie bestätigen unser Deutschsein, das so manchmal angezweifelt wird". Die Ausstellung nennt er „ein Kulturschatz, den die Menschen aufbewahrt haben". Er vertritt die Ansicht, dass für die Landsleute jedes Treffen eine Stärkung und eine Selbstaufwertung sei, die sie Schritt für Schritt den Einheimischen näher bringe.

Auch in Köln wurden 1999 zwei Ausstellungen zur Geschichte von Aussiedlern in der evangelischen Kirche im Stadtteil Höhenberg-Vingst präsentiert. In den Wohnheimen in Höhenberg und Vingst sind besonders viele Aussiedler untergebracht, die jetzt zur Kirchengemeinde gehören. Mehrere davon kamen zu diesem Begegnungstreffen. Die Ausstellung, die unter dem Motto „Fremd in der Heimat" lief, vermittelte einen Rückblick in die Vergangenheit und hat nicht nur auf die Verfasserin einen großen Eindruck gemacht. Einheimische und Aussiedler kamen über verschiedene Exponate der Ausstellung ins Gespräch und unterhielten sich noch lange über „damals und jetzt".

Ein besonderes Ereignis war die Präsentation der Wanderausstellung im Landtags-
gebäude der hessischen Landeshauptstadt Wiesbaden vom 16. Februar bis zum 26.
März 2000 mit der Unterstützung des Landtagspräsidenten Klaus Peter Möller. Das
Interesse an der Ausstellung war enorm. In der Zeit der Präsentation fanden an
sechs Tagen Plenarsitzungen des Hessischen Landtages statt, und alle Landtags-
abgeordneten sowie eine Reihe von Kommunalpolitikern besichtigten die Ausstellung.

Laut Aussage von Georg Michel - eines der Organisatoren dieser Ausstellung besuchten zwölf Aussiedlergruppen, zehn Gruppen von Einheimischen und viele Schüler die Ausstellung. Er bedankte sich bei allen, die ihn bei dieser Arbeit unterstützt
haben und rief sie auf, weiter mitzumachen: „Das war Informationsarbeit, das war
Kulturarbeit, das war ein Beitrag zum besseren Verständnis für die Aussiedler. Diese
Arbeit müssen wir weiterführen."

Über die Eröffnung der Wanderausstellung in Seesen (Niedersachsen) berichtete
unter der Überschrift „Vorurteile abbauen, die Begegnung fördern und Unterstützung
leisten" die Zeitung „Beobachter" vom 28. März 2000 (4-5). Die Präsentation sollte in
der Öffentlichkeit Verständnis für die Probleme der Russlanddeutschen wecken und
um Sympathie, Solidarität und Unterstützung bei dem schwierigen Prozess der Eingliederung dieser Volksgruppe in ein für sie neues gesellschaftliches System wer-
ben.

Veranstaltungen dieser Art müssen auch zukünftig stattfinden mit dem Ziel, den Prozess der Annäherung zwischen den Einheimischen und Aussiedlern zu beschleuni-
gen. Außerdem sollten verstärkt neue Medien eingesetzt werden, um insbesondere
junge Menschen zu erreichen.

f) Auch kulturelle Informationsveranstaltungen wie z.B. die Großveranstaltung
in Königswinter bei Bonn, die am 10. September 2000 stattfand, sollten öfters organisiert werden. An dieser Veranstaltung führte z.B. der Bundesgeschäftsführer der
Landsmannschaft Anton Wangler Beratungen durch und stand für weitere Fragen
zur Verfügung. Zahlreiche Vertreter des öffentlichen Lebens erschienen zur Veran-

staltung. In Gesprächen und Diskussionen kamen sich die Gäste näher. Über 1.000 Gästen wurde zum Schluss ein buntes Konzertprogramm mit russlanddeutschen und heimischen Musikern und Sängern geboten. Solche Veranstaltungen sollten Schule machen und Teil der Integrationsarbeit werden.

g) Seminare, wie z.b. solche, die im Gerhart-Hauptmann-Haus in Düsseldorf regelmäßig stattfinden und über die Situation von deutschen Jugendlichen aus der ehemaligen Sowjetunion informieren, müssen weiter angeboten werden. Zur Teilnahme an solchen Seminaren sollen weiterhin Lehrer(innen) und Sozialpädagog(inn)en bewogen werden, die sich vorrangig mit der Eingliederung von jugendlichen Spätaussiedlern beschäftigen. Gemeinsam soll nach Wegen und neuen Integrationsmaßnahmen für jugendliche Spätaussiedler von heute und morgen gesucht werden. Solche Seminare gehören zu den Schwerpunkten der landes- und bundesweiten Aussiedlerpolitik, die heute im zusammenwachsenden Europa noch anspruchsvoller und facettenreicher ist als noch vor ein bzw. zwei Jahrzehnten.

Zusammenfassend können an dieser Stelle die Worte des Ministerialrats Peter Schmitz (Landsmannschaft der Deutschen aus Russland e.V. 1/1999, 27) aus seinem Referat „Integrationsfördernde Hilfen", das er auf dem Seminar „Russlanddeutsche Jugendliche zwischen zwei Kulturen" im Januar 1998 im Düsseldorfer Gerhart-Hauptmann-Haus hielt, zitiert werden: „Eingliederungsarbeit muss jedoch weiterhin wie unser tägliches Brot sein. Wir dürfen vor den Problemen nicht kapitulieren". So müssen – trotz beachtlicher Kürzungen – integrationsfördernde Hilfen in Form von sozialpädagogischer Betreuung, Bewerbungstraining und Praktikum gezielt gefördert werden.

Die Landesstelle Unna Massen, die Jugendgemeinschaftswerke sowie Einrichtungen mit ähnlichen Aufgaben sollten dabei in Zukunft verstärkt auf die Schulung von Multiplikatoren, auf Unterstützung von Selbstorganisation und Aussiedlerinitiativen setzen. Unser gemeinsames Ziel – eine schnelle und möglichst reibungslose Integration von jugendlichen Aussiedlern darf nie aus den Augen verloren werden.

Was wird nun in dieser Arbeit unter dem Begriff „Integration" verstanden? Die theoretischen Grundlagen einer gelungenen bzw. gescheiterten Integration lassen sich anhand des folgenden Schemas (vgl. Abb. 7) erläutern, das über den Standpunkt eines Aussiedlers im Spannungsfeld zwischen „Ja zur russischen Kultur" und „Ja zur deutschen Kultur" Aufschluss gibt.

Abb. 7

		Der Aussiedler bekennt sich zum russlanddeutschen Kulturkreis und ist bereit, diesen beizubehalten	
		Ja	Nein
Der Aussiedler ist bereit, den deutschen Kulturkreis, einschl. der Region, in der er z.Zt. lebt, zu übernehmen.	Ja	Integration	Assimilation
	Nein	Separation	Marginalisation

Integration bezeichnet demnach das Annehmen der hiesigen Kultur, ohne die der „alten Heimat" zu vergessen oder zu verneinen. Assimilation dagegen meint den Prozess der Übernahme der deutschen Kultur unter vollständiger Ablehnung all dessen, was vor der Aussiedlung war. Das genaue Gegenteil ist bei der Separation der Fall: Die hiesige Kultur wird abgelehnt, die des Herkunftslandes beibehalten. Marginalisation würde die Ablehnung beider Kulturen bedeuten mit der Folge des sich Zurückziehens oder Untertauchens in Subkulturen.

Wenn wir also eine in obigem Sinne verstandene *Integration* der jungen Aussiedler anstreben, müssen wir ihnen die Möglichkeit geben, ihre mitgebrachten Werte beizubehalten und sich im Laufe der Zeit neue anzueignen.

Auf der Jugendkulturreferententagung in Weimar am 20.11.1998 betonte H. Schmitz in diesem Zusammenhang, dass die bikulturelle Orientierung besonders bei jungen Aussiedlern weiter gefördert werden müsse. Einerseits dürfe den Jugendlichen ihr eigenes Erlebnis nicht weggenommen werden, andererseits müssten ihren falschen Erwartungen praktische Orientierungshilfen gegenübergestellt werden. Die Ergebnisse einer Untersuchung zur Integration von Aussiedlern, die 1997/98 mit rund 1.500 Jugendlichen durchgeführt wurde, zeigten eindeutig, dass die meisten Aussiedler sich für eine *bikulturelle Orientierung* entschieden haben (Landsmannschaft der Deutschen aus Russland e.V. 1/1999).

Deshalb werde eine große Bedeutung den Hilfsprogrammen der Bundesregierung beigemessen, die neben sprachlichen Maßnahmen auch Projekte förderten, die zur Pflege des traditionellen Kulturlebens beitragen. Dafür sollten die Fachleute in der Jugendarbeit spezifische Angebote erarbeiten und vor allem gute Kenntnisse über jene Werte erwerben, die von Jugendlichen in ihre „neue Heimat" mitgebracht wurden. Junge Leute könnten besser integriert werden, wenn sie ihre mitgebrachten Werte bewahren dürfen.

Auch der Direktor des Gerhart-Hauptmann-Hauses Dr. Walter Engel unterstützte auf o.g. Seminar die neue Richtlinie der bikulturellen Orientierung der Spätaussiedler. Er berichtete, dass sich viele ausgesiedelte Jugendliche im Rahmen von Kulturprogrammen aktiv beteiligten. Diese künstlerischen Aktivitäten seien seiner Meinung nach besonders förderungswürdig. Sie seien nicht nur im Allgemeinen eine kulturelle und gesellschaftliche Bereicherung für Deutschland, sondern eröffneten für die hiesigen Deutschen die Chance, andere Traditionen und deutsche kulturelle Leistungen, die in fremder Umgebung entstanden sind, kennen zu lernen und die deutsche Geschichte in der öffentlichen Diskussion auch unter diesem Blickpunkt zu behandeln. Damit könne das Bewusstsein wachgehalten werden, dass Europa nicht alleine aus Westeuropa besteht.

Die Aussiedler haben auf Grund ihrer kulturellen und sozialen Erfahrung sowie ihrer Sprachkenntnisse die Fähigkeit, Vermittler zwischen Ost und West zu sein. Somit können sie ihren Beitrag sowohl zur Pflege der Kulturtradition als auch zur gesellschaftlichen Integration leisten.

Auf Grund der neuen Richtlinien sollen mit Hilfe des Garantiefonds von Seiten des Bundes effiziente Maßnahmen prioritär umgesetzt werden. Allgemeines Ziel bleibt, die Probleme der jungen Aussiedler bestmöglichst aufzufangen, um sie gleichberechtigt in die Gesellschaft und den Arbeitsmarkt einzuführen.

So hat das Bundesinnenministerium 2001 ein neues Modellprojekt - Neue Wege in der Aussiedlerintegration - ins Leben gerufen. Am 16. Februar 2001 haben Aussiedler erstmalig in Anwesenheit des Beauftragten der Bundesregierung für Aussiedlerfragen Jochen Welt *Verträge über Fördermaßnahmen zu ihrer Eingliederung in Deutschland* unterzeichnet (Landsmannschaft der Deutschen aus Russland e.V. 4/2001, 18).

Mit der Unterzeichnung dieser Verträge startet ein Modellprojekt in Korbach (Hessen), mit dem die Bundesregierung staatlich geförderte Integrationsmaßnahmen auf eine neue Grundlage stellt. Vertragspartner der Aussiedler im Modellprojekt Korbach ist die Akademie für Erwachsenenbildung des hessischen Volkshochschulverbandes, die für die Durchführung des Projektes Bundesmittel erhält.

Neu an diesem Modellprojekt ist, dass die Beziehung zwischen dem Staat als Leistendem und den Aussiedlern als Leistungsempfängern *auf Vertragsbasis* entsteht. Es sind Vertragspartner, die ein gemeinsames Ziel – die zügige Integration der Aussiedler – verfolgen. Der Staat gewährt finanzielle Unterstützung und aktive Beratung, fordert im Gegenzug aber aktive Teilnahme an Integrationsmaßnahmen und behält sich bei Nichterfüllung Sanktionen vor, die allerdings nur als letztes Mittel angewandt werden sollen, denn im Vordergrund dieses Modellprojektes steht der motivierende Charakter (s. Abb. 8).

Abb. 8: (ebd, 18)

Muster eines Integrationsvertrages

zwischen dem Träger .... und

Herrn/Frau .... Zuwanderer

gemäß § 4 /7 / 8 BVFG, zur Förderung der Chance des Zuwanderers zur gleichbe-
rechtigten Teilhabe am gesellschaftlichen Leben in der Bundesrepublik:

Der Träger	**Herr/Frau** ....
verpflichtet sich, Herrn/Frau .... bei der Integration in die Gesellschaft der Bundesrepublik aktiv zu unterstützen und wird im Rahmen dieses Vertrages folgende Leistungen erbringen:	**verpflichtet sich** aktiv an der Eingliederung mitzuwirken. Im Rahmen des Vertrages erbringt er/sie folgende Leistungen:
1. Der Träger stellt einen Integrationsberater/eine Integrationsberaterin zur Verfügung.	1. Auskunftspflicht gegenüber dem Vertragspartner in Bezug auf relevante Daten
2. Die individuellen Voraussetzungen zur Integration werden durch den Träger in einer Kompetenz- und Sozialanalyse festgestellt. Die Kompetenzanalyse beinhaltet u.a. die Feststellung der Deutschkenntnisse.	2. Annehmen von Hilfsangeboten
3. Kooperation mit Bildungs- und Beratungseinrichtungen sowie mit Behörden im Auftrag des Vertragspartners	3. Regelmäßiges Aufsuchen des Integrationsberaters/der Integrationsberaterin nach Terminabsprache
4. Einmal wöchentlich ein Gesprächsangebot nach Terminvereinbarung mit dem Vertragspartner zur Erstellung eines Förderplanes	4. Aufsuchen der Institutionen und Behörden nach Absprache mit dem Integrationsberater
5. Vermittlung von Hilfsangeboten und Bildungsangeboten	5. Teilnahme an Sprachkursen und anderen Maßnahmen zur Förderung der sozialen und beruflichen Integration
6. Unterstützung bei der Arbeitssuche	6. Aktive Bemühungen zur Eingliederung in den Arbeitsmarkt (Bewerbungen, sich in Betrieben vorstellen etc.)

Im ersten Schritt verpflichtet sich der Staat im Vertrag zu einer individuellen, sozialen und beruflichen Kompetenzanalyse. Auf dieser Grundlage wird ein individueller Eingliederungsplan mit aufeinander aufbauenden Einzelmaßnahmen zur sozialen und beruflichen Eingliederung erarbeitet. Dazu gehören Sprachförderkurse einschließlich gesellschaftspolitischer Bildung, Maßnahmen zur beruflichen Orientierung und Weiterbildung sowie der beruflichen Integration.

Während der gesamten Eingliederungsphase von eineinhalb bis zwei Jahren steht den Projektteilnehmern ein sogenannter *Integrationslotse* zur Seite, der sie aktiv begleitet, berät und bei alltäglichen Fragen (z.B. bei der Suche nach Praktika, bei Vermittlung eines Bewerbertrainings, bei Herstellung von Kontakten zur Arbeits- und Sozialverwaltung) unterstützt.

Während der gesamten Eingliederungsphase helfen regelmäßige, institutionalisierte Kontakte zum Integrationslotsen, eventuelle Schwierigkeiten schon im Entstehen zu erkennen und möglichst zu vermeiden.

Für die Aussiedler entsteht durch die Abschließung des Vertrages die Mitwirkungspflicht, deren Verletzung im Rahmen der jeweiligen Leistungsgesetze sanktioniert werden kann.

Die Vertragspartner legen nach Abschluss der Kompetenzanalyse die ersten Vertragsstufen fest, welche die ersten Integrationsschritte regeln. Es gibt insgesamt bis zu vier Vertragsstufen, die jeweils von beiden Vertragspartnern unterzeichnet werden:

- Vertragsstufe Sprachförderung,
- Vertragsstufe berufliche Orientierung/Weiterbildung,
- Vertragsstufe berufliche Integration,
- Vertragsstufe Nachbetreuung.

Das Ziel des Bundesinnenministeriums ist es, mit den Modellprojekten herauszufinden, ob die gewählte Form der Integrationsverträge spürbare Verbesserungen bei der Eingliederung bringt und künftig breiter eingesetzt werden soll. Dafür wird entscheidend sein, ob Verbesserungen in den Sprachkenntnissen und eine beschleunigte soziale und berufliche Integration bei den Projektteilnehmern feststellbar sind.

Wie wir erkennen können, wird auch im neuen Modellprojekt des Bundesministeriums des Inneren der erste Schritt der Integrationsarbeit mit den Aussiedlern auf die Sprachförderung gerichtet sein, denn das größte Problem, das bei den Spätaussiedlern aufzufangen ist, ist der Mangel an deutschen Sprachkenntnissen. Somit kommen wir auf die Hauptaufgabe der Aussiedlerpolitik 2000-2001 zu sprechen - die Sprachförderung.

4.4.4   Das integrative Sprachkonzept
als Schlüssel zur Integration

Der Schlüssel zur Integration heißt: Deutschkenntnisse.

Fast gleichlaut heißt auch der Artikel im „General Anzeiger" vom 31.01.2001 (3), in dem das Interview mit dem Aussiedler-Beauftragten der Bundesregierung Jochen Welt geschildert wurde: „Sprache ist der Schlüssel zur Integration". Jochen Welt hebt nochmals die Rolle der Sprache bei der Lösung der Integrationsprobleme hervor und will mit weiteren Sprachkursen für mitreisende Familienangehörige dem Problem entgegenwirken. Angebot und Motivation sollen seiner Meinung nach auch weiterhin an erster Stelle stehen, aber man müsse auch Gegenleistung und ein Stück Selbst-verpflichtung von Einreisenden abverlangen können, beispielweise für die Teilnahme an einem Sprachkurs.

„Integrationskonzept für Aussiedler" war auch das Thema der Tagung in der Berliner Friedrich-Ebert-Stiftung vom 8. Februar 2001, an der an die 500 Aussiedlerbetreuer aus allen Bundesländern Teil nahmen. Auch auf dieser Tagung unterstrich Welt die wichtige Rolle der deutschen Sprachkenntnisse bei den einreisenden Spätaussied-lern. Angesichts der Sprachkurse, die inzwischen in rund 800 Begegnungsstätten in der ehemaligen Sowjetunion und den Staaten Ost- und Mitteleuropas angeboten werden, betonte er: „Ich halte es für zumutbar, dass die Menschen zur Vorbereitung ihrer Übersiedlung nach Deutschland an den Sprachkursen Teil nehmen und sie die-se Sprachkenntnisse auch in einer Prüfung nachweisen." (Landsmannschaft der Deutschen aus Russland e.V. 3/2001, 5)

Ähnlich betonte der neue Bundesvorsitzende der Landsmannschaft der Deutschen aus Russland Adolf Braun, dass die Landsmannschaft immer wieder die Bedeutung der deutschen Sprache für eine bessere und schnellere Integration hervorgehoben habe. Gleichzeitig wies er darauf hin, dass die unterschiedliche Bewertung der Spra-che bei der Anerkennung als Spätaussiedler vor und nach 1996 zu vielen Familien-trennungen geführt habe. Er ist der Meinung, dass ein differenzierter Sprachtest mit der Möglichkeit, den Test zu wiederholen, die Russlanddeutschen motivieren würde, sich mehr mit der Sprache ihrer Großeltern zu befassen und auch nach der Ausreise ihrer Integration dienstlich sein würde. Als oberstes Ziel der Integrationspolitik solle eine bessere Vernetzung aller am Integrationsprozess Beteiligten angestrebt werden. Die Sprachförderung der Spätaussiedler müsse dabei weiterhin im Vordergrund stehen, denn fehlende Sprachkenntnisse hätten eine verhängnisvolle Auswirkung auf die Integration der Aussiedler.

Auch die Russlanddeutschen selbst schreiben der Sprache eine zentrale Rolle im Integrationsprozess zu. Oft wird die Sprache als der wichtigste Indikator für gelungene oder misslungene Integration nach der Aussiedlung betrachtet, denn ohne ausreichende Deutschkenntnisse bestehen für die Spätaussiedler kaum Möglichkeiten, auf dem Arbeits- und Lehrstellenmarkt in Deutschland Fuß zu fassen. Viele vertreten die Auffassung, dass vor allem über die Sprache ihre „deutsche Identität" oder die ihrer Nachkommen zu erhalten sei.

So lesen wir im Leserbrief von Rosel Burghartz aus Aachen (Landsmannschaft der Deutschen aus Russland e.V. 1/1999, 21):

„(...) Nichts gegen Russisch, aber wenn man freiwillig in sein Ursprungsland kommt, sollte man doch selbst so viel wie möglich zu seiner Integration beitragen, und die Beherrschung der deutschen Sprache ist nun einmal das Wichtigste beim Zusammenleben mit den Einheimischen (...)"

In diesem Zusammenhang ist es interessant zu erfahren, wie junge Aussiedler ihre Deutschkenntnisse einschätzen. Die Sozialanalyse von Dietz/Greiner/Roll (1996, 26-31) gibt Aufschluss darüber. Von 253 befragten Aussiedlern gaben 132 (52 Prozent) an, über mittelmäßige Deutschkenntnisse zu verfügen. 30 von Befragten (12 Prozent) meinten schlechte und 5 (2 Prozent) sehr schlechte Deutschkenntnisse zu haben. 76 Aussiedler (30 Prozent) schätzten ihre Deutschkenntnisse als gut und 8 (3 Prozent) als sehr gut ein. Die Ergebnisse sind unten (s. Abb. 9) grafisch dargestellt.

Abb. 9: Die Sozialanalyse von Dietz/Greiner/Roll 1996

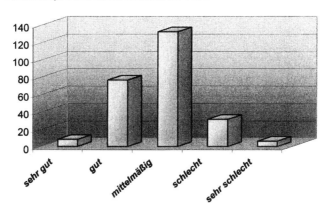

Ähnliches Bild zeigen die Zahlen, die die Verfasserin im Rahmen ihrer Arbeit im Forschungsinstitut für Sprachtherapie und Rehabilitation an der Universität zu Köln[2] während der Besuche von Kölner Wohnheimen 1999 gewonnen hat. Von 100 angesprochenen Personen gaben 5 an, schlecht und 3 sehr schlecht Deutsch zu können. 2 Personen schätzten ihre Deutschkenntnisse als sehr gut ein, 37 als gut und 53 als mittelmäßig (s. Abb. 10).

Abb. 10

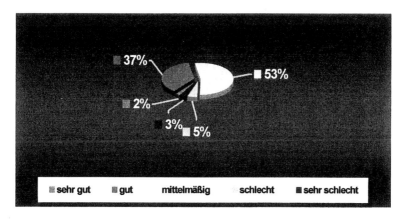

_____

[2] Das 1991 von *Prof. Dr. M. Grohnfeldt* gegründete *Forschungsinstitut für Sprachtherapie und Rehabilitation* ist seit dem 01.06.2000 an die Ludwig-Maximilians-Universität München angegliedert.

Zu beachten ist, dass die angegebenen Zahlen natürlich subjektive Einschätzungen sind. Interessant wäre, inwieweit die Selbsteinschätzungen mit den Fremdeinschätzungen übereinstimmen.

So machte die Verfasserin während ihrer Wohnheimbesuche z.b. die Erfahrung, dass nur einige ältere Leute sich auf Deutsch unterhielten. Alle anderen Personen bedienten sich der russischen Sprache, obwohl laut Selbsteinschätzung 92 Prozent von ihnen keine schwerwiegenden Probleme mit dem Deutschen haben sollten.

Dass die Spätaussiedler sich aber zumindest bewusst sind, wie wichtig Deutschkenntnisse auch für ihre Zukunft sind, zeigt eine Studie von Dr. Daniel Dorsch, der eine Meinungsumfrage über „Volk auf dem Weg" zu dieser Frage gemacht hat.

2.400 Spätaussiedler unterschiedlicher sozial-demographischer und beruflicher Gruppen haben ihre Meinung zur momentanen sozialen Lage geäußert. Diese Untersuchung zeigt, dass nicht nur die Vorstellungen über die Zukunft, sondern auch die Wirklichkeit selbst und die Lebensperspektiven der Aussiedler praktisch zu 100 Prozent von den Kenntnissen der deutschen Sprache abhängen, wobei mit zunehmendem Qualifikations- und Bildungsgrad diese Wechselwirkung immer deutlicher wird. Dorsch kommt zum Ergebnis, dass die Form und das Niveau der Einschätzung sowie die Beziehung zu den Tatsachen in Deutschland davon abhängen, welche Massenmedien der Betreffende nutzt. Als Beleg dafür stellt er die unten folgende Tabelle vor (Landsmannschaft der Deutschen aus Russland e.V. 1/1999, 10), in der er alle Respondenten in zwei Gruppen aufteilt:

1. Gruppe: sozial aktive Menschen
2. Gruppe: sozial wenig aktive Menschen.

Darüber hinaus wird jede Gruppe von ihm in zwei Untergruppen unterteilt:

Untergruppe A - die die deutsche Sprache gut beherrscht und die sich überwiegend der deutschen Massenmedien bedient,
Untergruppe B - die die deutsche Sprache mangelhaft beherrscht und die überwiegend die russischsprachigen Massenmedien benutzt.

Tab. 2: Aussiedlerstudie von Dr. Daniel Dorsch

(Landsmannschaft der Deutschen aus Russland e.V. 1/1999, 10)

Selbsteinschätzung ihrer sozialen Lage durch die Respondenten

	1. Gruppe			2. Gruppe			Durch-
	A	B	ges	A	B	ges	schnitt
Heutige Einstellung zur Aussiedlung							
richtig gehandelt	95	81	88	95	87	91	89,5
nicht ganz richtig gehandelt	2	9	5,5	1	6	3,5	4,5
falsch gehandelt	1	5	3	2	4	3	3

Heutige Einstellung zur sozialen Zufriedenheit							
ganz oder beinahe ganz zufrieden	74	62	68	76	70	73	70,5
nicht zufrieden	3	18	10,5	3	14	8,5	9,5

Verhältnis zur neuen Heimat							
fühlen sich ganz oder zum Teil heimisch	68	30	49	72	37	54,5	51,7
fühlen sich nicht heimisch	4	17	10,5	4	18	11	10,7

Beziehung zu Einheimischen							
normale, gute Beziehungen	86	63	74,5	79	61	70	72,2
nicht ganz normale Beziehungen	12	32	22	10	15	12,5	17,2

Einstellung zur Rückkehr							
werden nicht zurückkehren	89	60	74,5	92	64	78	76,2
schwer zu sagen	8	28	18	6	21	13,5	15,7
ja, möglicherweise	2	11	6,5	2	8	5	5,7

Für beide Untersuchungsgruppen – sowohl für Gruppe 1 mit sozial aktiven Personen als auch für Gruppe 2 mit sozial weniger aktiven Personen – zeigte sich für diejenigen, die angaben, über gute Deutschkenntnisse zu verfügen, insgesamt eine positive Tendenz in der Beantwortung der Fragen. Vor allem die soziale Zufriedenheit, das Gefühl, „heimisch" zu sein sowie die Beziehung zu Einheimischen scheinen zu einem großen Teil von den Kenntnissen der deutschen Sprache abzuhängen.

Die Sprachkenntnisse sind aber nicht nur der Schlüssel zum Erfolg, sondern auch der Schlüssel für die dringend erforderliche Akzeptanz durch die einheimische Bevölkerung. Aus diesem Grund wird die Förderung der Sprachkenntnisse von Spätaussiedlern in den Mittelpunkt aller Integrationsbemühungen gestellt.

Zum einen muss die Vermittlung der deutschen Sprache effektiver gestaltet werden, zum anderen müssen die Aussiedler und ihre Familien motiviert werden, ihre Deutschkenntnisse zu verbessern und sie in der Praxis anzuwenden. Das aktive Mitwirken der Betroffenen ist erforderlich, um ihren eigenen Beitrag zur Akzeptanz und sozialverträglichen Integration zu leisten.

1998 sind über die zuständigen Bundesressourcen rund 1 Milliarde DM für Sprachfördermaßnahmen einschließlich Eingliederungshilfen eingesetzt worden. 1999 betrugen nur die Sprachfördermaßnahmen 42 Millionen DM. Für 2000 waren dafür 45 Millionen DM vorgesehen (Landsmannschaft der Deutschen aus Russland e.V. 2/2000a). Trotz dieser erheblichen Anstrengungen sind die gegenwärtigen Sprachkurse nach Auffassung vieler Fachleute verbesserungswürdig. Die Ergebnisse der Kurse entsprechen nicht dem hohen Kostenaufwand.

Es muss deshalb ein einheitlicher Qualitätsstandard und eine strenge Qualitätskontrolle durch eine in der Sprachvermittlung erfahrene Einrichtung durchgeführt werden, die auch für die Fortbildung der Kursleiter zuständig sein sollte. Auch die Leistungskontrollen bei den Teilnehmern müssen verbessert und harmonisiert werden.

Es sollten weitere Einrichtungen wie das CJD (Christliches Jugenddorfwerk Deutschlands) in Celle entstehen, in dem zwei Einrichtungen - Internat und Schule - gemeinsam ihren Beitrag nicht nur zur sprachlichen Förderung von jungen Aussiedlern leisten, sondern diese auch auf ihr Leben in Deutschland vorbereiten. In dieser Einrichtung werden junge Aussiedler an der Förderschule - einer Schule für sprachliche Sei-

teneinsteiger - in den Vormittagsstunden schulisch betreut. Dazu wird für die Jugendlichen im Berufsschulalter zusätzlich ein Aufbaukurs angeboten.

Im Schulunterricht lernen sie dort verschiedene Berufsfelder in der Theorie. Zusätzlich haben sie die Möglichkeit, verschiedene Berufe auch in der Praxis zu erproben.
Sie lernen dort nicht nur die Grundlagentechniken des entsprechenden Berufes kennen, sondern vor allem auch fachsprachliche Grundbegriffe der einzelnen Bereiche,
die anschließend im Deutschunterricht aufgearbeitet werden. Außerdem werden die
jugendlichen Aussiedler durch Sozialtrainingseinheiten (wie z.B. Bewerbungs- und
Vorstellungstraining) darauf vorbereitet, nach dem Aufenthalt in Celle am Berufsleben Teil zu nehmen.

In diesem pädagogischen Verbundsystem sind Strukturen geschaffen worden, die
eine enge und intensive Zusammenarbeit zwischen Lehrern und Mitarbeitern des
Jugenddorfes ermöglichen. Durch diese Kooperation ist es möglich, den jugendlichen Aussiedlern eine nahezu optimale Lernumgebung anzubieten, damit sie schnell
die sprachliche und soziale Kompetenz erlangen, um sich in unsere Gesellschaft zu
integrieren und eine Zukunftschance zu haben (Landsmannschaft der Deutschen aus
Russland e.V. 5/2000a).

Einen wesentlichen Beitrag zur Eingliederung von Aussiedlerjugendlichen liefert auch
das „Sofortprogramm zum Abbau der Jugendarbeitslosigkeit" der Bundesregierung.
Dieses Programm wird außerdem durch spezielle Förderprogramme der Länder er-
gänzt. Module, wie die verstärkte Förderung der Fachsprache, Lernen im Arbeitspro-
zess, die sozialpädagogische Begleitung mit dem Ziel des Erwerbs von Schlüssel-
qualifikationen und ganzheitliche Sicherung der Lebensgrundlagen können bei vielen
Teilnehmern dazu führen, dass das Sofortprogramm tatsächlich ein Sprungbrett für
die Integration in den Arbeitsmarkt wird.

Die berufliche Weiterbildung hat unter den arbeitsmarktpolitischen Instrumenten einen besonderen Stellenwert. Erfolgreiche Weiterbildungsangebote für Spätaussiedler
gibt es im Bereich der Informations- und Kommunikationsberufe. Wünschenswert
wäre eine bundesweite Bildungsoffensive für alle Zugewanderten.

Darüber hinaus kann der Einstieg der jungen Aussiedler ins Berufsleben durch ein Angebot von „ganztägigen Sprachkursen" erweitert werden. Unter dem Stichwort „arbeiten und lernen" soll verstärkt die Möglichkeit geboten werden, auch neben der Arbeitszeit Sprachkurse zu besuchen, damit eine Arbeitsvermittlung nicht daran scheitert, dass ein ganztägiger Sprachkurs noch nicht abgeschlossen ist.

Sprach- und Berufsbildungskurse mit Kinderbetreuung müssen eingerichtet werden, denn fast die Hälfte der befragten Mütter verfügt über unzureichende Deutschkenntnisse und bekundet Interesse am Erwerb bzw. der Verbesserung der Deutschkenntnisse. Jedoch ist es gerade für junge Mütter schwierig, an Sprachkursen Teil zu nehmen, solange dort eine Kinderbetreuung nicht möglich ist. Ähnliches gilt für Informationsveranstaltungen zur beruflichen Bildung, die vor allem deshalb wichtig sind, weil fast die Hälfte der Mütter über keinen beruflichen Abschluss verfügt.

Unter den Spätaussiedlern gibt es Deutschlehrer und Pädagogen mit guten Sprachkenntnissen, die im Rahmen von Arbeitsbeschaffungsmaßnahmen zusätzlichen Deutschunterricht erteilen könnten. Gerade diese Personen könnten ihre Zweisprachigkeit dazu nutzen, im Anfangsstadium vorhandene Verständigungsschwierigkeiten der Spätaussiedler aus dem Weg zu räumen und ihnen den Übergang zum Deutschen zu erleichtern.

Zusammenfassend muss nochmals konstatiert werden, dass nur mit ausreichenden Sprachkenntnissen eine schulische, berufliche und soziokulturelle Eingliederung zu bewerkstelligen ist. Damit waren die ganze Zeit Kinder und Jugendliche gemeint, die nur eine Schwierigkeit zu bewältigen haben - die Sprachbarriere.

Was ist aber mit den Spätaussiedlerkindern und -jugendlichen, die noch zusätzlich eine Sprachauffälligkeit haben? Welche Maßnahmen werden unternommen, um diesen besonders hart betroffenen Personen die Integration in unsere Gesellschaft zu erleichtern?

Dazu möchte die Verfasserin alle interessierten Leser mit der Arbeit des 1991 von *Prof. Dr. M. Grohnfeldt* gegründeten *Forschungsinstitutes für Sprachtherapie und Rehabilitation* bekannt machen, welches sich seit 1997 intensiv dem Problem der zweisprachigen (deutsch und russisch) sprachauffälligen Kinder und Jugendlichen widmet.

Das verfolgte Hauptziel im Rahmen dieses Forschungsprojektes war, effiziente Wege und Möglichkeiten zu finden, Spätaussiedlerkindern mit Sprachauffälligkeiten unter Berücksichtigung ihrer Zweisprachigkeit und des „Andersseins" die besten Voraussetzungen zu einer reibungslosen Integration in unsere Gesellschaft zu ermöglichen.

Sicher ist die Arbeit des Forschungsinstitutes nur ein kleines Glied in einer Kette von Maßnahmen, die in Deutschland für sprachbehinderte Kinder im Rahmen der sprachfördernden Integrationsmaßnahmen angeboten werden.

Im Folgenden sollen die interessierten Leser mit den Schwierigkeiten und Erfahrungen bekannt gemacht werden, die aus persönlichen Begegnungen der Verfasserin mit Spätaussiedlern im Laufe ihrer Arbeit am Forschungsinstitut für Sprachtherapie und Rehabilitation an der Universität zu Köln gewonnen wurden.

Teil III
Zur praktischen Erfahrung im Forschungsinstitut für Sprachtherapie und Rehabilitation auf dem Gebiet der sprachtherapeutischen Intervention mit Russlanddeutschen

5 Elternarbeit mit Russlanddeutschen unter besonderer Berücksichtigung der soziokulturellen Gegebenheiten des Klientenkreises

Seit 1997 wurde das sprachtherapeutische Angebot im Forschungsinstitut für Sprachtherapie und Rehabilitation an der Universität zu Köln[2] um den Schwerpunkt der Beratung und Therapie bei Zweisprachigen (deutsch und russisch) erweitert. Die unten vorgestellten Beispiele resultieren aus der über zweijährigen sprachbehindertenpädagogischen Intervention der Verfasserin mit dieser Klientengruppe im Rahmen des Forschungsprojektes an der Universität zu Köln. Bereits in der ersten Phase des praktischen Vorgehens - der Erfassung des Personenkreises - traten Probleme auf, die auf bestehende kulturelle Besonderheiten der Russlanddeutschen hinzudeuten schienen und im Folgenden näher beschrieben werden sollen. Danach sollen die in der Praxis aufgetretenen Problemfelder bei der Zusammenarbeit mit dieser Klientengruppe diskutiert und mögliche Lösungswege erarbeitet werden.

5.1 Probleme bei der Erfassung des Personenkreises und Suche nach Gründen

Im Rahmen des 1997 von *Prof.Dr. M. Grohnfeldt* eingeleiteten Forschungsprojektes sollte zweisprachigen (deutsch und russisch) sprachauffälligen Personen kostenlos sprachtherapeutische Begleitung und Beratung angeboten werden. Der erste Schritt beim praktischen Vorgehen galt der Informationsverbreitung an die Russisch sprechende Bevölkerung in Köln und Umgebung über sprachtherapeutische Maßnahmen im Forschungsinstitut. Dazu wurden in Kölner Bezirks-, Sozial- und Jugendämtern, im Gesundheitsamt, in Integrativen Kindertagesstätten, Kölner Schulen, Übergangs-

---

[2] Das 1991 von *Prof.Dr. M. Grohnfeldt* gegründete *Forschungsinstitut für Sprachtherapie und Rehabilitation* ist seit dem 01.06.2000 an die Ludwig-Maximilians-Universität München angegliedert.

wohnheimen sowie deutsch-russischen Gemeinden zahlreiche Informationsblätter in deutscher und russischer Sprache ausgehängt und verteilt. Trotz dieser umfassenden Informationsverbreitung blieb die erwartete Rückkopplung lange Zeit aus. Nur zwei Aussiedlerfamilien nahmen telefonischen Kontakt auf und wünschten sprachtherapeutische Förderung ihrer Kinder.

Auf Grund der mangelhaften Rückkopplung wurden weitere Versuche der Klientenerfassung gestartet. Dazu wurde ein Plakat zweisprachig erstellt und an alle Kinderärzte in Köln verteilt. Außerdem wurden von der Verfasserin zwecks persönlicher Ansprache von betroffenen Aussiedlerfamilien 22 Übergangswohnheime in Köln aufgesucht. Bereits diese ersten Begegnungen mit den Russlanddeutschen brachten praktische Erfahrungen, die für die spätere Arbeit mit diesem Klientenkreis wichtig werden sollten.

Besonders auffällig war die Angst, mit der die Russlanddeutschen einer fremden Person begegneten: Sie öffneten sehr zögerlich – fast erschrocken die Tür, einen von Kopf bis Fuß kritisch musternd. Nachdem die ersten Sätze gefallen waren und die Verfasserin anfing, mit den Jüngeren Russisch zu sprechen, erwärmte sich die Situation. Dennoch war ein gewisses *Misstrauen* spürbar, das weiterhin in der Luft hing und den unmittelbaren Umgang mit den Russlanddeutschen erschwerte.

Die von der Verfasserin gestellte Frage: „Haben Sie oder Ihre Kinder Probleme mit der deutschen Sprache?" beantworteten 92 von 100 angesprochenen Personen mit „Nein". Dies war eine interessante Feststellung, denn die praktische Erfahrung zeigte, dass nur einige ältere Personen sich auf Deutsch unterhielten. Dabei sollten laut Selbsteinschätzung 92% von Russlanddeutschen keine schwerwiegenden Probleme mit der deutschen Sprache haben (vgl. Kap. 4.4.4.).

Noch bedeutsamer aber war für die Verfasserin die Erfahrung, dass bei den meisten Eltern die Einsicht fehlte, dass ihr Kind sprachtherapeutische Förderung benötigt. Die Frage: „Haben Ihre Kinder Sprachauffälligkeiten, die für sie eine Zusatzerschwernis beim Lernen darstellen?" haben nur zwei Personen bejaht. In diesen beiden Fällen war bei den Eltern zwar die Einsicht vorhanden, dass ihr Kind sprachtherapeutische Hilfe braucht, aus wirtschaftlichen Gründen aber (z.b. kein Auto zur Verfügung) lehnten sie sprachtherapeutische Interventionen ab. Offensichtlich waren die Eltern zum gegebenen Zeitpunkt noch vorrangig mit ihren *existenziellen Problemen* (Wohnungs- und Arbeitssuche etc.) beschäftigt und in den meisten Fällen *überfordert*, womit die Sprachbehinderung des Kindes erst einmal in den Hintergrund rückte.

Alle anderen angesprochenen Personen verneinten strikt die Frage über eine Sprachauffälligkeit ihres Kindes, selbst wenn diese sich während der Unterhaltung der Verfasserin mit dem Kind eindeutig zeigte. Nochmals die Eltern daraufhin ansprechend, kam eine eindeutige Antwort, es gäbe keine Sprachauffälligkeiten, dies würde sich mit der Zeit schon geben, wie es auch bei den Eltern selbst in der Kindheit war. Aber sofort konnten Nachbarn genannt werden, deren Kinder dringend sprachtherapeutische Hilfe benötigten. Natürlich wurden diese Familien anschließend aufgesucht. Aber auch da die gleiche Erfahrung: „Bloß nicht zugeben, dass das Kind Sprachauffälligkeiten hat." Aus *Angst vor Stigmatisierung* wurden vorhandene sprachliche Auffälligkeiten einfach geleugnet. Vor allem das Phänomen Stottern erfuhr eine strenge *Tabuisierung*.

Zusammenfassend lässt sich konstatieren, dass der Besuch der Kölner Übergangswohnheime folgende praxisgeleitete Erkenntnisse ergab:

1) Ein gewisses *kulturelles Misstrauen* erschwerte den unmittelbaren Umgang mit den Russlanddeutschen.

2) *Vorrangige existenzielle Probleme* wie Wohnungs- und Arbeitssuche verhinderten zum gegebenen Zeitpunkt eine realistische Auseinandersetzung der Eltern mit der Sprachbehinderung ihres Kindes.

3) *Sprachliche Auffälligkeiten* - und zwar ganz besonders das Phänomen Stottern - unterlagen bei dieser Migrantengruppe einer strengen *Tabuisierung*.

Die bestehenden *soziokulturellen Barrieren* zeigten sich somit bereits im Anfangsstadium des Forschungsprojektes - bei der Erfassung des Klientenkreises. Das therapeutisch angestrebte *Verstehen und Nachvollziehen der Situation* im Sinne einer idiographischen Vorgehensweise machte es notwendig, nach den Gründen für das durch Misstrauen und Skepsis gekennzeichnete Verhalten dieses Klientenkreises zum gesellschaftlichen Leben zu suchen. Dabei war es wichtig, sich die *biografischen Vorerfahrungen* dieser Migrantengruppe vor Augen zu halten, die im Gesamtverlauf der Geschichte durch Befehl, Unterordnung, Vertreibung und heute Nationalitätenkonflikte und Bürgerkriege nachhaltig geprägt wurden.

Die biografisch durchlebte Angst, Unbeständigkeit und Unsicherheit fasste Artur Lang im Aussiedler-Lied (*Landsmannschaft der Deutschen aus Russland e.V.* 8/1997, 22) wie folgt zusammen:

Liebes Kind, nun heißt es wandern
In das Ahnenland zurück.
Ja, wir fahren mit den andern,
Und das wird kein leichtes Handeln.
Wir versuchen unser Glück!

Unser Leben in Angst und Gefahren
Ist für alle Zeit vorbei,
Weil nach den zweihundert Jahren,
Wo stets unterwegs wir waren,
Ja, da sind wir endlich frei,
Ja, da sind wir endlich frei.

Viele Aussiedler verbinden mit der Rückkehr nach Deutschland idealisierte Vorstellungen von einem Leben in Freiheit. Das lange Leben unter Diktatur hat aber dazu beigetragen, dass die Aussiedler mit der für sie neuen Entscheidungsfreiheit und der damit verbundenen Notwendigkeit der Eigeninitiative erst umgehen lernen müssen, was in Deutschland nicht immer auf Verständnis stößt. Der Bürokratie stehen die meisten auf Grund früherer negativer Erfahrungen ablehnend gegenüber, was sich bereits bei der Klientenerfassung im mangelhaften Feedback niederschlug. Die Tabuisierung von sprachlichen Auffälligkeiten – ganz besonders in Bezug auf das Stottern - kann zum einen als Widerspiegelung des gesellschaftlichen Systems in Russland verstanden werden, in dem solches eindeutig als Makel galt. Zum anderen stellt sie einen verzweifelten Versuch dar, sich möglichst schnell zu integrieren und hier in Deutschland nicht „aufzufallen".

Insgesamt lässt sich feststellen, dass viele Probleme der Russlanddeutschen mit Behörden - und auch auf anderen Gebieten - auf aus ihrer Sicht verständlichen, insgesamt aber unbegründeten *Ängsten vor den unbekannten Verhältnissen* basieren. Eine soziale Integration sollte aus diesem Grunde auf die Bewältigung dieser geschichtlich geprägten Ängste und Unsicherheiten dieser Migrantengruppe abzielen.

In diesem Zusammenhang müssen bereits praktizierte Seminare erwähnt werden, die an dieser tief verwurzelten Angst ansetzen, wie z.B. das Eingliederungsseminar der Caritas in Straubing im Mai 1998. In einem Kurzfilm mit dem Titel „Tausche Angst gegen Mut" wurde gezeigt, wie man mit Hilfe von Freunden Ängste überwinden kann und durch mutiges Anpacken viele Probleme ihren Schrecken verlieren. In der anschließenden Diskussion erzählten die Neubürger von ihren Ängsten, aber auch von ihren Erfolgserlebnissen bei deren Überwindung.

Vor allem durch die Zusammenarbeit des Forschungsinstituts für Sprachtherapie und Rehabilitation mit Kinderärzten und dem Gesundheitszentrum für Migranten gelang es, erste Probleme bei der Erfassung des Klientenkreises zu überwinden. Die Forschungsstelle für Sprachtherapie und Rehabilitation wurde und wird weiterhin von vielen Aussiedlerfamilien aufgesucht. Direkte sprachtherapeutische Interventionen fanden bisher mit 43 russlanddeutschen Familien aus Köln und Umgebung statt. Zusätzlich wird die telefonische Beratung von zahlreichen hilfsbedürftigen Familien aus ganz Deutschland in Anspruch genommen.

5.2 Aufgetretene Probleme bei der Zusammenarbeit mit Eltern und Suche nach Lösungen

Während der praktischen Zusammenarbeit der Verfasserin mit bisher 43 russland-deutschen Familien im Rahmen des Forschungsprojektes haben sich bestimmte Problemfelder heraus kristallisiert, die die Arbeit mit diesen Migrantenfamilien erschwerten. Einige aufgetretene Probleme haben nicht in erster Linie etwas mit Zweisprachigkeit bzw. Bikulturalität zu tun und kommen in jeder sprachtherapeutischen Praxis vor, während andere auf spezifische *kulturelle Besonderheiten* hinzudeuten scheinen und daher von besonderem Interesse sind.

Das chronologisch erste Problem, auf das man im o.g. Forschungsprojekt stieß, war, dass einige Eltern das therapeutische Angebot (kostenlose sprachtherapeutische Begleitung und Beratung in russischer wie deutscher Sprache) *als Deutschnachhilfe missverstanden* haben, woraufhin es sich als notwendig erwies, das genannte Aufgabengebiet näher zu definieren. Als Beispiel konnten die logopädischen Maßnahmen in Russland genannt werden, die vielen Eltern bekannt waren. Es wurde erklärt, dass die sprachtherapeutische Förderung im Forschungsinstitut auf Grund der Zweisprachigkeit der Sprachtherapeutin nach Bedarf in beiden Sprachen - deutsch und russisch - erfolgen könne, das betreffende Klientel sich aber aus sprachbehinderten zweisprachigen Personen zusammensetze, nicht aus sprachlich normal entwickelten Personen mit mangelnden Deutschkenntnissen auf Grund ihrer Migration. So wurde bei 6 von 49 Personen keine Sprachtherapie eingeleitet auf Grund von fehlender Indikation. Die Ausführungen unten beziehen sich auf die anderen 43 Familien, mit denen sprachtherapeutische Interventionen praktisch durchgeführt wurden.

Knapp 2/3 der russlanddeutschen Klienten (29 von 43) hatten das Forschungsinstitut für Sprachtherapie und Rehabilitation an der Universität zu Köln wegen Stottern des Kindes aufgesucht, was möglicherweise mit dem besonders hohen Leidensdruck der Betroffenen und ihrer Angehörigen zusammen hing. Von besonderem Interesse war die folgende Feststellung: *Alle* 29 Familien, die wegen Stottern des Kindes sprachtherapeutische Unterstützung suchten, gaben als *Ursache für das Stottern* einheitlich eine *Schreckenssituation* an. In den meisten Fällen habe eine angstbesetzte Begegnung mit dem Hund zum Stottern geführt. Diese Überzeugung wurde mit einer solchen Selbstverständlichkeit vertreten, dass sie auf eine kulturelle Besonderheit von Russlanddeutschen hinzudeuten schien und die Verfasserin veranlasste, in der russischen Fachliteratur über das Phänomen Stottern zu forschen (vgl. Kap. 5.2.1). Häufig waren in diesen Familien gleichzeitig *abergläubische Überzeugungen* präsent. Viele hatten einen Hang zu alternativen Methoden und waren bereit, alles auf sich zu nehmen, um das Stottern loszuwerden, auch wenn die Methoden noch so umstritten waren.

Ein anderes auffallend häufig aufgetretenes Problem (26 von 43) war die *mangelnde Motivation und Initiativlosigkeit* bis hin zur völligen *Passivität* der Eltern. Dabei sollte man sich im Sinne eines pädagogischen Verstehens das gesellschaftspolitische System in Russland vor Augen führen, das diese Menschen nicht lehrte, eigenverantwortlich bzw. aus der Eigeninitiative heraus zu handeln. Das Individuum selbst zählte nicht. Es erfolgte vielmehr eine Orientierung an der Autorität, sich selber verstand man meist als ausführende Kraft in diesem System, als Teil eines Kollektivs. Auf Elternarbeit übertragen bedeutete dies, dass von den Eltern eigenes Engagement nur bedingt erwartet werden durfte. Elternarbeit kannten sie nur in dem Sinne, dass die „Fachperson" ihnen genaue Übungsanweisungen „verordnete", die sie zu Hause mit ihrem Kind durchführen sollten. Selbstständiges Denken und kreatives Handeln waren nicht gefragt und mussten hier in Deutschland zunächst gelernt werden.

Die Orientierung der Russlanddeutschen an der Autorität zeigte sich z.B. darin, dass viele kamen, weil sie vom Arzt geschickt wurden, dessen Kompetenz ganz außer Frage stand. Von Seiten der Kinderärzte veranlasste Sprachtherapie wurde ernst genommen. Eine durchdringende Reflexion aber über den Zweck und die Notwendigkeit sprachtherapeutischer Fördermaßnahmen konnte in manchen Fällen selbst nach einem intensiven Informations- und Beratungsgespräch nicht erreicht werden. Manchmal war ein baldiger Abbruch der Sprachtherapie die Folge. In anderen Fällen erwarteten die Eltern klare Anweisungen, wie sie sich ihrem Kind gegenüber verhalten und was sie zu Hause mit diesem üben sollten. Durchgehend musste therapeutische Motivationsarbeit geleistet werden zwecks Transparenz der Therapie und Aufklärung über die Bedeutung einer kooperativen Zusammenarbeit mit den Eltern für den Erfolg in der Sprachtherapie.

Jedem, der sprachtherapeutisch tätig ist, sind Unregelmäßigkeit und Unpünktlichkeit bekannt, die den formalen Ablauf der Sprachtherapie stören können und auf den ersten Blick keine kulturelle Besonderheit darstellen. Jedoch zeigte die Erfahrung, dass die russlanddeutschen Familien mit dem Begriff „Termin" viel weniger Verpflichtungsgefühl verbinden, als es in Deutschland üblich ist. Die Haltung, die vermittelt wurde, war, dass man kam, wenn man gerade Zeit hatte. In diesem Zusammenhang ist nicht uninteressant, dass es in der russischen Terminologie den Begriff „Termin" gar nicht gibt. Dies hat auch konkrete Auswirkungen auf die Vorgehensweise in der Praxis: Für Arztbesuche werden nur in seltenen Fällen zeitliche Termine abgesprochen. Üblicherweise geht eine Person mit Beschwerden jeglicher Art dann zum Arzt, wenn es ihr zeitlich passt, und wartet, bis sie dran kommt.

Da die *Unregelmäßigkeit und Unpünktlichkeit* von 10-15 Minuten Verspätung bis zum gänzlichen Fehlen ohne Absage reichten und für die sprachtherapeutische Zusammenarbeit mehr als unbefriedigend waren, mussten im Forschungsinstitut klare Richtlinien über die Einhaltung von Terminen und den formalen Weg einer Absage erstellt werden (vgl. Kap. 5.2.2.1).

Die tief verwurzelte Angst dieser Migrantengruppe vor den unbekannten Verhältnissen, die zum ersten Mal während der Besuche von Kölner Übergangswohnheimen deutlich spürbar war, äußerte sich nun im Problem der *Unselbstständigkeit* und *Überforderung* der Eltern. Des öfteren wurden diverse Formulare zur Sprachtherapie mitgebracht, die in diesem Rahmen ausgefüllt werden sollten. Um der Gefahr des Klammerns an einer Vertrauensperson entgegenzuwirken, mussten bei häufiger Inanspruchnahme der Hilfe klare Grenzen gesetzt werden. In solchen Fällen begrenzte sich die Verfasserin darauf, Ratschläge zu erteilen, wo man Hilfe holen konnte, und stellte als ihre Hauptaufgabe heraus, sich mit der sprachlichen Förderung des Kindes und der Beratung und Anleitung der Eltern in diesem Bereich zu befassen.

In manchen Fällen, in denen Sprachtherapie aus therapeutischer Sicht notwendig und von den Eltern zunächst eingeleitet worden war, konnte diese auf Grund von immer noch bestehenden oder neuen *wirtschaftlichen Problemen* nicht weiter fortgeführt werden. Die Eltern waren z.B. auf Grund der nun beginnenden ganztägigen Umschulung nicht mehr in der Lage, das Kind regelmäßig zur Therapie zu bringen.

Für andere Eltern, die etwas außerhalb von Köln wohnten und kein Auto besaßen, würde die Anreise mit öffentlichen Verkehrsmitteln teilweise zwei Zeitstunden in Anspruch nehmen, die sie nicht bereit waren, regelmäßig zu opfern. Der Therapieabbruch auf Grund von wirtschaftlichen Problemen kennzeichnet die besondere sozioökonomische Situation von Migrantenfamilien.

Als ein weiteres Problem im Verlauf der Sprachtherapie im Forschungsinstitut erwies sich die Haltung der *Übergabe der Verantwortung an den Therapeuten*. Damit wurde der Erfolg in der Sprachtherapie direkt mit der Kompetenz bzw. Inkompetenz des Sprachtherapeuten verknüpft. Bei einer solchen Haltung fand auch zunächst keinerlei Transfer statt. Die Eltern fühlten sich nicht mitverantwortlich für den sprachlichen Erfolg ihres Kindes und meinten, von ihrer Seite wäre es damit getan, das Kind an eine Fachperson abzugeben, damit es dort gefördert wird. Ein extremes Beispiel hierfür war die Äußerung des Vaters eines dreijährigen stotternden Kindes, nachdem dieses zweimal zur sprachtherapeutischen Intervention im Forschungsinstitut erschienen war: „Seit Sie mit dem Kind üben, ist das Stottern fast ganz weg." Aber auch andere Beispiele lassen sich hier nennen. So meinte die Mutter eines Kindes mit einer phonetisch-phonologischen Entwicklungsstörung: „Wir waren jetzt 5 Mal da, und ich habe das Gefühl, dass es mit dem Sprechen sogar schlechter geworden ist."

Solche Äußerungen - positiver wie negativer Art - sollte man als Therapeut unbedingt richtig stellen. Die Eltern müssen über das Zusammenspiel von Faktoren, die die sprachliche Entwicklung begünstigen oder hemmen können, informiert werden. Man sollte den Eltern vor Augen führen, dass nur eine Zusammenarbeit des Sprachtherapeuten mit den Eltern langfristig gesehen zum Erfolg führen kann, da die Eltern sehr viel mehr Zeit mit dem Kind verbringen und für ihr Kind eine gewisse Vorbildfunktion erfüllen, was therapeutisch sinnvoll eingesetzt werden kann. Auf jeden Fall muss den Eltern die Notwendigkeit einer Zusammenarbeit transparent gemacht werden.

Ein weiteres nicht zu unterschätzendes Problem in der Zusammenarbeit war die Ungeduld der Eltern in Bezug auf die sprachliche Entwicklung ihres Kindes. Die *defizitorientierte Haltung* spiegelte sich in Äußerungen wider wie: „Das [r] kann er immer noch nicht. Und beim [l] sind auch noch Probleme." Solchen Eltern ging es oft nicht schnell genug. Dabei wurden die Kompetenzen des Kindes teilweise übersehen oder als selbstverständlich hingenommen. Interessanterweise war diese Haltung eher für Eltern charakteristisch, deren Kinder nur geringe Aussprachefehler hatten: z.b. wurde das Zungenspitzen-[r] oder das harte [l] im Russischen fehlgebildet. Bei einer tatsächlich relativ geringen Problematik hatten die Eltern einen sehr hohen Anspruch an die Sprache ihres Kindes, wobei das Kind unter dem gegebenen Leistungsdruck diesem perfektionistischen Anspruch nicht immer gerecht werden konnte. In solchen Fällen musste in zahlreichen aufklärenden Gesprächen immer wieder auf die vorhandenen Kompetenzen und Stärken des Kindes hingewiesen werden, damit Schritt für Schritt die defizitorientierte Haltung abgebaut werden konnte.

Nicht zuletzt soll das Problem der *Überbesorgnis der Eltern bei unzureichender Indikation* für die gewünschte Sprachtherapie genannt werden. So war die Mutter eines dreijährigen Mädchens äußerst besorgt über die sprachliche Entwicklung ihres Kindes, wobei das Mädchen die Verfasserin mit dem hochkomplexen Satz begrüßte: «Слушай, я ненадолго, *потому что* у меня нет времени.» „Du, hör mal, ich bleib´ nicht lange, *weil* ich keine Zeit habe". Das Kind war sehr aufgeschlossen und erzählte auch weiterhin viel – teilweise in äußerst komplex gebauten Sätzen. Nach einem Informationsgespräch über die allgemeine kindliche Sprachentwicklung und über Möglichkeiten zur Anregung einer zusammenhängenden Rede von Seiten der Eltern in einer Spielsituation (Modellierungstechniken wie Expansion, linguistische Markierung u.ä.) schien die Mutter beruhigt. Man einigte sich auf telefonischen Kontakt.

Eine andere Mutter wollte unbedingt eine Stottertherapie für ihr 3 ½ Jahre altes Kind einleiten, wobei sich in den 5 erfolgten Therapiesitzungen keinerlei Stottersymptomatik zeigte. Das kommunikationsfreudige Mädchen erzählte viel und ausführlich. Von der Häufigkeit her sehr seltene (höchstens ein Mal pro Therapiesitzung - wobei das Kind permanent erzählte) lockere Silbenwiederholungen (nie länger als 2-3 Wiederholungen) waren eindeutig altersgerechte Sprechunflüssigkeiten. Das Kind zeigte keinerlei Störungsbewusstsein und fühlte sich nicht gehindert, etwas zu erzählen. Die Mutter berichtete, dass sie selbst früher stark und auch heute noch in manchen Situationen stottere. Von therapeutischer Seite konnten in den - meistens langen - Kommunikationssituationen mit dieser keinerlei Verspannungen oder Verkrampfungen wahrgenommen werden. Die Vermutung lag nahe, dass die Mutter vor allem durch ihre eigene Sprechproblematik übersensibilisiert war für Sprechunflüssigkeiten jeder

Art. In einem langen Beratungsgespräch musste der Unterschied zwischen altersgerechten Sprechunflüssigkeiten und Stottern thematisiert und auf die Gefahr der Entwicklung eines Störungsbewusstseins beim Kind durch die Fixierung der Eltern auf die Qualität des kindlichen Sprechens hingewiesen werden.

Die Erfahrung zeigte, dass Eltern aus höheren Schichten häufiger zu einer überbesorgten Haltung in Bezug auf das Verhalten - und somit auch das Sprechverhalten - ihres Kindes neigten.

Die im Rahmen des Forschungsprojektes (sprachtherapeutische Interventionen mit 43 russlanddeutschen Familien) aufgetretenen Probleme in der Zusammenarbeit mit russlanddeutschen Familien lassen sich wie folgt hierarchisch zusammenfassen.

1. Abergläubische Überzeugung / Neigung zu alternativen Methoden / Schreckenssituation als Ursache für Stottern (29/43)

2. Mangelnde Motivation / Initiativlosigkeit / Passivität (26/43)

3. Unregelmäßigkeit und Unpünktlichkeit (22/43)

4. Unselbstständigkeit / Überforderung / Klammern an eine Vertrauensperson (17/43)

5. Therapieabbruch auf Grund von wirtschaftlichen Problemen (12/43)

6. Übergabe der Verantwortung an den Therapeuten / Direkte Verknüpfung von Erfolg bzw. Misserfolg in der Sprachtherapie mit Kompetenz bzw. Inkompetenz des Sprachtherapeuten / mangelnder Transfer (11/43)

7. Defizitorientierung / Ungeduld der Eltern in Bezug auf die sprachliche Entwicklung des Kindes (9/43)

8. Überbesorgnis der Eltern bei unzureichender Indikation für Sprachtherapie (5/43)

Die Abbildung 11 veranschaulicht noch mal die in der Zusammenarbeit mit russland-deutschen Familien aufgetretenen Problemfelder im Rahmen des Forschungsprojektes.

Abb. 11:   Problemfelder in der Zusammenarbeit mit russlanddeutschen Familien

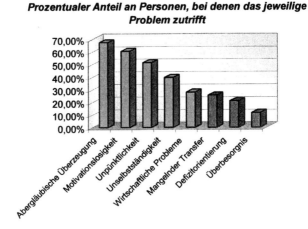

Die 6 russlanddeutschen Personen, die das therapeutische Angebot im Rahmen des Forschungsprojektes als Deutschnachhilfe missverstanden haben, wurden in der Liste und im Diagramm nicht berücksichtigt. In diesem Zusammenhang ist zu bemerken, dass auch einige Grundschullehrer im Forschungsinstitut für Sprachtherapie und Rehabilitation anriefen, die erhofften, endlich eine geeignete Förderstelle für ihre deutsch-russischen Schüler gefunden zu haben. Nachdem das sprachbehinderten-pädagogische Handlungsfeld näher definiert wurde, gaben sie enttäuscht ihrem Unmut Ausdruck und beschwerten sich darüber, dass es für die zahlreichen Migranten-kinder in Grundschulen so wenig an Fördermöglichkeiten im Sinne von Deutsch-nachhilfe gebe, obwohl sehr viele von ihnen erhebliche Schwierigkeiten mit der deutschen Sprache hätten.

Die unter 1, 2, 3, 4 und 5 zusammengefassten Problemfelder in der Zusammenarbeit mit Eltern können – nicht zuletzt auf Grund der Häufigkeit des Auftretens - als *kultur-spezifisch* interpretiert werden: *Aberglaube*, die *Neigung zu alternativen Methoden* sowie die einheitliche Überzeugung, eine Schreckenssituation könne Stottern auslösen, können nicht losgelöst von der Kultur und Lebensweise in Russland betrachtet werden. *Mangelnde Motivation, Initiativlosigkeit* und *Passivität* sind sozial erlernte und erwünschte Verhaltensweisen, die das gesellschaftspolititsche System in Russland widerspiegeln, in dem der einzelne Mensch erst in einem Kollektiv bedeutsam wird. Das formale Problem der *Unregelmäßigkeit* und *Unpünktlichkeit,* das auf den ersten Blick keine kulturelle Besonderheit darstellt und in jedem Praxisbetrieb vorkommt, kann auf Grund der übermäßigen Häufigkeit (22 von 43) dennoch als kulturspezifisch gedeutet werden. Schließlich kennzeichnen *Überforderung* und *wirtschaftliche Probleme* die besondere sozioökonomische Situation von russlanddeutschen Familien.

Diese kulturellen Besonderheiten werden von weiteren Problemfeldern überlagert, die nicht in erster Linie kulturspezifisch sind, sondern ebenso in der sprachtherapeutischen Zusammenarbeit mit monolingualen Familien vorkommen. So können eine direkte Verknüpfung von Erfolg bzw. Misserfolg in der Sprachtherapie mit Kompetenz bzw. Inkompetenz des Sprachtherapeuten sowie fehlender Transfer (6) eine zufriedenstellende sprachtherapeutische Intervention erschweren. Auch die Ungeduld der Eltern in Bezug auf die sprachlichen Leistungen ihres Kindes sowie die damit einhergehende Defizitorientierung (7) lassen sich in jedem sprachtherapeutischen Betrieb in variierender Häufigkeit beobachten. Die Überbesorgnis der Eltern bei unzureichender Indikation für Sprachtherapie (8) scheint eher ein schicht- statt kulturspezifisches Problem zu sein.

Zusammenfassend bleibt festzuhalten, dass die in der Zusammenarbeit mit russlanddeutschen Familien aufgetretenen Probleme sich grob in zwei Gruppen einteilen lassen: Zum einen gibt es *kulturspezifische Problemfelder,* die explizit für diese Migrantengruppe kennzeichnend sind (1, 2, 3, 4 und 5). Zum anderen treten übergeordnete Probleme und Mechanismen auf, die auch in anderen zwischenmenschlichen Situationen - etwa der sprachtherapeutischen Intervention mit monolingualen Kindern – eine Rolle spielen (6, 7, 8).

Damit eine befriedigende Zusammenarbeit mit russlanddeutschen Familien möglich wurde, mussten die o.g. Probleme fachgerecht gelöst werden. Das praktische Vorgehen dabei lässt sich durch zwei Schritte beschreiben. Um im Sinne eines idiographischen Vorgehens die Situation dieses Klientenkreises besser zu verstehen und nachzuvollziehen, war es zunächst wichtig, über das Studium der russischen Fachliteratur mehr über die theoretischen Hintergründe und praktizierten Methoden sowie Wege der Elternarbeit in der russischen Logopädie zu erfahren (Schritt 1: Kap. 5.2.1). Der anschließende Schritt 2 (Kap. 5.2.2) galt der Entwicklung von Informationsmaterial in russischer Sprache zwecks Aufklärung der Klienten über formale Angelegenheiten sowie die in der westlichen Sprachbehindertenpädagogik einsetzbaren Methoden.

5.2.1 Studium der russischen Fachliteratur

Da knapp 2/3 (29 von 43) der russlanddeutschen Familien wegen Stottern ihres Kindes das Forschungsinstitut für Sprachtherapie und Rehabilitation aufsuchten, waren die Literaturrecherchen der Verfasserin vor allem auf dieses Phänomen gerichtet. Die Sichtung der russischen Fachliteratur ergab interessante Erkenntnisse im Hinblick auf die Ursachenforschung, die praktizierten Methoden sowie Wege der Elternarbeit in der russischen Logopädie. Im Folgenden sollen primär solche Aspekte im Vordergrund stehen, die die zugrunde liegenden Divergenzen im sprachbehindertenpädagogischen Selbstverständnis im deutsch- und russischsprachigen Raum aufzeigen.

5.2.1.1 Ursachenforschung in der russischen Logopädie im historischen Rückblick

In den 70er und 80er Jahren wurde das Phänomen Stottern im russischsprachigen Raum als eine der häufigsten „Sprechanomalien" angesehen (vgl. Defektologie 1978). Dabei wurden für das Auftreten der Sprechstörung hauptsächlich die Eltern verantwortlich gemacht. Als Ursachen wurden sprachliche Über- und Unterforderung, emotionale Belastung und angespannte familiäre Atmosphäre genannt - Elemente, die eng an das Erziehungsverhalten der Eltern geknüpft sind.

Da zwischen Sprechunflüssigkeiten und Stottern nicht differenziert wurde, interpretierte man auch kindliche und bewusst produzierte Sprechunflüssigkeiten im Sinne einer spielerischen Nachahmung als pathologisches Stottern, das therapeutisch behandelt werden musste. Es wurde allgemein angenommen, dass eine Schreckenssituation als eine Ursachenquelle für das Auftreten von Stottersymptomatik gelten kann (Defektologie 1978-1990). Auffällig ist dabei die *monokausale Sichtweise*, bei der man auf der Suche nach einer einzigen Ursache war, die das Stottern auslösen könne.

Knapp ein Jahrzehnt später (1998) geben Prof.Dr. L.I. Beljakova (Lehrstuhl der Logopädie an der Fakultät der Defektologie der Moskauer Pädagogischen Universität) und E.A. Djakova in ihrem Lehrbuch „Stottern" (ebd., 50), das an Logopäden, Psychologen, Ärzte und Studenten adressiert ist und den wissenschaftlichen Stand der Forschung repräsentieren soll, folgende Definition des Stotterns:

„Заикание определяется как нарушение темпа, ритма и плавности устной речи, обусловленное судорожным состоянием мышц речевого аппарата».

Stottern ist demnach eine Störung des Sprechtempos, Rhythmus und Redeflusses, die durch Muskelverkrampfungen in den Sprechorganen bedingt ist.

Beljakova und Djakova unterscheiden - ähnlich wie in der westlichen Fachliteratur - zwei Arten von Stottern (das tonische und klonische) und betonen, dass das Stottern mit den phonetischen Eigenschaften der Laute verbunden sei. Sie unterstreichen die Häufigkeit des Auftretens der Stottersymptomatik bei der Aussprache von Verschlusslauten wie [p], [t], [k] und Lautkombinationen wie [tr], [st], [kr] u.ä. und weisen darauf hin, dass die rhythmische Struktur der Wörter für Stotternde eine große Rolle spiele. So komme es zum Stocken des Redeflusses meistens auf den Vor- und betonten Silben, sehr selten dagegen auf den Silben nach der betonten. Außerdem spiele die Sprechatmung bei Stotternden eine wesentliche Rolle.

Die o.g. Autoren nennen folgende Faktoren, die für die Entstehung des Stotterns relevant seien (ebd., 63):

1. Das Alter des Kindes
2. Der Zustand des zentralen Nervensystems
3. Individuelle Besonderheiten im Verlauf der sprachlichen Ontogenese
4. Besonderheiten der Entwicklung der funktionellen Asymmetrie des Gehirns
5. Erleben eines *psychischen Traumas/*einer *seelischen Erschütterung*
6. Genetischer Faktor

Zusammen mit anderen russischen Sprachforschern wie V.V. Kovaljov, N.M. Asatiani und B.Z. Drapkin, sind Belajkova und Djakova auf der Basis der mehrjährigen klinischen Beobachtungen und experimenteller Forschung zum Ergebnis gekommen, dass zwei klinische Formen des Stotterns, die durch zwei verschiedene pathogenetische Mechanismen verursacht werden, hervorzuheben sind: sie sprechen von einer *neurotischen* und von einer *neuroseähnlichen Form des Stotterns.* Diese Unterscheidung ist insofern interessant, als es diese in der westlichen Fachliteratur nicht gibt.

Neurotische Form des Stotterns

Diese Form des Stotterns entsteht laut Meinung der o.g. Forscher meist bei Kindern auf Grund eines erlebten psychischen Traumas in Form von plötzlichem Erschrecken oder einer chronischen psychischen Traumatisierung (seelischer Erschütterung). Bis zum Auftreten des Phänomens Stottern haben diese Kinder charakteristische Merkmale aufgewiesen wie erhöhte Empfindlichkeit, Aufregung, Schüchternheit, Stimmungsschwankungen, Reizbarkeit, Unduldsamkeit. Einige dieser Kinder entwickeln im Alter von 2-5 Jahren Phobien (Angst vor Dunkelheit, Angst, wenn keine Erwachsenen im Raum sind etc.). Nicht selten zeigt sich eine neurotische Enuresis. Diese Kinder können sich nur schwer einer neuen Umgebung anpassen, werden öfters reizbar, neigen zum Weinen und vertragen sich nicht mit anderen Kindern im Kindergarten. Das Stottern tritt lt. Beljakova und Djakova nach der seelischen Erschütterung plötzlich stark vor dem Hintergrund einer schon entwickelten Satzrede auf.

Dabei könne die neurotische Form des Stotterns nicht nur nach einer seelischen Erschütterung auftreten, sondern bei einigen Kindern im Alter von 1,5 bis 2,5 Jahren auch bei einer aktiven Einführung in eine Zweitsprache. Dies treffe besonders auf die Kinder zu, die sich die erste Sprache noch nicht gründlich genug angeeignet haben. Zu diesem Zeitpunkt sei der Erwerb einer Zweitsprache mit einer hohen psychischen Anspannung verbunden, was bei einigen Kindern als ein pathogenetischer Faktor betrachtet wird.

Für die Dynamik der Sprechstörung bei der neurotischen Form des Stotterns sei ein rezidiver Verlauf charakteristisch. Von Zeit zu Zeit wird wieder fließend gesprochen, das Stottern verschwindet, tritt aber bei kleinster emotionalen Spannung, somatischer Erkrankung oder Ermüdung erneut auf.

Zusammenfassend nennen Beljakova und Djakova (ebd., 80) folgende *Merkmale der neurotischen Form des Stotterns:*

1. Das Stottern tritt im Alter von 2 bis 6 Jahren auf.
2. Vorhandensein einer schon entwickelten Satzrede vor dem Auftreten des Stotterns
3. *Überwiegend psychogene Entstehung der Sprechpathologie (sehr starke psychisch akute oder chronische Traumatisierung = seelische Erschütterung)*
4. Große Abhängigkeit des krampfhaften Stockens von der Stimmungslage des Stotternden und den kommunikativ-situativen Gegebenheiten
5. Möglichkeit einer fließenden Rede unter bestimmten Voraussetzungen (bei Selbstrede/Monolog, unter den Bedingungen der emotionalen Höhe, bei Ablenkung der bewussten Aufmerksamkeit vom Sprechprozess etc.)

Neuroseähnliche Form des Stotterns

Die neuroseähnliche Form des Stotterns tritt laut den o.g. Autoren meistens bei Kindern im Alter von 3-4 Jahren ohne vorhergehende äußerliche Gründe auf. Bei dieser Form des Stotterns stelle man in der Anamnese oft eine schwere Toxikose in der Schwangerschaft bis zur Asphyxie während der Geburt fest. Im Babyalter seien diese Kinder sehr unruhig. Ihre physische Entwicklung befinde sich im untersten Rahmen der Altersnorm. In einigen Fällen sei eine Entwicklungsverzögerung festzustellen. Von gesunden Kindern unterscheiden sie sich durch eine schlechte Bewegungskoordination sowie motorische Ungeschicklichkeit. Sie ermüden sehr schnell bei intellektueller oder physischer Belastung und können sich nicht lange konzentrieren. Sie seien oft aufbrausend und reizbar.

Besondere Abweichungen treten bei der Sprache dieser Kinder auf. So sprechen sie die ersten Worte erst im Alter von 1,5 Jahren und einfache Sätze im Alter von 3 Jahren. Erweiterte Sätze lernen sie erst im Alter von 3,5 Jahren zu bilden. Gleichzeitig mit einer Sprachentwicklungsverzögerung sei für diese Kinder eine schlechte Aussprache von vielen Lauten sowie ein geringer Wortschatz charakteristisch. Das Stottern trete meistens in der Phase der Satzbildung, d.h. im Alter von 3 bis 4 Jahren auf.

Das krampfhafte Stocken werde bei physischer oder psychischer Ermüdung der Kinder stärker.

Zusammenfassend nennen Beljakova und Djakova (ebd., 91) folgende *Merkmale der neuroseähnlichen Form des Stotterns:*

1. Das Stottern tritt im Alter von 3 bis 4 Jahren auf.

2. Das Auftreten des Stotterns fällt mit der Phase der Entwicklung der Satzrede zusammen.

3. Das Stottern tritt langsam auf, ohne Verbindung zu irgendeiner psychotraumatischen Situation.

4. Die Phase einer fließenden Rede fällt ganz aus, und es ist nur eine geringe Abhängigkeit des Redeflusses von der Kommunikationssituation festzustellen.

5. Das Lenken der aktiven Aufmerksamkeit des Stotternden auf den Redensprozess erleichtert das Reden.

6. Physische oder psychische Ermüdung des Stotternden wirken sich negativ auf die Rede aus.

Aus den obigen Ausführungen wird ersichtlich, dass in der Ursachenforschung zum Phänomen Stottern in der russischen Logopädie der Faktor eines psychischen Traumas bzw. einer seelischen Erschütterung lange Zeit im Vordergrund stand. Noch 1998 führten Beljakova und Djakova die „neurotische Form" des Stotterns auf eine überwiegend psychogene Entstehung zurück.

Erst um die Jahrtausendwende betonte Nabieva erstmalig in der russischen Logopädie, dass eine Schreckenssituation allein kein Stottern hervorrufen könne. Die Forschungsergebnisse hätten nun eindeutig gezeigt, dass nicht alle Kinder, die einen Schreck erlebten, anfingen zu stottern. Es müssten noch weitere Ursachen vorliegen (vgl. Defektologie 2000). In diesem Zusammenhang wurde in der russischen Fachliteratur zum ersten Mal explizit auf verschiedene Ätiologie des Phänomens Stottern – genetische, physiologische und psychische – hingewiesen.

Auf den ersten Blick scheint die Ursachenforschung in der russischen Logopädie nun einen Schritt der idiographischen und multikausalen Sichtweise des Stotterns näher gekommen zu sein, in der von „multiplen, koexistierenden und miteinander interagierenden Faktoren physiologisch-organischer, psychologischer und linguistischer Natur" (Johannsen 1993, 6) ausgegangen wird, die Stottern in seiner Entstehung, seiner Aufrechterhaltung und seinem Verlauf beeinflussen. Doch erweist sich dies als Irrtum, wenn man sich die von Nabieva herausgestellten zwei Risikogruppen für das Auftreten von Stottern vor Augen führt.

Zur ersten Risikogruppe gehören normal entwickelte, gesunde Kinder, die längere Zeit Umgang mit stotternden Personen hatten. Dabei sei nicht der genetische Faktor, sondern der ständige Umgang mit Stotternden in der Zeit der Entwicklung der Sprache der wichtigste Risikofaktor für ein Auftreten von Stottern bei Kindern. Die zweite Risikogruppe bildeten Kinder, die eine Asphyxie hatten bzw. einer organischen Verletzung oder schweren Krankheit ausgesetzt waren und Antibiotika nehmen mussten.

Vor allem die erste von Nabieva herausgestellte Gruppe - Stottern auf Grund von Nachahmung - muss unter Berücksichtigung des gegenwärtigen Forschungsstandes in der westlichen Fachliteratur verworfen werden, in der von einer genetischen Prädisposition für Stottern ausgegangen wird. Kindliche Imitationsspiele ohne gegebene genetische Prädisposition können dementsprechend kein Stottern auslösen.

Ein weiteres weitreichendes Problem ist, dass in der russischen Logopädie nach wie vor das pathologische und chronische Stottern nicht von altersbedingten Sprechunflüssigkeiten unterschieden wird. In diesem Sinne sind Sprechunflüssigkeiten an sich pathologisch und müssen in jedem Fall therapeutisch behandelt werden. Dagegen wird in der westlichen Fachliteratur das altersgerechte Entwicklungsstottern vom pathologischen Stottern differenzialdiagnostisch abgegrenzt. 1987 stellten H.S. Johannsen und H. Schulze konkrete Kriterien für die Differenzialdiagnose der Sprechunflüssigkeiten im Vorschulalter dar. Außerdem wird in der westlichen Fachliteratur die Auffassung vertreten, dass Stottern symptomatologisch wie auch ätiologisch kein homogenes Störungsbild, sondern ein facettenreiches Phänomen ist, das grundsätzlich nur für den Einzelfall erklärt werden kann und jeweils einzelfallorientiert therapiert werden muss.

Diese zugrunde liegende Divergenz in den theoretischen Grundüberzeugungen legte die Vermutung nahe, dass die in Russland praktizierten Methoden sich sehr wahrscheinlich vom westlichen Vorgehen unterscheiden werden. Als Nächstes stellte sich die Frage, welche *Methoden* – vielleicht auch mit welchem Ergebnis - bei den jetzigen Klienten im Forschungsinstitut bereits angewandt wurden. Wo konnte man in der Sprachtherapie ansetzen?

5.2.1.2   Zu den praktizierten Methoden in der russischen Logopädie

In den 80er Jahren wurden die logopädisch empfohlenen Maßnahmen bei stotternden Kindern in vier Etappen beschrieben (vgl. Defektologie 1982, 1984). In der ersten Etappe bestand die Methodik darin, Spiele herauszusuchen, die schweigend gespielt werden konnten: Malen, Mosaik, Tischspiele. An das Kind sollten so wenige
Fragen wie möglich gestellt werden, der Logopäde sollte auch auf keine Antwort bestehen. War eine Antwort vom Kind erwünscht, so sollte diese sehr knapp (in ein bis
zwei Worten) formuliert werden. Wenn aber das Kind zu einer längeren Erzählung
ausschweifte, wurde empfohlen, es sanft zu unterbrechen, indem man dessen Aufmerksamkeit auf etwas anderes lenkte. Der Erwachsene (Logopäde oder auch Eltern) sollte langsam und deutlich jedes Wort aussprechen.

In der zweiten Etappe sollte das Sprechen der stotternden Kinder in Form von knap-
pen Sätzen gefördert werden. Dabei wurden Frage-Antwort-Sätze in Dialogform geübt. Die in den Etappen drei und vier verfolgte Zielsetzung war die Bildung von erweiterten Sätzen zur Antwort und freien Erzählung ohne Unterstützung durch Bildmaterial. Dabei wurden Gedichte auswendig gelernt sowie Spiele zur Förderung einer
schnellen Sprachreaktion in Form von Antworten gespielt.

Auffällig an dieser Methodik, die für stotternde Kinder entwickelt wurde, ist, dass das
Kind keine konkreten Hilfestellungen für sein Sprechen bekommt. Direkt am Sym-
ptom wird nicht gearbeitet. Die beschriebenen Spiele fördern lediglich indirekt die
Gesamtentwicklung des Kindes (Förderung der Reaktion, Ausdauer, Aufmerksam-
keit, Feinmotorik etc.). Auch die Aufbaumethodik der allmählichen Erweiterung der
Rede - vom Schweigen (Phase 1) über knappe Frage-Antwort-Sätze in Dialogform
(Phase 2) bis zur Bildung von erweiterten Sätzen zur Antwort und freien Erzählung
ohne Bildmaterial (Phasen 3 und 4) - muss kritisch betrachtet werden.

Wenn ein Kind beim Erzählen unterbrochen und dazu angeleitet wird zu schweigen,
wird es dies als Strafe empfinden und als Zeichen, dass mit seinem Sprechen „etwas
nicht stimmt". Da in der russischen Logopädie nicht zwischen altersbedingten Sprechunflüssigkeiten und Stottern differenziert wird, muss davon ausgegangen werden,
dass diese Methodik auch bei Kindern mit Entwicklungsstottern angewandt wird, wo-

durch die Gefahr entsteht, dass das Kind gerade durch diese Methodik ein Störungsbewusstsein entwickelt, das sich negativ auf den weiteren Verlauf von zunächst altersgerechten Sprechunflüssigkeiten auswirkt.

Darüber hinaus ist dies eine eindeutig defizitorientierte Vorgehensweise, bei der ein
langfristiger Erfolg bezweifelt werden muss. Indem das Kind in seinem natürlichen
Bestreben, etwas mitzuteilen, gebremst wird, wird lediglich dessen Sprechfreude
entgegen gewirkt. Stotternde Kinder werden dadurch zur Passivität erzogen, denn
sie sollen lieber schweigen, statt stotternd sprechen. Das dabei verfolgte Ziel ist, den
technischen Sprechakt unter Kontrolle zu halten, wobei der Inhalt der kindlichen Erzählung auf der Strecke bleibt. Das Kind wird dadurch nicht in seiner Ganzheit betrachtet und angenommen, sondern auf seine Sprechstörung reduziert.

In der russischen Fachliteratur wird immer wieder betont, dass die Rehabilitation der
Stotternden eine komplexe Vorgehensweise voraussetze, die den Einsatz sowohl
von sprachheilpädagogischen Mitteln als auch der medizinischen Betreuung erforderlich mache. Eine Zusammenarbeit von Ärzten, Logopäden, Psychologen und Er-
ziehern sei damit unabdingbar.

Das bei der Rehabilitation von Stotternden verfolgte Ziel ist dabei stets das Erreichen
einer konstant fließenden Rede. Damit ist lt. Beljakova und Djakova (1998, 115) die
Lösung der drei folgenden Aufgaben gemeint :

  1. Entwicklung der Sprechflüssigkeit
  2. *Erziehung der Persönlichkeit des Stotternden*
  3. Prophylaxe von Rezidiven und der Chronifizierung des Stotterns

Zur Entwicklung der Sprechflüssigkeit (1) wird die Kontrolle über den emotionalen
Zustand des Stotternden als eine sinnvolle logopädische Maßnahme erachtet. Mit
solcher Haltung der Kontrolle über den emotionalen Zustand des stotternden Kindes
von Seiten der Eltern wurde die Verfasserin im Rahmen des Forschungsprojektes
mehrfach konfrontiert. Viele Eltern vertraten die Auffassung, sie müssten ihrem Kind
eine möglichst reizarme Umgebung (d.h. keine Aufregung, aber auch keine über-
schwängliche Freude) bieten, damit sich das Stottern zurückbildet. Sie waren der-

maßen auf ihr Ziel fixiert, eine konstant fließende Rede bei ihrem Kind zu erreichen, dass ihnen der menschlichere Zielgedanke der Förderung von Zufriedenheit, Wohlbefinden und Freude auf Seiten ihres Kindes als weit weniger wichtig erschien.

Das zweite Aufgabengebiet im Rahmen der Rehabilitation von Stotternden, die Erziehung der Persönlichkeit des Stotternden, zog besonderes Interesse auf Seiten der Verfasserin an sich. Gibt es denn *die* Persönlichkeit des Stotternden? Was war damit gemeint?

Erziehung der Persönlichkeit des Stotternden

Das Stottern hat lt. Beljakova und Djakova eine wesentliche Auswirkung auf die Entwicklung der Persönlichkeit. Wie auch V.N. Mjasischew (1960) vertreten sie die Meinung, dass „die Persönlichkeit sich als ein komplexes System von Beziehungen im Prozess der Tätigkeit und Kommunikation mit anderen Menschen entfaltet. Die kommunikative Störung, die beim Stottern auftritt, ändert die Bedingungen der Bildung einer Persönlichkeit, ihr Bewusstsein und Selbstbewusstsein" (Beljakova/Djakova 1998, 180).

«Личность раскрывается как сложная система отношений, она развивается в процессе деятельности и общения с другими людьми. Нарушение общения, которое наблюдается при заикании, меняет условия формирования личности, её сознание и самосознание» .

Bei Jugendlichen und Erwachsenen bedeute die Entwicklung der Persönlichkeit somit die Erziehung eines adäquaten Verhaltens zu sich selbst und den sie umgebenden Menschen sowie das Aufbauen von Wechselbeziehungen zu diesen.

Die Arbeit in der Richtung der Persönlichkeitsentwicklung beinhalte verschiedene Einflüsse auf die Person: psychologische, psychotherapeutische und pädagogische. Zum Beispiel werden dem Stotternden individuelle Unterrichtsstunden bei Psychotherapeuten und Gruppentherapien angeboten, die gezielt auf die Umorientierung der Persönlichkeit des Stotternden in Bezug auf seine Sprechstörung als den Hauptfaktor, der die Realisierung seiner Pläne hemmt, gerichtet sind. Man greift zur suggestiven Psychotherapie, im Prozess derer dem Stotternden Gedanken über vollständige Genesung sowie über Möglichkeiten, in jeder Situation flüssig zu sprechen, suggeriert werden.

Die *kollektive Psychotherapie* zählt zu den wichtigsten psychotherapeutischen Methoden in Russland, wobei über das Kollektiv versucht wird, auf jeden Einzelnen Einfluss zu nehmen. Der Einzelne soll dabei lernen, seine Rolle im Kollektiv zu finden und bereit sein, seine Interessen den Interessen der Gemeinschaft anzupassen. Diese Maßnahme soll für Stotternde eine Hilfestellung sein, sich im Alltag zu adaptieren.

Auch andere Autoren greifen in ihren wissenschaftlichen Abhandlungen den Aspekt der sogenannten „Erziehung der Persönlichkeit des Stotternden" explizit auf. So versucht z.B. L.M. Krapivina (Moskauer Pädagogische Universität) in der Defektologie 1999, einheitliche Forderungen zur Organisation der Erziehung von stotternden Kindern in häuslichen Bedingungen aufzustellen.

Neu und wesentlich an ihrer Herangehensweise ist, dass die Eltern explizit zur Mitarbeit bewegt werden sollen. Laut Krapivina sei es außerordentlich wichtig, dass die Eltern begreifen, dass sie im korrektiven Prozess keine passiven Zuschauer bleiben dürfen, sondern aktiv mitwirken müssen, um positive Ergebnisse zu erzielen. Die Notwendigkeit einer Zusammenarbeit müsse den Eltern transparent gemacht werden. Trotz dieser fortschrittlichen Einsicht in die Notwendigkeit einer Zusammenarbeit mit den Eltern bleibt die Methodik von Krapivina immer noch dieselbe.

Der Vorbereitungsprozess zur korrektiven Arbeit beginnt wie vorhin mit der Phase der Einschränkung der Rede. In dieser Phase wird nicht nur die Rede des stotternden Kindes, sondern auch die Rede, die an ihn gewandt wird, eingeschränkt. Dies müsse aber so geschickt gemacht werden, dass sich das Kind nicht isoliert fühle.

Die Rede, die in dieser Phase an das Kind gerichtet wird, müsse deutlich artikuliert werden, fließend und ein wenig verlangsamt sein. Da allgemein bekannt sei, welchen korrektiven Einfluss Musik auf den Gemütszustand habe, sei es während dieser sprachlosen Spiele empfehlenswert, das Kind ruhige und angenehme Musik im Hintergrund hören zu lassen. Weil bei einem stotternden Vorschulkind das Sprechen natürlich nicht ganz ausgeschlossen werden könne, empfiehlt Krapivina den Eltern, gemeinsam mit dem Kind bekannte schöne Kinderlieder mit leichten Texten zu singen. Die Eltern können auch ihre Sprache melodischer gestalten und das Kind auffordern, dies in Form eines Spiels nachzumachen.

Bei der Organisation der sprachlichen Unterhaltung mit den stotternden Kindern werden die Eltern dazu angehalten, sich an das vom Logopäden vorgeschlagene System zu halten, d.h. die Rede so zu gestalten, dass das Kind mit einfachen Sätzen auskommen kann. Der Logopäde verdeutlicht den Eltern, dass sie auch zukünftig „den Sprechfluss ihres Kindes immer unter Kontrolle halten" (ebd., 83) müssen.

Krapivina fasst ihre Überlegungen wie folgt zusammen:

Die Erziehung eines stotternden Vorschulkindes erfordert von den Eltern im Laufe der gesamten korrektiven Arbeit und bis zur *Behebung der Sprechauffälligkeit*, die gesamten Interessen der Familie der korrektiven Arbeit unterzuordnen.

All die Methoden, die in der russischen Logopädie bei stotternden Personen angewandt werden, wie etwa die oben beschriebene suggestive Psychotherapie, verdeutlichen die defizitorientierte Haltung in Bezug auf die Persönlichkeit des Stotternden, der nicht als Individuum mit seiner ganz individuellen Sprechproblematik akzeptiert und angenommen wird. Vor allem sein „Sprechdefekt" steht im Mittelpunkt und soll im Sinne des Erreichens einer konstant fließenden Rede „behoben" werden. Der Anspruch an die Eltern von stotternden Kindern, „den Sprechfluss ihres Kindes immer unter Kontrolle zu halten" verfolgt die gleiche Zielsetzung - die Sprechauffälligkeit des Kindes zu „beheben" - und spiegelt in gleicher Weise die defizitorientierte Haltung wider.

Neben den Ursachen- und Methodenforschungen im Bereich Stottern war die Elternarbeit in der russischen Logopädie als letzter, aber nicht weniger wichtiger Aspekt im Rahmen der Literaturrecherchen interessant.

5.2.1.3   Elternarbeit in der russischen Fachliteratur

Bis weit in die 90er Jahre war die Elternarbeit in Russland dadurch gekennzeichnet, dass die Eltern konkrete Aufgaben vom Logopäden mit nach Hause bekamen, die sie dann mit ihren Kindern einübten. Ein bis zwei Mal im Monat gab es neues Übungsmaterial. Systematisch besuchten die Eltern die kollektiven korrektiven Übungsstunden des Logopäden. Unter „gemeinsamer Kontrolle" (vgl. Defektologie 1984) sollte es dann bei guter Zusammenarbeit gelingen, die Sprachauffälligkeit des Kindes noch vor Schulbeginn „aufzuheben".

In der Defektologie 1996 stellte I.I. Samanskaja aus Tscheljabinsk erstmals die Notwendigkeit einer psychotherapeutischen Unterstützung der gesamten Familie eines sprachbehinderten Kindes bzw. die Notwendigkeit einer sogenannten „Elternschule" heraus. Zu diesem Zweck wurden im Rahmen eines Projektes von Spezialisten Konsultationstage für Eltern von Kindern mit einer Sprachbehinderung eingeführt. In der Defektologie 1996 gab Samanskaja ihrer Enttäuschung Ausdruck, wie wenig Eltern diese Hilfe in Anspruch nahmen und Zeit fanden, sich mit dem Problem ernsthaft mit Unterstützung der Spezialisten zu beschäftigen. Diejenigen Eltern, die kamen, taten es nur aus dem einzigen Grund, dass sie von Ärzten oder Lehrern ausdrücklich dazu aufgefordert worden waren. Sie selbst hatten kein ernsthaftes Interesse, über verschiedene Hintergründe der Sprach- oder Sprechproblematik ihres Kindes aufgeklärt zu werden. Selten kamen zur Beratung Eltern, die ihr Kind und seine Probleme ernst nahmen und es mit aller Kraft unterstützen wollten.

Die Ergebnisse einer Umfrage im Rahmen dieses Projektes brachten so manche Spezialisten zum Staunen:

Die meisten Eltern sind sich ihrer Verpflichtungen gegenüber ihren Kindern in Bezug auf die Entwicklung und die Bildung überhaupt nicht bewusst und meinen, dass dies die Aufgabe von Kindergarten und Schule sei. 96 Prozent von ihnen haben keine Bücher über die Entwicklung von Kindern gelesen. Kein Elternteil konnte mit den Begriffen wie „Entwicklungs-" oder „Sprachentwicklungsverzögerung" etwas anfangen.

In der Defektologie 1997 wurde zum ersten Mal zur Defizitorientierung in der Fachsprache Stellung genommen. Kosina rief in diesem Zusammenhang dazu auf, in Elterngesprächen Begriffe wie „Defekt" oder „Störung" gezielt zu vermeiden sowie den Schwerpunkt auf die positiven Momente des Kindes zu setzen. Der therapeutischen Beziehung und Atmosphäre wurde nun eine deutlich größere Bedeutung als früher beigemessen. Auch Volkovskaja betonte 1999 die Notwendigkeit einer Zusammenarbeit mit den Eltern von sprachbehinderten Kindern und stellte einige Prinzipien der Organisation dieser Arbeit heraus.

Insgesamt scheint in der russischen Logopädie in den letzten Jahren zumindest begrifflich eine Umorientierung vom Denken in Defizitkategorien hin zu einer Ressourcenaktivierung stattzufinden. Jedoch wird dieses Prinzip nicht konsequent durchgehalten. Trotz der 1997 an der defizitorientierten Fachsprache geübten Kritik sind in der Defektologie 1998 wie 2000 weiterhin Begriffe wie „Defekt", „Anomalie" oder „korrektive Pädagogik" zu finden. Der Name der Fachzeitschrift „Defektologie" (vgl. im deutschsprachigen Raum „ Die Sprachheilpädagogik") spricht für sich.

In wissenschaftlichen Abhandlungen werden zwar die Notwendigkeit und Möglichkeiten einer besseren Zusammenarbeit mit Eltern von sprachbehinderten Kindern zunehmend thematisiert sowie erste Konzepte entworfen. Dennoch muss davon ausgegangen werden, dass die Umsetzung dieser theoretischen Überlegungen in die Praxis noch lange nicht stattgefunden hat, was bedeutet, dass den meisten auch in der Zukunft noch zu betreuenden russlanddeutschen Eltern von sprachbehinderten Kindern eine kooperative Zusammenarbeit auf partnerschaftlicher Ebene noch nicht bekannt sein wird.

5.2.1.4 **Zusammenfassende Überlegungen und praktische Konsequenzen für den Umgang mit russlanddeutschen Familien**

Durch das Studium der russischen Fachliteratur konnten einige in der Praxis aufgetretene Probleme beleuchtet werden. Die einheitliche und zunächst befremdend wirkende Überzeugung von *allen* Familien, die wegen des Stotterns des Kindes das Forschungsinstitut für Sprachtherapie und Rehabilitation aufsuchten, eine Schreckenssituation habe bei ihrem Kind zum Stottern geführt, repräsentierte, wie die Literaturrecherchen zeigen, schlicht und ergreifend den gegenwärtigen Forschungsstand im russischsprachigen Raum.

Noch 1998 wurde das sogenannte „neurotische Stottern" auf die psychogene Entstehung im Sinne einer psychisch akuten oder chronischen Traumatisierung zurückgeführt. Die zweite klinische Form des Stotterns, das „neuroseähnliche Stottern", brachte man mit einer schweren Toxikose in der Schwangerschaft bzw. einer Asphyxie während der Geburt in Zusammenhang. Erst 2000 wurde von Nabieva ausdrücklich betont, dass eine Schreckenssituation allein kein Stottern hervorrufen kann, sondern dass es dazu weiterer Faktoren bedarf.

Zwei neue Risikogruppen für das Auftreten von Stottern wurden herausgestellt. Zur ersten Risikogruppe gehörten gesunde Kinder, die längere Zeit Umgang mit stotternden Personen hatten. Die zweite Risikogruppe bildeten Kinder, die eine Asphyxie hatten bzw. einer organischen Verletzung oder einer schweren Krankheit ausgesetzt waren und Antibiotika nehmen mussten. Ersichtlich ist, dass in der russischen Forschung nach wie vor nach linearen Kausalzuschreibungen gesucht wird, was bedeutet, dass die russische Logopädie von einer idiographischen und multikausalen Sichtweise von Stottern noch außerordentlich weit entfernt ist.

Besonders wichtig für die Praxis ist die Erkenntnis, dass es in der russischen Logopädie keine differenzialdiagnostische Abgrenzung von Sprechunflüssigkeit und Stottern gibt. Sprechunflüssigkeiten sind an sich pathologisch und müssen im Sinne einer „konstant fließenden Rede" behoben werden. Diese idealistische und globale Zielsetzung, eine „konstant fließende Rede" zu erreichen, spiegelte sich auch im methodischen Vorgehen wider, wobei ein stotterndes Kind lieber schweigen, als stotternd sprechen soll.

So ist die erste Etappe der „korrektiven Pädagogik" bei stotternden Kindern die Phase des Schweigens. Über Frage-Antwort-Sätze in Dialogform, die für die zweite Phase kennzeichnend sind, kommt es in Phasen drei und vier allmählich zur Bildung von erweiterten Sätzen. Dies ist eine eindeutig defizitorientierte Vorgehensweise, bei der lediglich der spontanen Sprechfreude des Kindes entgegen gewirkt wird. Eine zusätzliche Problematik liegt vor, wenn diese Methodik bei Kindern mit altersgerechten Sprechunflüssigkeiten angewandt wird, weil dadurch beim Kind ein Störungsbewusstsein entstehen kann, was sich negativ auf den weiteren Verlauf von zunächst altersgerechten Unflüssigkeiten auswirken kann.

Die defizitorientierte Haltung findet sich auch im therapeutischen Umgang mit stotternden Jugendlichen und Erwachsenen wieder. In den meisten Fällen wird suggestive Psychotherapie eingeleitet, wobei dem Stotternden die Gedanken über vollständige Genesung suggeriert werden. Weit verbreitet ist die kollektive Psychotherapie, die wiederum das gesellschafts-politische System in Russland widerspiegelt, in dem der Einzelne lernen soll, sich dem Kollektiv unterzuordnen. Viele Autoren heben in ihren wissenschaftlichen Abhandlungen den Aspekt der sogenannten „Erziehung der Persönlichkeit des Stotternden" hervor. Einige versuchen sogar, einheitliche Forderungen zur Organisation der Erziehung von stotternden Kindern aufzustellen.

In Bezug auf die Methodik bei stotternden Personen ist zusammenfassend festzuhalten, dass nicht das Individuum als solches mit seiner ganz spezifischen Sprechproblematik, sondern lediglich sein „Sprechdefekt" im Mittelpunkt steht und im Sinne des Erreichen einer konstant fließenden Rede „behoben" werden soll. Bei stotternden Kindern werden ihre Eltern dazu aufgefordert, „den Sprechfluss ihres Kindes stets unter Kontrolle zu halten". Auffällig ist, dass am Symptom bzw. Syndrom direkt nicht gearbeitet wird. Über Umwege wie Einschränkung der Rede, Kontrolle und Erziehung wird versucht, auf das Stottern lediglich indirekt einzuwirken.

Die Elternarbeit in der russischen Logopädie beschränkte sich bis Mitte der 90er Jahre auf die Erteilung von konkreten Übungsanweisungen vom Logopäden als Fachperson an die Eltern von sprachbehinderten Kindern. Das durchgehend defizitorientierte Denken und Vorgehen in der russischen Logopädie schlug sich auch in der Fachsprache nieder. Erst 1996 wurde in der Fachliteratur die Notwendigkeit einer psychotherapeutischen Unterstützung der gesamten Familie eines sprachbehinderten Kindes explizit betont. Der therapeutischen Beziehung wird nun eine wesentlich größere Bedeutung als früher beigemessen.

1997 übte Kosina an der defizitorientierten Fachsprache Kritik und rief dazu auf, in Elterngesprächen Begriffe wie „Defekt", „Störung" oder „Anomalie" zu vermeiden. Seit Ende der 90er Jahre ist somit ein Prozess der kognitiven Umorientierung hin zum ganzheitlichen Verständnis festzustellen. Dennoch muss davon ausgegangen werden, dass die Umsetzung dieser theoretischen Überlegungen in die Praxis der russischen Logopädie zum jetzigen Zeitpunkt noch mehr Anspruch als Wirklichkeit darstellt.

Was bedeuten nun all diese Erkenntnisse für den praktischen Umgang mit russlanddeutschen Familien?

Die umfassenden Literaturrecherchen zeigten einheitlich den Bedarf an Aufklärung auf Seiten des Klientels, vor allem in Bezug auf die Ursachenforschung sowie die im deutschsprachigen Raum angewandte Methodik beim kindlichen Stottern. Da die Verfasserin die in Russland üblichen Methoden weder persönlich noch aus therapeutischem Selbstverständnis heraus vertreten konnte, musste das an westlichen Richtlinien orientierte therapeutische Vorgehen im Rahmen des Forschungsinstituts den russlanddeutschen Familien transparent gemacht werden. Daraus leitete sich der nächste Problemlösungsschritt ab – die Entwicklung von Informationsmaterial in russischer Sprache (vgl. Kap. 5.2.2.).

5.2.2 Ausarbeitung von praktischen Hilfsmitteln für Sprachbehindertenpädagog(inn)en

5.2.2.1 Erstellung eines Infoblattes über den formalen Ablauf der Sprachtherapie in deutscher und russischer Sprache

Um dem bei der Zusammenarbeit mit russlanddeutschen Familien aufgetretenen Problem der Unpünktlichkeit (vgl. Kap. 5.2., Problemfeld 3) bereits im Vorfeld vorbeugen zu können, wurde im Rahmen des Forschungsprojektes ein Infoblatt über die Einhaltung von Terminen und die Verhaltensweise im Falle eines Terminausfalls erstellt, der bereits vor Beginn einer sprachtherapeutischen Intervention mit den Eltern diskutiert und als Gedächtnisstütze nach Hause mitgegeben wurde (s. Anhang, 293-294). Damit konnten zunächst die formalen Rahmenbedingungen geschaffen werden, die eine regelmäßig stattfindende und kooperative sprachtherapeutische Zusammenarbeit ermöglichten.

5.2.2.2 Übersetzung von drei Informationsbroschüren über das Phänomen Stottern in die russische Sprache

Die umfassenden Literaturrecherchen im russischsprachigen Raum zeigten einheitlich den Bedarf an Aufklärung auf Seiten des Klientenkreises zwecks Transparenz des an westlichen Richtlinien orientierten sprachbehindertenpädagogischen Vorgehens. Zu diesem Zweck wurde von der Verfasserin Kontakt zu der Bundesvereinigung Stotterer-Selbsthilfe e.V. aufgenommen. Drei Informationsbroschüren der Bundesvereinigung Stotterer-Selbsthilfe e.V. über die Ätiologie des Stotterns, die Behandlungsmethoden sowie Präventionsmaßnamen im deutschsprachigen Raum wurden nach Absprache mit der Bundesvereinigung Stotterer-Selbsthilfe e.V. von der Verfasserin ins Russische übersetzt (s. Anhang, 295-300).

Auf Grund des großen Aufklärungsbedarfes wurden und werden weiterhin die ins Russische übersetzten Broschüren „Stottern – was kann ich tun?", Stottern im Vorschulalter – Früherkennung, Prävention, Hilfen" und „Wie begegne ich einem stotternden Menschen?" im Rahmen einer sprachbehindertenpädagogischen Intervention als erste Informationsquelle den russlanddeutschen Eltern mitgegeben.

Auf dem 27. Bundestreffen der Deutschen aus Russland am 02.06.2001 in Stuttgart wurden die übersetzten Informationsbroschüren von der Verfasserin an die zahlreichen interessierten russlanddeutschen Familien verteilt, die dort aus ganz Deutschland zusammengekommen waren, um an Informationsveranstaltungen und Diskussionsrunden unter dem Motto „Chancengleichheit durch Integration" Teil zu nehmen. Die ins Russische übersetzten Informationsbroschüren können ab sofort von Sprachbehindertenpädagog(inn)en, Lehrer(inne)n und Betroffenen bei der Bundesvereinigung Stotterer-Selbsthilfe e.V. angefordert werden.

5.2.2.3 Übersetzung eines Elternratgebers für Eltern stotternder Kinder

Für russlanddeutsche Eltern, die tiefergreifende Informationen über die Sprechstörung ihres Kindes suchen, sowie für engagierte Sprachbehindertenpädagog(inn)en und Lehrer(innen) wurde von der Verfasserin der 1996 von der Bundesvereinigung Stotterer-Selbsthilfe e.V. herausgegebene Elternratgeber für türkische Eltern stotternder Kinder ins Russische übersetzt (die deutsch-russische Fassung des Elternratgebers ist dem Anhang, 301-316, zu entnehmen). Die deutsch-russische Konzeption des Elternratgebers (der deutsche Text entstammt: Baumgartner, S./Krifka, M.A.: „Wenn Ihr kind stottert. Ein Elternratgeber". Köln [141]1994) wird laut Angaben der Bundesvereinigung Stotterer-Selbsthilfe e.V. im Laufe des Jahres 2002 herausgegeben und kann ab dann von interessierten Eltern, Sprachbehindertenpägog(inn)en und Lehrer(innen) bei der Bundesvereinigung Stotterer-Selbsthilfe e.V. angefordert werden.

Die Verfasserin hofft, durch deutsch-russisches Informationsmaterial einen Teil zur Aufklärungsarbeit der Russlanddeutschen über das facettenreiche Phänomen Stottern beizutragen, um eine gesunde Basis für eine zufriedenstellende sprachbehindertenpädagogische Intervention zu schaffen.

6 Voraussetzungen für eine sprachtherapeutische Intervention mit russlanddeutschen Kindern

6.1 Zur Frage der Indikation: Schwierigkeiten einer differenzialdiagnostischen Abgrenzung

Bei zweisprachigen Kindern, die in sprachtherapeutischen Praxen zwecks sprachtherapeutischer Intervention vorgestellt werden, rückt die Notwendigkeit einer differenzialdiagnostischen Abgrenzung zwischen erwerbsbedingten Sprachschwierigkeiten und Devianzen, die auf eine pathologische Sprachentwicklung bzw. Sprachbehinderung hinweisen, in den Vordergrund. So formuliert Ihssen (1980, 42) die diagnostische Fragestellung wie folgt:

„Ist der abweichende Sprachgebrauch im Deutschen allein auf die bilinguale Situation des Kindes oder auf allgemeine oder spezifische Entwicklungsstörungen zurückzuführen?"

Für die Identifizierung der Ausländerkinder mit echter sprachlicher Defizienz sei ein Systemvergleich von Erst- und Zweitsprache sowie eine Diagnose des Entwicklungsstandes in beiden Sprachen erforderlich. Sofern der Diagnostiker keine Kenntnisse der Erstsprache des Kindes habe, müsse dafür eine entsprechend kompetente Fachkraft hinzugezogen werden. Ähnlich fordert Zellerhoff neben der Berücksichtigung der primären Lernvoraussetzungen der Kinder und der motivationalen und sozioökonomischen Erwerbsbedingungen, dass die Diagnose möglichst in der Muttersprache des Kindes gestellt wird, zumindest aber der Diagnostiker mit den Besonderheiten der Sprache und der Kultur des Kindes vertraut ist. Unter Einbeziehung der Kenntnisse der Muttersprache sei auch zu prüfen, „ob sich die sprachlichen Auffälligkeiten an den sprachstrukturellen Abweichungen erklären lassen oder ob zusätzliche Hinweise auf eine umfassende Sprachstörung zeigen" (Zellerhoff 1989, 181).

Als Ausgangsbasis für eine angemessene Diagnose wird von allen Autoren übereinstimmend die Zweisprachigkeit der Klientel in den Vordergrund gestellt. Vom Diagnostiker fordert dies die Berücksichtigung beider Sprachen des Kindes sowie fundierte Kenntnisse über dessen soziokulturelle Herkunft und derzeitige zweisprachige und bikulturelle Lebenssituation. Voraussetzung dafür ist der Einsatz eines zweisprachigen Diagnostikers aus dem Sprachraum des Kindes, möglichst von gleicher regionaler und ethnischer Herkunft mit Kenntnissen des Dialekts, Soziolekts und der Lebenssituation des Kindes und seiner primären Bezugsgruppe.

Da solche bilingualen und bikulturellen Fachkräfte nicht für alle Einwanderer zur Verfügung stehen und bislang Verfahren fehlen, die eine simultane Diagnose von Erst- und Zweitspracherwerb ermöglichen, verweisen viele Autoren (vgl. Ihssen 1980; Heidtmann 1981; Fried 1986; Zellerhoff 1989 u.a.) auf den Einsatz von sprachkontrastiven Analysen. Weil im Rahmen der Sprachbehindertenpädagogik diese Lösungsvorschläge bisher kaum Konkretisierung fanden, soll der kontrastive Sprachvergleich Russisch-Deutsch in der vorliegenden Arbeit explizit aufgegriffen werden. Die sich dadurch für die sprachbehindertenpädagogische Differenzialdiagnostik eröffnenden Perspektiven werden anschließend diskutiert.

Zunächst werden die phonologischen Systeme des Russischen und Deutschen sowie die Eigenheiten der Artikulationsweise der beiden Sprachen konfrontierend dargestellt. Danach werden beide Sprachen einem strukturellen Vergleich auf der morphologisch-syntaktischen Ebene unterzogen. Durch den kontrastiven Sprachvergleich soll die Zielsetzung verfolgt werden, mögliche Abgrenzungskriterien für die Differenzialdiagnostik zwischen erwerbsbedingten Sprachschwierigkeiten im Rahmen eines Zweitspracherwerbs und einer pathologischen Sprachentwicklung bzw. Sprachbehinderung zu ermitteln. Dabei sollen nur die russische Literatursprache und die deutsche Hochsprache der Gegenwart untersucht und beschrieben werden, da es im Russischen und Deutschen eine Reihe von Dialekten gibt, deren phonologische Systeme z.B. erhebliche Unterschiede[3] aufweisen.

---

[3] So sind etwa die Merkmale lenis/fortis für die deutsche Hochsprache relevant, fehlen aber bei einigen Konsonanten in Dialekten.

6.2 Kontrastiver Sprachvergleich Russisch–Deutsch auf der phonetisch–phonologischen Ebene

Die russische und die deutsche Sprache gehören beide der indoeuropäischen Sprachenfamilie an, wobei Russisch zur slawischen und Deutsch zur germanischen Sprachen-Gruppe zählt. Die Zugehörigkeit der beiden Sprachen zu einer indoeuropäischen Sprachenfamilie ist auf einige lexikalische Übereinstimmungen im Verlauf der geschichtlichen Entwicklung jeder Sprache zurückzuführen. Der Wortschatz der russischen Sprache weist eine große Zahl von Entlehnungen auf, die phonetisch an die russische Sprache angeglichen wurden, was schon der russische Dichter A.S. Puschkin in seinem Werk „Evgenij Onegin" mit großer Ironie bestätigte:

Но панталоны, фрак, жилет,
Всех этих слов на русском нет.
(А.С. Пушкин: «Евгений Онегин», глава 1)

Die russische Sprache ist heute die Verkehrsprache von etwa 130 Mio. Großrussen sowie die Zweitsprache von allen Bewohnern der ehemaligen UdSSR, darunter auch den Russlanddeutschen. In der russischen Literatur galt bis zu den Reformen von Peter dem Großen das Kirchenslawische als Sprachform. Daneben gab es die Sprache der Verwaltung und der Volksdichtung. Im achtzehnten Jahrhundert entwickelte sich zunächst eine funktionstüchtige, ästhetisch ansprechende Verssprache (M.W. Lomonosow). Die Reform der Prosasprache (N.M. Karamsin) erfolgte um 1800. Mit A.S. Puschkin begann die Epoche der modernen russischen Sprache.

Die russische Sprache wird in kyrillischer Schrift (Kyrilliza – nach dem Slawenapostel Kyrillos benannt) geschrieben. Dies ist eine Schrift, die von den Griechen übernommen und dem Lautsystem des Altbulgarischen angepasst wurde. Unter Peter dem Großen wurde die Kyrilliza grafisch vereinfacht und der Antiqua angenähert (Asbuka). 1917 in Russland nochmals vereinfacht wird sie als russische Schrift heute auch für viele nicht slawische Sprachen der ehemaligen UdSSR verwendet.

6.2.1 Das russische Alphabet (Tab. 3)

Kyrillische Zeichen groß klein		Russ. Benennung der Buchstaben	Im Deutschen Umschrift	Aussprache
А	а	а	a	[a] unter Betonung,
				[ʌ], [ə] - unbetont
Б	б	бе(бэ)	b	[b] oder [p] – im Auslaut
В	в	ве(вэ)	w/v	[w] oder [f] – im Auslaut
Г	г	ге(гэ)	g	[g] oder [k] – im Auslaut
Д	д	де(дэ)	d	[d] oder [t] – im Auslaut
Е	е	е	e	[je] unter Betonung,
				[ı] - unbetont
Ё	ё[4]	ё	jo/e	[jo]
Ж	ж	же	zh, sh, g/ž	[ʒ] - [etage], [ʃ] – im Auslaut
З	з	зе(зэ)	s/z	[z] oder [s] – im Auslaut
И	и	и	i	[i] unter Betonung, [ı] unbetont
Й	й	и краткое	j	[ĭ]
К	к	ка	k	[k]
Л	л	эл	l	[l]
М	м	эм	m	[m]
Н	н	эн	n	[n]
О	о	о	o	[o] unter Betonung,
				[ʌ], [ə] - unbetont
П	п	пе(пэ)	p	[p]
Р	р	эр	r	[r]
С	с	эс	s, ss, ß/s	[s]
Т	т	те(тэ)	t	[t]
У	у	у	u	[u]
Ф	ф	эф	f	[f]
Х	х	ха	ch	[x], [ç]
Ц	ц	це	z/c	[ts]
Ч	ч	че	tsch/č	[tʃ′]
Ш	ш	ша	sch/š	[ʃ]
Щ	щ	ща	schtsch/šč	[ʃtʃ][5], heute eher [ʃ′:]
Ъ	ъ	твёрдый знак	["] oder [-][6]	
Ы	ы	ы (еры)	y/ɨ	[y] unter Betonung,
				[ɨ] - unbetont
Ь	ь	мягкий знак	[′][7]	
Э	э	э (оборотное)	e/é	[ɛ]/[ɛ]
Ю	ю	ю	ju	[ju]
Я	я	я	ja	[ja]

---

[4] Die beiden Pünktchen auf ё sind fakultativ, werden in der Handschrift aber häufig gesetzt.

[5] Die Aussprache [ʃtʃ] ist veraltet, heute wird überwiegend ein langes palatales [ʃ′:] gesprochen.

[6] hartes Zeichen, auch Trennzeichen genannt, bezeichnet die harte bzw. nicht-palatale Aussprache eines Konsonanten: объявить -[ob"javit′] oder [ob-javit′]

[7] weiches Zeichen, bezeichnet die weiche bzw. palatale Aussprache eines Konsonanten, z.B. дать - [dat′]

Das russische Alphabet besteht aus 33 Buchstaben bzw. Graphemen, wobei im Russischen wie in vielen anderen Sprachen auch keine 1:1-Entsprechung zwischen Phonem und Graphem vorliegt. In manchen Fällen wird ein Phonem in der Schrift mit zwei Graphemen wiedergegeben: z.B. besteht das Wort «соль» aus 4 Graphemen, aber nur 3 Phonemen: [s], [o], [l']. Umgekehrt verfügt z.B. das Wort „язык" über 4 Grapheme, denen 5 Phoneme entsprechen: [j], [a], [z], [i], [k].

Ähnlich wie im Deutschen kommt es auch im Russischen bei den stimmhaften Geräuschkonsonanten im Wortauslaut vor einer Sprechpause, d.h. im „absoluten Auslaut", zum Stimmtonverlust (оглушение конечных звонких). Die stimmhaften Geräuschkonsonanten verwandeln sich in ihre stimmlosen Entsprechungen, z.B.: глаз – [głas] statt [głaz]. Dabei kann es zur Entstehung homophoner, d.h. gleichlautender, jedoch in der Bedeutung verschiedener Wörter kommen.

Z.B.: серб, серп - [s´erp]; луг, лук - [łuk].

Die Nichtübereinstimmung zwischen Phonem- und Graphemsystem macht es notwendig, dass zum Zweck der phonologischen Beschreibung besondere Buchstaben verwendet werden, die als graphische Zeichen für Phoneme dienen. Eine Umschrift einer Wortform, Phonemfolge oder eines Phonems mit Buchstaben, die Lauttypen als Varianten von Phonemen kennzeichnen, wird als phonetische Transkription bezeichnet (s. Tab. 3, Umschrift im Deutschen, Spalte links bzw. vor dem Schrägstrich). Die Umschrift nach Schrägstrich (s. Tab. 3, Umschrift im Deutschen) zeigt die Bibliotheks- oder wissenschaftliche Transkription bzw. Transliteration, die durch einen starren Schlüssel festgelegter kyrillisch-lateinischer Buchstabengleichungen (Transliterationszeichen) gekennzeichnet wird. Im Rahmen der vorliegenden Arbeit wird vorzugsweise die phonetische Transkription Anwendung finden.

Von 33 Graphemen im Russischen sind :

- **5** Vokale mit jeweils 2 Graphemen (jotiert - nicht-jotiert): а-я, о-ё, у-ю, э-е, ы-и
- **21** Konsonanten: б, в, г, д, ж, з, й, к, л, м, н, п, р, с, т, ф, х, ц, ч, ш, щ
- **2** Sonderbuchstaben ъ, ь, die keine direkten Lautäquivalente haben. ь zeigt die Weichheit bzw. Palatalität und ъ die Härte bzw. Nicht-Palatalität des vorhergehenden Konsonanten an.

6.2.2 Die russische Artikulationsweise

Jede Sprache besitzt ein nur ihr eigenes System von Lauten, die von Menschen, denen sie als Muttersprache dient, im wesentlichen in gleicher Weise artikuliert werden. Die Gesamtheit der Artikulationsgewohnheiten, die in einem System von spezifischen Artikulationsbewegungen und akustischen Hörbildern zum Ausdruck kommt, bezeichnen wir als Artikulationsweise (vgl. Wiede 1984). Die Artikulationsweise steht in enger Wechselbeziehung zum phonologischen System der Sprache, weil bestimmte Artikulationen durch die Funktion der Phoneme in bestimmten Positionen determiniert werden. Die Artikulationsweise wird vom Kind beim Sprechenlernen imitativ durch Übernahme akustischer Hörbilder und Entwicklung notwendiger Artikulationsbewegungen erlernt.

Wenn wir eine Fremdsprache hören, dann lauschen wir als erstes gewöhnlich dem Klang der jeweiligen Sprache nach. Der Tonverlauf von Sätzen oder größeren Redeeinheiten insgesamt, der in verschiedenen Sprachen meistens verschieden ist, ohne immer phonematisch relevant zu sein, verleiht jeder Sprache über die wort- oder satzunterscheidende Funktion hinaus im Bereich der Intonation das ihr eigentümliche Gepräge.

So gibt es Menschen, die eine fremde Sprache vorzüglich in Wort und Schrift beherrschen, die keine Fehler in den verschiedenen Bereichen der Grammatik machen, u.U. einschließlich der Aussprache der Allophone der segmentalen Phoneme, und die doch sofort als „Ausländer" erkannt werden, weil sie die fremde Sprache mit der Intonation ihrer Muttersprache sprechen. Sie merken das nicht mal, weil sie nicht gelernt haben, so etwas zu hören, und können daher auch die andersartigen Tonverläufe nicht reproduzieren. Diese interferierende Erscheinung in Bezug auf die Sprechmelodie ist vermutlich deswegen so schwer überwindbar, weil die Tonverläufe vom seine Muttersprache lernenden Säugling sehr früh, noch vor der richtigen Erlernung der meisten anderen Sprachlaute, erlernt werden und weil sie deswegen dem Menschen fast wie ein Teil seiner selbst erscheinen (vgl. Scholz 1979).

Bei der Wortbildung in der russischen Sprache gibt es keine vorgeschriebene Reihenfolge der Vokale. In jedem Wort ist der Vokalwechsel frei. Dagegen gilt in allen

Türksprachen, der mongolischen Sprache sowie in einigen Sprachen der finnischen Gruppe das Vokalharmonie- bzw. das Synharmonismus-Gesetz. Gemäß diesem Gesetz können in einem Wort nur vordere Vokale - die den russischen [э] und [и] ähnlich sind - oder nur hintere Vokale - die den russischen [a], [o], [y] ähnlich sind - vorkommen.

Jede Sprache hat auch ihren eigenen Rhythmus und ihr eigenes Tempo. Die russische Sprache klingt im Vergleich zur deutschen klangvoller, langsamer, fast jedes Wort „dehnend"- „напаспев":

> А сама-то величава,
>
> Выступает, будто пава;
>
> А как речь то-то говорит
>
> Словно реченька журчит.
>
> (A.S. Puschkin über die russische Sprache,
>
> «Сказка о царе Салтане...»)

Dies hängt unter Anderem damit zusammen, dass die russische Sprache nur den weichen Vokaleinsatz kennt. Für die russische Artikulationsweise sind fließende Übergänge von Laut zu Laut und von Wort zu Wort typisch, die für eine gewisse Gleichmäßigkeit sorgen, bei der die Glieder einer Einheit nicht nur miteinander verbunden sind, sondern ineinander übergehen. Im Russischen ist dafür die Bezeichnung „плавность русской речи" geprägt worden. Für die Aussprache von russischen Vokalen in unbetonten Silben ist eine Vokalreduktion charakteristisch; d.h. Vokale werden nur in den betonten Silben klar ausgesprochen, in allen anderen meist reduziert, „verdumpft". Im Gegensatz dazu klingt die deutsche Rede so, als stünden die einzelnen Wörter, besonders aber jene, die mit einem Vokal beginnen, nebeneinander. Man bezeichnet es im Russischen als „чеканность немецкой речи" (Karpov/Monigetti 1962, 32).

Auch die Betonung spielt für den Klang einer Sprache eine bedeutende Rolle. Die Wörter im Armenischen, Französischen, Türkischen und anderen Sprachen werden immer mit der Betonung auf der letzten Silbe ausgesprochen. Im Polnischen fällt die Betonung z.B. auf die vorletzte Silbe, und im Ungarischen und Tschechischen wird die erste Silbe betont. Im Deutschen wird der Stamm betont, meistens ist dies auch die erste Silbe des Wortes (W'anderung, gl'auben). Die russische Sprache verfügt über eine innerhalb des Paradigmas frei bewegliche Betonung. Der Wortakzent hat eine konstitutive und identifizierende Funktion. Damit hängt eng zusammen, dass eine Anzahl russischer Wortdubletten existiert, die sich allein durch die verschiedene Stellung des Akzents unterscheiden und dadurch verschiedene lexikalische oder grammatikalische Bedeutung verkörpern, z.B.:

мук'а (das Mehl) - м'ука (eine Qual)

вест'и (führen) - в'ести (Nachrichten)

уж'е (schon) - 'уже (schmäler, enger)

белк'и (Eiweißstoff) - б'елки (die Eichhörnchen)

дор'огой (den Weg entlang) - дорог'ой (teuer)

'еду (ich fahre) - ед'у (das Essen (Akk. Sg.))

In solchen Fällen hat der russische Wortakzent distinktive oder phonematische Funktion.

Um die Besonderheiten der russischen Sprache deutlich zu machen, soll im Folgenden der Fokus auf den phonetisch-phonologischen Vergleich der russischen und deutschen Sprachen gerichtet werden. Auf dem Gebiet der Phonetik werden zunächst die artikulatorischen Merkmale der russischen Vokal- und Konsonantphoneme dargestellt. Besonders für Sprachheilpädagog(inn)en, aber auch für andere Fachpersonen, die mit zweisprachigen Kindern (russisch–deutsch) arbeiten, kann eine Klassifizierung der russischen Laute nach artikulatorischen Merkmalen hilfreich sein. Solch eine Klassifizierung der russischen Phoneme wird unten erstellt. Danach soll das russische Phonemsystem mit dem deutschen verglichen werden. Auf diese Weise lässt sich feststellen, inwieweit das Phoneminventar der beiden Sprachen übereinstimmt bzw. voneinander abweicht. Auf dem Gebiet der Phonologie werden bestimmte Kombinationsregeln von Phonemen (s. Palatalisierung, Akkomodation, Reduktion u.ä.) näher erläutert, um die muttersprachlichen Interferenzen zweisprachiger Kinder deutlich zu machen.

154

6.2.3 Klassifizierung der russischen Vokale nach artikulatorischen Merkmalen

Als Vokal wird ein Laut definiert, der ohne Hindernis im Ansatzrohr gebildet wird (vgl. Petursson/Neppert 1991). Weil keine Hindernisbildung vorliegt, findet man auch die Bezeichnung Öffnungslaut. In der russischen Sprache gibt es 5 Vokal-Phoneme[8]: [a], [o], [y], [ы], [э]. Die russischen Vokal-Phoneme werden nach folgenden Kriterien klassifiziert:

a) nach *Lippentätigkeit*:
- неогубленные = ungerundet   [ы], [э], [a]
- огубленные = gerundet   [o], [y]

b) nach *Zungentätigkeit*:

1. horizontale Zungenbewegung: an der Artikulation beteiligter Zungenteil (= Reihe):

- гласные переднего ряда = Vokale der vorderen Reihe: [э]

- гласные среднего ряда = Vokale der mittleren Reihe: [a], [ы]

- гласные заднего ряда = Vokale der hinteren Reihe: [o], [y]

2. vertikale Zungenbewegung: Grad der Zungenhebung, Abstand vom Mundhöhlendach:

- гласные верхнего подъёма (закрытые)=obere Stellung=geschlossen: [ы], [y]

- гласные среднего подъёма (открытые)=mittlere Stellung=halboffen: [э], [o]

- гласные нижнего подъёма (самые открытые)=untere Stellung=offen: [a]

---

[8] In der russischen Fachliteratur geht man von 6 Vokalphonemen aus, wobei и und ы als zwei verschiedene Phoneme klassifiziert werden mit dem Unterschied, dass der Vokal и der vorderen und der Vokal ы der mittleren Reihe zugeordnet werden (s. Wwedjenskaja, L.A. = Введенская, Л.А. 1996).

Schematisch dargestellt ergibt sich folgendes Bild der russischen Vokale (s. Tab. 4):

Tab. 4: Die russischen Vokale

Гласные =	vordere Reihe	mittlere Reihe	hintere Reihe
Russische Vokale	Ungerundet	ungerundet	Gerundet
geschlossen	$(и)^8$	ы	y
halboffen	э		o
offen		a	

Zum Vergleich s.u. das Schema der deutschen Vokale (Abb. 12):

Abb. 12: Die deutschen Vokale (Slembek 1984, 30):

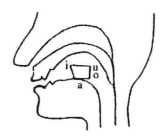

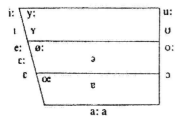

6.2.4 Vergleich der Phonemsysteme der russischen und deutschen Vokale

Die deutschen Vokale werden ähnlich wie die russischen nach den Kriterien 1) Öffnungsgrad, 2) Artikulationsstelle und 3) Rundung klassifiziert. Unter *Öffnungsgrad* versteht man die Entfernung zwischen Zungenrücken und dem nächstliegenden Punkt der Gaumenwölbung. Die *Artikulationsstelle* ist der Punkt auf der Zungenoberfläche, an dem der Öffnungsgrad des Mundkanals am geringsten ist. Mit wenigen Ausnahmen fällt die Artikulationsstelle mit dem höchsten Punkt der Zungenwölbung (oder des Zungenrückens) zusammen. Unter *Rundung* wird das Runden und Vorstülpen der Lippen verstanden, auch Labialisierung genannt.

Horizontal wird die *Artikulationsstelle* eingetragen und vertikal der *Öffnungsgrad*. Für Vokale werden drei Artikulationsstellen angegeben: 1) palatal (vorne) für vordere Vokale, die häufig Vorderzungenvokale genannt werden, 2) zentral für Vokale, die häufig Mittelzungenvokale genannt werden und 3) velar (hinten) für hintere Vokale, die häufig Hinterzungenvokale genannt werden.

Für den Öffnungsgrad werden üblicherweise vier Grade angenommen:

1) *Geschlossen* für Vokale mit hoher Zungenstellung wie [i] und [u]
2) *Halbgeschlossen* für Vokale wie [e] und [o]
3) *Halboffen* für Vokale wie [ɛ] und [ɔ]
4) *Offen* für Vokale mit unterer (tiefer) Zungenstellung wie [a]

Da das deutsche Vokaltrapez mit seinen Koordinaten Artikulationsstelle und Öffnungsgrad zweidimensional ist, wird gewöhnlich die Rundung als dritte Dimension besonders gekennzeichnet.

Sofort auffällig ist, dass der Öffnungsgrad der Vokale im Deutschen durch vier, im Russischen dagegen nur durch drei Grade bestimmt wird, wobei im Russischen der Öffnungsgrad „halboffen" fehlt. So kennt die deutsche Hochsprache zwei e-Phoneme: geschlossenes e mit einer ganzen Reihe von Allophonen zwischen einem i angenäherten Allophon, z.B. in „leben", und einem offeneren, z.B. in „mehr". Aber irgendwo ist die Grenze zum Phonem [ɛ], das uns z.B. in „Bär" begegnet. Das Russische dagegen fasst alle Laute zu einem einzigen Phonem e zusammen, und die offene oder geschlossene Aussprache der Allophone dieses e-Phonems ist einzig und allein von ihrer Position im Lautkontinuum abhängig. Phonetisch gesehen decken sich viele Allophone des einen russischen e-Phonems mit vielen Allophonen der zwei deutschen e-Phoneme, phonologisch gesehen aber fehlt im Russischen die Grenze zwischen der Gruppe von geschlossenen und offenen e-Allophonen.

Der Vergleich der Phonemsysteme der russischen und deutschen Vokale ergibt insgesamt folgende Unterschiede:

6.2.4.1 Unterschiedlicher Einsatz der Sprechorgane bei der Bildung von Vokalen im Deutschen und Russischen

Die Vokale im Deutschen werden stets klar und deutlich ausgesprochen, im Russischen nur unter der Betonung. Die klare und deutliche Aussprache im Deutschen hängt damit zusammen, dass die Sprechorgane bei der Bildung von gespannten Vokalen in ihrer Lage mehr oder weniger konstant für die gesamte Artikulationsdauer verharren. Die Silbenstruktur des Deutschen zeigt einen festen Anschluss des Vokals an den Konsonanten. In der russischen Sprache dagegen ist der Artikulationsverlauf der betonten Vokale uneinheitlich, da bei der Aussprache die Sprechorgane in Abhängigkeit von Palatalität/Nicht-Palatalität der Konsonanten gleiten.

Zum Vergleich nehmen wir das deutsche Wort **rot** – [ro:t] und das russische **рот** (Mund) - [rot]. Im Deutschen haben wir einen konstanten [o:]–Laut, wogegen im Russischen sehr häufig ein Gleiten von u über o zu a hörbar ist - [p^{y}oат] [r^{u}oат]. In seiner Angleitphase beginnt das russische [o] mit einem u-ähnlichen Element, um über ein engeres o zu einem weiten o in seiner Mittelphase überzugehen (Labiovelarisierung).

Das russische [o] steht, von der Quantität abgesehen, dem deutschen weiten [ɔ] in „Rotte" näher als dem engen [o:] in „rot". Im Vergleich zum deutschen [ɔ] hat das russische [o] einen geringfügig höheren Eigenton. Bei seiner Bildung ist die Zunge weiter zurückgezogen, die Zungenspitze entfernt sich von der Rückwand der unteren Frontzähne. Der Zungenrücken liegt aber nicht ganz so tief, wie beim deutschen [ɔ]. Bedeutend größer ist der Abstand zum deutschen engen [o:], dessen Eigenton fast dem des russischen [uː] gleichkommt, weshalb Deutsch lernende Aussiedlerkinder anfangs deutsches [oː] als [uː] wahrnehmen. Das enge [oː] zeigt ähnlich dem [uː] eine starke Vorstülpung und Rundung der Lippen, wobei die Mundöffnung relativ klein bleibt. Das russische [o] hat eine größere Mundöffnung, da die Lippen schwächer gerundet sind als beim deutschen [oː]. Die Zunge liegt beim deutschen [oː] um ein geringeres höher, der Kieferwinkel ist kleiner. Hinzu kommen ferner straffere Muskelspannung und längere Dauer des deutschen [oː].

Die meisten deutschen Vokale werden etwas weiter vorn im Mundraum gebildet, wobei die Zungenspitze an der unteren Zahnreihe liegt (Zungenkontaktstellung), während im Vergleich dazu die Zungenmasse bei der Artikulation der russischen Vokale zurückgezogen erscheint und sich der Punkt der höchsten Zungenerhebung weiter hinten befindet. Die Zungenspitze entfernt sich von den unteren Schneidezähnen.

Eine weitere Eigenheit der deutschen Vokale tritt beim Einsetzen ihrer Artikulation zutage, d.h. bei der Art, wie die Stimmlippen aus der Ruhestellung zur Phonation gebracht werden. Für Vokale, die im Anlaut von Stamm- und Vorsilben stehen, ist der Neueinsatz (fester Einsatz) charakteristisch. Er hängt eng mit der morphologischen Struktur des Wortes zusammen, indem er als Grenzsignal bei Wort- und Morphemverbindungen auftreten kann. In der Betrachtung zur Relevanz des Neueinsatzes stellt Krech, E.M. (1967, 503) fest:

„Der coup de glotte wird im Deutschen als eine Form des Stimmeinsatzes bei Vokalen im Stamm- und Präfixanlaut verwendet. Er findet sich in dieser Position etwa dreimal so häufig wie der weiche Einsatz und ist daher als eine charakteristische Erscheinung der deutschen Hochlautung anzusehen. Außerdem dient der Glottisschlag [˜] als Grenzsignal, da er ausschließlich bei der Randstellung der Vokale vorkommt."

Der Glottisverschlusslaut steht immer nur im Silbenanlaut vor Vokal und zwar nach Konsonant oder nach Vokal der vorhergehenden Silbe; letztere Position nennt man auch „Hiatusstellung". Er wird vorwiegend vor betonten Vokalen eingefügt, im Anlaut unbetonter Silben ist er dagegen seltener (vgl. Ramers 1995).

Da man im Russischen den Neueinsatz nicht kennt, weil im Russischen nur der fließende Übergang von Silbe zu Silbe und das Zusammenziehen von Synsemantika

und Autosemantika zu einer phonetischen Einheit Norm und eine automatische Gewohnheit ist, fällt es den Deutsch Lernenden sehr schwer, solche Wörter und Wortverbindungen auszusprechen:

Der Igel [de:r ˜i:gəl] – der Riegel [de:rri:gəl]
am Ast [am ˜ast] - am Mast [ammast]
miteilen [mit˜aelən] - mitteilen [mittaelən]
nicht euer [niçt ˜oǿər] – nicht teuer [niçttoǿər]

Der Einschub von [˜] vor Vokalen im Silbenanlaut, auch „harter Vokaleinsatz" genannt, ist primär dafür verantwortlich, dass Deutsch Lernende die deutsche Aussprache als abgehackt, nicht flüssig wahrnehmen. Andererseits hat ein Deutscher beim
Erlernen einer Fremdsprache, die nur den weichen Einsatz kennt, oft Schwierigkeiten, den Glottisverschlusslaut zu unterdrücken.

6.2.4.2 Akkomodation der russischen betonten Vokale

Ein charakteristisches Merkmal der russischen Vokale im Vergleich zum Deutschen
besteht darin, dass sie in artikulatorischer und akustischer Hinsicht eine starke Beeinflussung durch die sie umgebenden harten bzw. weichen Konsonanten mit ihren
ausgesprochen tiefen bzw. hohen Eigentönen erfahren. Vor, nach und besonders
zwischen weichen Konsonanten werden die Vokale der hinteren Reihe sowie das [a]
weiter vorn und alle Vokale mit höherer Zungenlage gebildet. Dadurch wird ihr Eigenton erhöht – eine Qualitätsänderung, die mit der Artikulation der Mittelzunge zum Palatum beim Bilden weicher Konsonanten verbunden ist. Andererseits werden nach
und besonders zwischen harten Konsonanten die Vokale der vorderen Reihe weiter
hinten als weite bzw. sehr weite Varianten gesprochen. Diese Eigenheit der Vokalbil-
dung, die zur Senkung des Eigentons führt, steht im Zusammenhang mit der Velarisierung der harten Konsonanten.

Jedes Vokalphonem hat in Abhängigkeit von der konsonantischen Umgebung vier
Varianten. Das Phonem [a] z.B. wird in Abhängigkeit von den angrenzenden Konsonanten bald als [a] (zwischen harten Konsonanten): мат, bald als [·a] (nach weichen
vor harten Konsonanten): помятый, bald als [a·] (nach harten vor weichen Konsonanten): мать und bald als [ä] (zwischen zwei weichen Konsonanten): мять reali-

siert. Dieser Prozess der Beeinflussung der betonten Vokale durch die benachbarten Konsonanten heißt *Akkomodation*. Eine derartige Angleichung der Vokale an die Konsonanten ist im Deutschen nicht vorhanden, weil es im System des deutschen Konsonantismus keine Opposition harter/weicher Konsonantphoneme gibt.

Im Russischen pflegt man beim betonten Vokalismus Vokale in harter und weicher Umgebung zu unterscheiden. Harte Umgebung liegt dann vor, wenn ein Vokal im Wortanlaut vor harten, im Wortinlaut zwischen zwei harten oder im Wortauslaut nach harten Konsonanten steht, wie z. B. in атом, там, гора. Der Vokalbestand in weicher Umgebung gliedert sich in Vokale der ersten und zweiten Palatalitätsstufe. Ein Vokal der ersten Palatalitätsstufe grenzt an *einen* weichen Konsonanten, der davor oder dahinter stehen kann, wie z.B. Аня, помятый, мать. Ein Vokal der zweiten Palatalitätsstufe steht zwischen zwei weichen Konsonanten, wie z.B. in мять. Dem Deutschen sind solche Erscheinungen schon wegen des Fehlens der polaren Gegenüberstellung harter und weicher Konsonanten völlig fremd.

6.2.4.3 Reduktion der russischen unbetonten Vokale

Die Reduktion der unbetonten Vokale ist eine der wesentlichsten Eigenheiten des russischen Vokalismus im Vergleich zum Deutschen. Während die betonten Vokale mit relativ langer Dauer (halblang), relativ kräftigem Exspirationsdruck und verhältnismäßig straffer Muskelspannung artikuliert werden, zeichnen sich die unbetonten Vokale durch bedeutend kürzere Dauer, geringeren Exspirationsdruck und schlaffere Muskelspannung aus. In Abhängigkeit von den unterschiedlichen Quantitäts- und Intensitätsverhältnissen lassen die unbetonten Vokale im Vergleich zu den betonten zwei Reduktionsstufen erkennen. Die starke Vokalreduktion führte dazu, dass sechs unbetonte Vokalvarianten gegenwärtig sind: [ı], [ɨ], [u], [ü], [ʌ], [ə].

Die Reduktion zeigt entsprechend der Minderung der Vokaldauer zunächst eine deutlich quantitative Seite (quantitative Reduktion). Infolge des gleichzeitigen Intensitätsverlustes kommt es bei einem Teil der unbetonten Vokale außerdem zu auffallenden Qualitätsumschlägen gegenüber den entsprechenden betonten, so dass auch eine qualitative Seite sichtbar wird (qualitative Reduktion). Aber nicht bei allen Vokalen ist die quantitative Seite der Reduktion mit der qualitativen verknüpft. So werden die Hochzungenvokale [u], [i] / [ɨ] nur quantitativ reduziert, wobei ihre Qualität (d.h. ihr

Klangcharakter, ihre Färbung) im Wesentlichen unverändert bleibt. Sie unterliegen allein der quantitativen Reduktion in zwei Reduktionsstufen, vgl. руку [r'uku], рука [ruk'a] (I. Reduktionsstufe in unmittelbar vortoniger Silbe), рукава [rukʌv'a] (II. Reduktionsstufe in zweitvortoniger Silbe).

Bei den unbetonten Vokalen [e], [a], [o] kommt es dagegen über die Quantitäts- und Intensitätsminderung hinaus zu qualitativen Veränderungen. In russischen Mundarten sind diese Formen als „Akanje" (von russ.: акать = o wie a aussprechen, z.B.: молоко –[məlʌk'o]) und „Ikanje" (von russ.: икать = e, a wie i aussprechen, z.B.: меня – [m´ın´a], часы [tʃ´ıs'ɨ]) bekannt.

Betrachten wir die Reduktion des Vokals [a] nach harten Konsonanten am Wortbeispiel карандаш [kə-rʌ-nd'aʃ]: Die unmittelbar vortonige Silbe [-rʌ-] wird mit kurzem schlaffem [ʌ] gesprochen (I. Position und Reduktionsstufe), die zweitvortonige [kə-] dagegen mit überkurzem, sehr schlaffem Murmelvokal der mittleren Reihe (II. Position und Reduktionsstufe). Es liegen hier zusätzlich zur quantitativen Komponente der Reduktion spürbare Veränderungen der Artikulationsweise vor, die bei [ʌ] gegenüber [a] in höherer und etwas nach hinten verlagerter Zungenstellung, bei [ə] in der Verlagerung der Zungenmasse zur Mitte des Mundraumes bestehen. Die gleichen Realisierungsvarianten ergeben sich unter den gleichen Bedingungen für das Phonem [o], z.B. in хорошо [xə-rʌ-ʃ'o]: [ʌ] in der I. bzw. unmittelbar vortonigen Position, [ə] in der II. bzw. zweitvortonigen Position.

Auch in den nachtonigen Silben im Auslaut weisen [a] und [o] die II. Reduktionsstufe auf: комнатами [k'omnətəm´i]. Für [a] und [o] im Anlaut der Anfangssilbe gilt die I. Position und Reduktionsstufe ohne Rücksicht auf die Entfernung zur Akzentsilbe: аспирантура [ʌsp´irʌnt'urə], обосновано [ʌbʌsn'ovənə]. Dagegen gilt bei konsonantisch anlautender Anfangssilbe die II. Position und Reduktionsstufe: с авангардом [səvʌng'ardəm].

Der Vokal [e] unterliegt nach weichen Konsonanten, z. B. in перевод [p´ı-r´ı-v'ot] dem gleichen Reduktionsprozess: Die unmittelbar vortonige Silbe [-r´ı-] wird mit einem kurzen schlaffen i-artigen Laut (I. Position und Reduktionsstufe) gesprochen, die zweitvortonige [p´ı-] mit dem überkurzen und sehr schlaffen gleichen Laut (II. Position und Reduktionsstufe). Die zur quantitativen Komponente wiederum hinzugetretene qualitative Veränderung besteht hier gegenüber [e] im deutlich höheren Eigenton, hervorgerufen durch die höhere Lagerung der Zunge bei gleichzeitiger leichter Zurücknahme in Richtung auf die „mittlere Reihe". Die gleichen Realisierungsvarianten gelten nach weichen Konsonanten für die Vokale [a] und [o], z. B. in пятак [p´ıt'ak][9].

Die Länge und vor allem Klangfülle bzw. Klangarmut eines russischen unbetonten Vokales hängt wesentlich von seiner Stellung und Entfernung zur betonten Silbe des Wortes ab. Im Ergebnis der quantitativen Reduktion erfahren die Vokalphoneme [a], [o], [e] in unbetonter Stellung auch eine qualitative Veränderung, die zur Elimination distinktiver Merkmale und damit zur Neutralisierung von Opposition führt, z.B. вол [vol] : вал [val], aber волы [val'y] und валы [val'y].

Für den Vokalismus des Deutschen existiert eine dem Russischen entsprechende Position nicht, weil im Deutschen die Betonung in der Regel auf der ersten Silbe des Wortstammes liegt und unbeweglich ist. Und in Wörtern, in denen [a], [o] in vortoniger Silbe erscheinen, ist diese Position für die Vokalphoneme des Deutschen paradigmatisch stark, z.B. patent [pa'tεnt] : potent [po'tεnt]. Nur die Phoneme [e] und [ε] unterliegen in unbetonter Stellung einer stärkeren quantitativen Reduktion und damit auch einer qualitativen Veränderung, die jedoch nicht zur Neutralisierung von Opposition führt.

6.2.4.4   Kurz-lang-Opposition der Vokale im Deutschen im Gegensatz zum Russischen

Jedem der fünf russischen Vokalphoneme [i], [e], [a], [o], [u] stehen im Deutschen jeweils ein kurzes und ein langes gegenüber, die sich außerdem im Grad der Gespanntheit unterscheiden. Die russischen Vokale der betonten Silbe haben eine mittlere Länge, die angesichts ihres ungespannten, diphthongischen Charakters von Deutschen oft nicht richtig wiedergegeben wird.

Eine Besonderheit des russischen Vokalismus besteht darin, dass im Russischen Länge und Kürze der Vokale für semantische Zwecke nicht eingesetzt werden wie etwa im Deutschen, wo Länge und Kürze der Vokale von großer Bedeutung sind:

---

[9] Näheres zu Reduktionsregeln im Russischen s. Wiede 1984

Z.B. im Deutschen: satt - [zat] und (die) Saat – [zaːt].

Dagegen kann in der russischen Sprache z.B. im Wort мелочь der Vokal kurz [melʌtʃ´] oder lang [meːlʌtʃ´] ausgesprochen werden; die Bedeutung ist dieselbe: ‚kleiner Gegenstand, Bagatelle'.

Einen orthographischen Ausdruck für Langvokale wie im Deutschen (aa, ah, ei etc.) und für Kurzvokale (Konsonantenverdopplung) gibt es im Russischen nicht. Bei Missachtung der Kurz-lang-Opposition im Deutschen auf Grund der Übertragung aus dem Russischen kann es somit auf Grund der dadurch entstandenen Änderung der Semantik leicht zu Missverständnissen kommen (z.b. der Staat bei Aussprache [ʃtat]).

Im Deutschen sind bei Vokalen nicht nur die Merkmale mittelweit/eng (vergleiche bei den russischen Vokalen [o] und [u] – сок [sok] und сук [suk]) relevant. Kürze und Länge der Vokale im Deutschen sind mit den Merkmalen offen/geschlossen gekoppelt.

Vgl. z.B. : Ähre [ɛːrə] : Ehre [eːrə]
Offen [ɔfən] : Ofen [oːfən]
Bett [bɛt]: Beet [beːt]
Hölle [hœlə]: Höhle [høːlə]

6.2.4.5 Bildung der labialen Vokalphoneme Im Deutschen und Russischen

Die charakteristischen Besonderheiten der Artikulationsweise einer Sprache werden erst durch den Vergleich mit den Eigenheiten anderer Sprachen sichtbar. So unterscheidet sich beispielsweise das Deutsche vom Russischen unter anderem durch eine stärkere Aktivität der Lippenartikulation bei der Bildung der Vokale: Diese Erscheinung steht in enger Beziehung zum phonologischen System der Vergleichssprachen: Im Deutschen haben wir bekanntlich acht labiale Vokale [yː], [ʏ], [ǿ], [œ], [uː], [ʊ], [oː], [ɔ], davon bilden vier folgende labiale/illabiale Vokalphoneme eine Korrelationsreihe:

[y:] : [i:] – spülen [ʃpyːlən] : spielen [ʃpiːlən]

[ʏ] : [i] - müssen [mʏsən] : missen [misən]

[ǿ] : [eː] – Öhre [ǿːrə] : Ehre [eːrə]

[œ] : [ɛ] – können [kœnən] : kennen [kɛnən]

Die übrigen labialen Vokalphoneme des Deutschen sind unpaarig:

[uː] – Uhr [uːr]   [oː] - oben [oːbən]

[ʊ] - und [ʊnt]   [ɔ] - oft [ɔft]

Im Russischen gibt es dagegen nur zwei labiale Vokalphoneme: y = [u] und o = [o], d.h. das Russische kennt keine gerundeten Vordervokale wie [yː], [ʏ], [ǿ] und [œ].

Die russischen labialen/illabialen Vokalphoneme bilden folgende Korrelationsreihen:

[u] : [ɨ] – бук [buk] (Buche) : бык [bɨk] (Stier)

[o] :[e] – сёла [sˊola] (Dörfer) : села [sˊela] (hat sich hingesetzt)

Ein Vergleich der Korrelationsreihen im Deutschen und Russischen macht prinzipielle Unterschiede in den Vokalsystemen der Vergleichspaare sichtbar. Vier von den deutschen labialen Vokalen [yː], [ʏ], [ǿ], [œ] sind Vokale der vorderen Reihe. Sie werden durch gleichzeitiges Aufwölben der Vorderzunge zum Präpalatum und Vorstülpen und Runden der Lippen gebildet.

Die labialen Vokalphoneme des Russischen y = [u] und o = [o] gehören zur hinteren Reihe. Bei ihrer Bildung wölbt sich die Hinterzunge mehr oder weniger stark zum Velum. Für das Russische ist daher mit dem Vorstülpen und Runden der Lippen immer das Zurückziehen der Zunge und das Anheben des Postdorsums verbunden. Das Anheben der Vorderzunge bei gleichzeitiger Lippenartikulation bereitet dem Deutsch Lernenden erhebliche Schwierigkeiten. Bei vorgestülpten und gerundeten Lippen gleitet die Zunge automatisch in die u- bzw. o-Stellung, und es entsteht anstelle eines [ǿ] bzw. [œ] eine Lautfolge, die vom [e] über eine Reihe von Zwischenlauten zum [o] führt, und anstelle eines [yː] oder [ʏ] eine Lautfolge von [i] über Zwischenlaute zum [u].

Ein Russisch Sprechender behilft sich oft wie folgt:

ö→ё, z.B. Köln→Кёльн

ü→ю, z.B. München→Мюнхен.

Im Deutschen ist dagegen die gleichzeitige Lippen- und Vorderzungenartikulation bei der Bildung der labialen Vokalphoneme der vorderen Reihe unerlässlich, weil diese sonst nicht von den labialen Vokalphonemen der hinteren Reihe bzw. von den illabialen Vokalphonemen der vorderen Reihe unterschieden werden könnten, zu denen sie in Opposition stehen, z.B.:

Stück [ʃtʏk]: Stuk [ʃtʊk]

stücken [ʃtʏkən] : sticken [ʃtikən]

6.2.4.6 Einige phonetisch-phonologische Besonderheiten des deutschen Vokalismus

- *Die deutschen Umlaute*

Die Umlaute treten als eine Besonderheit der deutschen Vokale auf. Der A - Umlaut (in der Schrift ä oder äh) wird in der Aussprache als langer [ɛ:]-Laut [bɛ:r] oder kurzer [ɛ]-Laut - [mɛnər] ausgesprochen. Im Russischen gibt es ähnliche Laute in Wörtern век, дело. Es gibt auch einen ähnlichen Vokal э. Bei der Aussprache dieses Vokals sind aber die Sprechmuskeln nicht so angespannt wie bei der Aussprache der beiden o.g. deutschen Laute. Das deutsche [ɛ:] wird länger und das deutsche [ɛ] kürzer als das russische э ausgesprochen.

Der U – Umlaut wird als langer [y:]-Laut [y:bən] oder kurzer [ʏ]-Laut - [mʏtər] ausgesprochen. Der O – Umlaut wird als langer [ø:]-Laut [ø:fən] oder kurzer [ø]-Laut [øfnən] ausgesprochen. Die russische Sprache kennt keine entsprechenden Laute.

- *Die deutschen Diphthonge*

Diphthonge können phonetisch als vokalische Laute charakterisiert werden, bei deren Artikulation eine Gleitbewegung der Zunge oder zusätzlich der Lippen von einer Vokalposition in eine andere vollzogen wird (vgl. Ramers 1995). Man spricht von Diphthongen nur dann, wenn beide Bestandteile der gleichen Silbe angehören (s. Abb. 13).

Abb. 13: Die deutschen Diphthonge (Slembek 1984, 31)

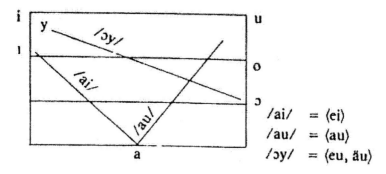

$$/ai/ = \langle ei \rangle$$
$$/au/ = \langle au \rangle$$
$$/ɔy/ = \langle eu, äu \rangle$$

Es gibt zwei Kriterien zur Klassifizierung der Diphthonge. Das eine Kriterium ist artikulatorisch und bezieht sich auf den Öffnungsgrad. Das andere Kriterium ist prosodisch und bezieht sich auf die Stellung des Akzents.

Artikulatorische Klassifizierung

1. Fallende Diphthonge sind solche, deren zweites Element geschlossener als das erste ist: [ai].

2. Steigende Diphthonge sind solche, deren zweites Element offener als das erste ist: [ia].

3. Gleichmäßige Diphthonge. Beide Elemente haben den gleichen Öffnungsgrad: [ui].

Prosodische Klassifizierung

1. Fallende Diphthonge. Das erste Element trägt den Akzent: [ói].
2. Steigende Diphthonge. Das zweite Element trägt den Akzent: [ió].
3. Unbestimmte Diphthonge (auch Schwebelaute genannt). Es lässt sich nicht feststellen, welches Element den Akzent trägt.

Die Haupt-Diphthonge des Deutschen sind [ai], [au] und [ɔy], die auch zueinander in Opposition stehen:

heiß   Haus   Heuß
freien   Frauen   freuen.

Darüber hinaus kommt vereinzelt auch ein Diphthong [ui] vor, z.B. in Pfui oder hui (Interjektionen).

Diphthonge können im Standarddeutschen im Wort- und Silbenauslaut stehen, z.B.: **Heu**, **Bau**, **Pleite**. Sie kommen aber nie vor velarem Nasal [ŋ] vor und stehen nie vor der Affrikata [pf]. Diphthonge können allein Wörter bilden: z.B. Ei.

Die russische Sprache kennt keine Diphthonge. Deshalb dürfen die Deutsch Lernenden bei der Aussprache von Diphthongen diese mit der Aussprache der Verbindungen von russischen Vokalen a, o, e mit dem Konsonanten й (z.B. зайка [zajkə], мойка [mojkə], лейка [lejkə]) nicht verwechseln. Außerdem muss bei den Übungen zur Aussprache von deutschen Diphthongen im Anlaut wie bei der Aussprache von Vokalen unbedingt auf den o.g. Glottisschlag geachtet werden:

z.B. aufmachen [ˀaofmaxən], Eule [ˀɔylə].

6.2.4.7 Einige phonetisch-phonologische Besonderheiten des russischen Vokalismus

- *Fehlen von „Hiatus" in russischen Wortstämmen*

Eine auffallende Besonderheit der Wortbildung in der russischen Sprache ist das Fehlen des Aufeinanderfolgen zweier verschiedenen Silben angehörigen Vokale („Hiatus"- «зияния»), vgl. im Deutschen: Mauer, sauer, Ozean. Die Vokale in der russischen Sprache „ziehen es vor", sich im Stamm, im Prä- oder Suffix sowie in der Endung mit einem Konsonanten oder einer Konsonantengruppe zu verbinden. Aufeinanderfolgen von Vokalen kommt nur in Fällen vor, wenn das Präfix mit einem Vokal endet und der Stamm mit einem Vokal beginnt (переулок, поудобнее) oder in zusammengesetzten Wörtern (кровообращение). Eine Ausnahme bilden: паук, ау, мяукать und Entlehnungen aus anderen Sprachen (z.B. тротуар, силуэт – aus dem Französischen; триумф, реальный – aus dem Lateinischen; шпион – aus dem Deutschen, клоун – aus dem Englischen).

In der Volkssprache wird das untypische schwierige Aufeinanderfolgen von Vokalen umgangen, indem man bei der Aussprache dieser Vokalverbindung einen Konsonant dazwischen spricht: [какаво] statt какао, [радиво] statt радио, [фиялка] (я=j+a) statt фиалка, [окиян] (я=j+a) statt океан.

Das letzte Wort finden wir sogar in der volkstümlichen Poesie in dieser Form, s.u. Puschkin:

«По морю по **окияну**
К славному царю Салтану»
(А. С. Пушкин «Сказка о царе Салтане ... »)

- *Russische Vokale, für deren Wiedergabe zwei Laute benötigt werden*

In der russischen Sprache gibt es Vokale, für deren Wiedergabe zwei Laute benötigt werden. Für die Aussprache der jotierten Vokalbuchstaben **я, ё, ю, е**, wenn sie am Anfang des Wortes, nach Vokalen und nach ъ, ь stehen, werden zwei Laute benötigt:

der Sonant [й] (in der Transkription wie o. g. **[j]**) und entsprechend die Vokallaute [a], [o], [y], [э].

Schrift	Aussprache
яма	[j] [a] [м] [a]
ёлка	[j] [o] [л] [к] [a]
юбка	[j] [y] [б] [к] [a]
еда	[j] [e] [д] [a]

Die Hauptaufgabe der jotierten Vokalgrapheme bei der Stellung nach Konsonanten ist, die Palatalität dieser vorhergehenden Konsonanten anzuzeigen.

- Orthographische Regeln

In der russischen Sprache gibt es für bestimmte Konsonant-Vokal-Verbindungen bestimmte orthographische Regeln. In der Flexion folgen, unabhängig von den Flexionstypen, auf bestimmte Konsonantgrapheme bzw. –buchstaben nur bestimmte Vokalbuchstaben. Im Schema kennzeichnet → die mögliche Folge von Konsonant und Vokal; | - trennt die Vokalbuchstaben von den Konsonanten, auf die sie nicht folgen können.

```
я  |     ц ж ч ш щ г к х  →   а
ю  |     ц ж ч ш щ г к х  →   у
и  ←       ж ч ш щ г к х  |   ы
и  |     ц                →   ы
е  ←     ц ж ч ш щ        |   о
```

Die Vokale е – ё – о wechseln bei Wortveränderung miteinander; «ё» kommt nur in betonter Silbe vor (vgl. ведр'о – вёдра). Bei einem Akzentwechsel wechselt aber oft «ё» mit «е» (кутёж – кутеж'а).

Verbindungen der Konsonanten ц, ж, ш, щ, ч mit ё sind nur außerhalb von Deklinationsendungen möglich, z.B.: жёлтый, чёлн, шёлк, щётка. In den Endungen der Deklination steht nach ц, ж, ч, ш, щ stets **о** (z. B. с мячом, плащом).

6.2.5 Klassifizierung der russischen Konsonanten nach artikulatorischen Merkmalen

Als Konsonant wird ein Laut definiert, der durch ein Hindernis im Ansatzrohr oder in der Glottis gebildet wird (Petursson/Neppert 1991). Die Klassifizierung der russischen Konsonanten ist komplizierter als die der Vokale, denn es muss nicht nur festgestellt werden, welche Artikulationsorgane (Lippen, Zunge usw.) beteiligt sind, sondern auch wie (Art des Hindernisses) der Konsonant–Laut entsteht.

Die Konsonanten werden in Abhängigkeit von der Stimmbeteiligung beim Aussprechen in folgende drei Gruppen aufgeteilt:

- Sonanten bzw. Liquid- und Nasallaute (von lateinischem sonorus – klangvoll – звучный): [j], [р], [р´], [л], [л´], [м] [м´], [н], [н´]
- stimmhafte Konsonanten: [б], [б´], [в], [в´], [г], [г´], [д], [д´], [ж], [ж´:], [з], [з´]
- stimmlose Konsonanten: [к], [к´], [п], [п´], [с], [с´], [т], [т´], [ф], [ф´], [х], [х´], [ц], [ч´], [ш], [ш´:]

Das erste Merkmal der Klassifizierung der Konsonanten ist die *Artikulationsstelle:*
1. Губные = Labiale: [б], [б´], [в], [в´], [м], [м´], [п], [п´], [ф], [ф´]
2. Язычные = Zungenlaute:
2.1. Переднеязычные = Vorderzungenlaute: [д], [д´], [ж], [ж´:], [з], [з´], [л], [л´], [н], [н´], [р], [р´], [с], [с´], [т], [т´], [ц], [ч´], [ш], [ш´:]
2.2. Среднеязычный = Mittelzungenlaut: [j]
2.3. Заднеязычные = Hinterzungenlaute: [г], [г´], [к], [к´], [х], [х´]

Das zweite Merkmal der Klassifizierung der Konsonanten ist die *Artikulationsart:*
1. Смычные = Verschlusslaute: [б], [б´], [г], [г´], [д], [д´], [к], [к´], [п], [п´], [т], [т´]
2. Смычно-проходные = Liquid- und Nasallaute: [л], [л´], [м], [м´], [н], [н´]
3. Щелевые = Frikative: [в], [в´], [ж], [ж´:], [з], [з´], [j], [с], [с´], [ф], [ф´], [х], [х´], [ш], [ш´:]
4. Смычно-щелевые или аффрикаты = Affrikaten: [ц], [ч´]
5. Дрожащий = Vibrant: [р], [р´]

Tab. 5: Die russischen Konsonanten

По месту артикуляции – Artikulationsstelle			
Губные = Labiale	**Я з ы ч н ы е = Z u n g e n l a u t e**		
[б] [б´] [в] [в´] [м] [м´] [п] [п´] [ф] [ф´]	Vorderzungenlaute [д] [д´] [ж] [ж´] [з] [з´] [л] [л´] [н] [н´] [с] [с´] [т] [т´] [ц] [ч] [ш] [ш´] [р] [р´]	Mittelzungenlaut [j]	Hinterzungenlaute [г] [г´] [к] [к´] [х] [х´]

По способу артикуляции = Artikulationsart				
Смычные = Verschlusslaute	Щелевые = Frikative	Смычно-про- ходные = Li- quid-Nasallaute	Аффрикаты = Affrikate	Дрожащий = Vibrant
[б] [б´] [г] [г´] [д] [д´] [к] [к´] [п] [п´] [т] [т´]	[в] [в´] [ж] [ж´] [з] [з´] [j] [с] [с´] [ф] [ф´] [х] [х´] [ш] [ш´]	[л] [л´] [м] [м´] [н] [н´]	[ц] [ч]	[р] [р´]

Unterziehen wir nun die Phonemsysteme der russischen und deutschen Konsonan-ten einem Vergleich. Dazu folgt unten das Schema der deutschen Konsonanten (s. Abb. 14).

Abb. 14: Die deutschen Konsonanten (Friedrich & Bigenzahn 1995, 51)

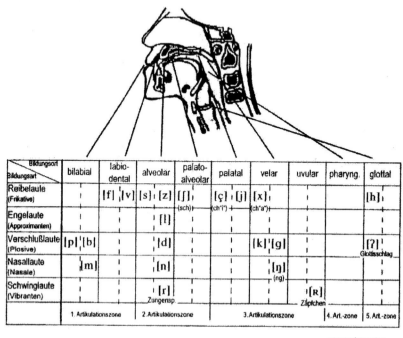

Bildungsort / Bildungsart	bilabial	labio-dental	alveolar	palato-alveolar	palatal	velar	uvular	pharyng.	glottal
Reibelaute (Frikative)		[f] [v]	[s] [z]	[ʃ] (sch)	[ç] (ch"i") [j]	[x] (ch"a")			[h]
Engelaute (Approximanten)			[l]						
Verschlußlaute (Plosive)	[p] [b]		[d]			[k] [g]			[ʔ] Glottisschlag
Nasallaute (Nasale)	[m]		[n]			[ŋ] (ng)			
Schwinglaute (Vibranten)			[r] Zungensp.				[R] Zäpfchen		
	1. Artikulationszone		2. Artikulationszone		3. Artikulationszone		4. Art.-zone		5. Art.-zone

stimmlos | stimmhaft

←—→

Die Affrikaten, d.h. an annähernd gleicher Artikulationsstelle gebildete Verbindungen von Plosiv und folgendem Frikativ, fehlen in obiger Abbildung. Im Standarddeutschen zählen zu dieser Lautklasse die Cluster [pf], [ts] und [tʃ]. In einigen wenigen Fremdwörtern findet man auch die Kombination [dʒ].

Beispiele für deutsche Konsonanten:

[m]	- mehr, Kamm
[n]	- nah, Kanne
[ŋ]	- hängen, henken
[b]	- Bus, Ebbe
[d]	- Datum, Edda
[g]	- gut, Wagen, Egge
[p]	- Puppe, Erbse, Lob

[t]	- Tau, Watte, Naht
[k]	- kennen, Hecke, lag
[dʒ]/[dž]	- Gin, Jeans
[pf]	- Pferd, Apfel, Napf
[ts]	- Ziege, spazieren, Katze, stets, Nation
[tʃ]/[tš]	- deutsch, matschen, Tscheche
[v]	- Wasser, Vase
[z]	- Sonne, Rose
[ʒ]/[ž]	- Garage, Journalist
[j]	- ja
[f]	- fassen, Neffe, Philip
[s]	- Skrupel, Wasser, was
[ʃ]	- schon, Stein, Spiel, rasch
[x]	- acht, Nacht
[ç]	- ich, leuchten
[h]	- Haus, Oheim
[l]	- Laden, Welle
[r]	- Rest, waren, Wort

6.2.6 Vergleich der Phonemsysteme der russischen und deutschen Konsonanten

Während das deutsche Konsonantensystem nur 20 Phoneme zählt, ist das Russische mit seinen insgesamt 34 Konsonantphonemen bedeutend reicher ausgestattet. Der beträchtliche zahlenmäßige Unterschied ergibt sich vor allem aus dem Vorhandensein weicher Konsonantphoneme im Russischen, die im Deutschen keine Entspechung haben. Im Gegensatz zum Deutschen, wo nur druckstarke und druckschwache Konsonanten einander gegenüber stehen, bilden im Russischen neben den stimmlosen und stimmhaften Konsonanten auch die harten und weichen Konsonanten eine eigene Korrelationsreihe. Daraus ergibt sich, dass die Konsonantphoneme des Russischen insgesamt durch vier und die Konsonantphoneme des Deutschen nur durch drei Merkmale bestimmt werden, die im Folgenden erläutert werden sollen.

Merkmale der Konsonanten im Deutschen	Merkmale der Konsonanten im Russischen
1. nach Artikulations-/Bildungsort	1. nach Artikulationsstelle
2. nach Artikulations-/Bildungsart	2. nach Artikulationsart
3. stimmhaft/lenis - stimmlos/fortis	3. stimmhaft-stimmlos
4. -	4. Palatalisierung und Velarisierung

Die Konstellationen der jeweils beteiligten Sprechwerkzeuge (Zunge, Lippen, Zähne, Gaumen) werden *Artikulations- bzw. Bildungsorte* genannt (s. *Merkmal 1*). Mit „Alveolen" bezeichnet man den Zahndamm, der sich unmittelbar hinter den Schneidezähnen befindet und in das Palatum übergeht. Das Palatum wird auch als „harter Gaumen", das Velum als „weicher Gaumen" bezeichnet. Für „Uvula" gibt es den deutschen Ausdruck „Zäpfchen" (Ramers 1995). Unter *Artikulations- bzw. Bildungsart* (*Merkmal 2*) versteht man die Art und Weise, wie der Luftstrom im Ansatzrohr oder in der Glottis gehemmt bzw. modifiziert wird (vgl. Petursson/Neppert 1991).

Je nach Art der Behinderung unterscheidet man bei den Konsonanten verschiedene Artikulations- bzw. Bildungsarten:

- *Reibelaute* (Frikative) werden artikuliert, indem zwei Sprechorgane so angenähert werden, dass der Luftstrom durch eine Verengung fließt, wobei ein Reibegeräusch entsteht.
- *Engelaute* (Approximanten, Laterale) entstehen, indem in der Mundmitte ein Verschluss gebildet wird, während an den Seiten Luft entweicht.
- *Verschlusslaute* (Plosive) kommen durch völlige Blockierung des Luftstroms und seine darauf folgende Freilassung durch plötzliche Öffnung der betreffenden Sprechorgane zustande.
- *Nasallaute* (Nasale) entstehen durch Blockade und plötzliche Freilassung des Luftstroms an einer Stelle der Mundhöhle, während gleichzeitig die Luft frei durch die Nase entweicht.
- *Schwinglaute* (Vibranten) entstehen entweder durch einen sehr kurzen Kontakt zweier Sprechorgane oder durch wiederholte kurze Kontakte. (vgl. ebd. 1995)

Entsprechend erfolgt auch die Anordnung der russischen und deutschen Konsonanten in den Konsonantentabellen (s.o.):

1) nach Artikulationsstelle/Bildungsort

2) nach Artikulations- bzw. Bildungsart.

6.2.6.1 Klassifizierung der russischen und deutschen Konsonanten nach dem Merkmal stimmhaft/lenis - stimmlos/fortis

Sowohl im Russischen als auch im Deutschen gibt es stimmhafte und stimmlose Konsonantphoneme (s. Kap. 6.2.6, *Merkmal 3*). Die meisten von ihnen stehen hinsichtlich dieser Merkmale in Opposition zueinander und bilden somit Korrelationspaare. Im Russischen sind Stimmlosigkeit und Stimmhaftigkeit stets mit einem bestimmten Intensitätsgrad gekoppelt, wobei die stimmlosen Konsonanten druckstark (als Fortes) und die stimmhaften druckschwach (als Lenes) hervorgebracht werden. Als phonologisch relevant gelten das Fehlen bzw. Vorhandensein der Stimmbeteiligung. Im Deutschen dagegen tritt als distinktives Merkmal die Intensität hervor, die nur bedingt mit Stimmlosigkeit bzw. Stimmhaftigkeit parallel läuft. Während die Fortes stets stimmlos sind, kann eine Lenis sowohl stimmhaft als auch stimmlos gesprochen werden, was in der Standardaussprache von bestimmten Positionen im Wort abhängt.

Die Korrelationsreihe der russischen stimmhaften/stimmlosen Konsonantphoneme besteht aus elf Korrelationspaaren:

[b] : [p]   - борт [bort] : порт [port]

[b´] : [p´]   - бил [bil] : пил [pil]

[d] : [t]   - дом [dom] : том [tom]

[d´] : [t´]   - дело [d´elo] : тело [t´elə]

[g] : [k]   - гол [gol] : кол [kol]

[v] : [f]   - вон [von] : фон [fon]

[v´] : [f´]   - ведь [vet´] : Федя [fed´ə]

[z] : [s]   - зад [zat] : сад [sat]

[z´] : [s´]   - зев [zef] : сев [sef]]

[ʒ] : [ʃ]   - жить [ʒit´] : шить [ʃit´]

[ʒ´:] : [ʃ´:] - дрожжи [dro:ʒ´i] : овощи [ovəʃ´:i]

Die Korrelationsreihe der deutschen Lenis-/Fortis-Konsonantphoneme besteht nur aus fünf Korrelationspaaren. Die Divergenz ist vor allem auf das Fehlen von palatalisierten Konsonantphonemen im Deutschen (näheres s. Kap. 6.2.6.2, *Merkmal 4*) zurückzuführen.

Folgende Beispiele sollen die Korrelationsreihe der deutschen Lenis-/Fortis-Konsonantphoneme veranschaulichen:

[b] : [p]	- Bein [baen] : Pein [paen]
[d] : [t]	- Daten [da:tən] : Taten [ta:tən]
[g] : [k]	- Garten [Gartən] : Karten [kartən]
[v] : [f]	- Wein [vaen] : fein [faen]
[z] : [s]	- reisen [raezən] : reißen [raesən]

Die Verwechslung der stimmhaften und stimmlosen Konsonanten vor einem Vokal würde in beiden Sprachen zu Missverständnissen auf Grund verschiedener Semantik dieser Wörter führen. Während im Russischen im Anlaut vor Vokalen sowohl stimmhaftes [z] als auch stimmloses [s] vertreten ist - beide Konsonanten bilden in dieser Position ein Korrelationspaar, z.B. зад [zat] : сад [sat], erscheint in der Standardaussprache des Deutschen in dieser Stellung die Lenis [z], z.B. sagen [za:gən], suchen [zu:xən].

Es ist im Russischen für die Opposition stimmhaft/stimmlos ohne Bedeutung, ob die Verbindung Konsonant + Vokal + Sonor usw. im An- oder Inlaut, an der Morphemfuge, an der Fuge der Teile eines Kompositums oder eines phonetischen Wortes steht. Die Norm verlangt in all diesen Fällen eine klare Trennung zwischen Stimmhaftigkeit und Stimmlosigkeit; das Paradigma bleibt erhalten, weil keine Bedingungen für eine Assimilation gegeben sind, z.B.:

im Anlaut:	док [dok] : ток [tok]
	драп [drap] : трап [trap]
im Inlaut:	рода [rodə] : рота [rotə]
	игра [igra] : икра [ikra]
an der Morphemfuge:	подошёл [pədʌʃol] : отошёл [ʌtʌʃol]
	поднос [pədnos] : относ [ʌtnos]

bei Komposita:	садовод [sədʌvot] : скотовод [skətʌvot]
im phonetischen Wort:	под окном [pədʌknom] : от окна [ʌtʌkna]
	под ним [pədnim] : от него [ʌtnivo]

Im Deutschen wird die Korrelationsreihe Lenis-/Fortis-Konsonantphoneme entscheidend durch das Gesetz des Stimmtonverlusts im Auslaut beeinflusst, wobei unter Auslaut nicht nur die Stellung vor einer Sprechpause (absoluter Auslaut) zu verstehen ist, sondern auch die Position an der Morphemfuge und an der Fuge der Teile eines Kompositums. In dieser Stellung werden im Auslaut eines Morphems nur stimmlose Varianten gesprochen, unabhängig davon, ob das folgende Morphem mit einem Vokal, einem Sonor, einem Fortis oder einem Lenis beginnt, z.B.:

vor Vokalen:	Abend [a:bənt], aber Abart [ap˜ a:rt]
	(ich) versende [fɛrzɛndə], aber Versende [fɛrs ˜ɛndə]
vor Sonoren:	blasen [bla:zən], aber ablassen [aplasən]
	Abraham [a:braham], aber Abraum [apraom]
vor Fortes:	stauben [ʃtaobən], aber Staubtuch [ʃtaoptu:x]
	radeln [ra:dəln], aber radfahren [ra:tfa:rən]
vor Lenes:	Laube [laobə], aber Laubbaum [laopbaum]
	Lösen [løzən], aber lösbar [lø:sba:r]

Auch im Russischen werden die stimmhaften Konsonanten [б], [в], [г], [д], [ж], [з] im Auslaut stimmlos ausgesprochen: зуб - [zup], завод – [zavot], нож - [noʃ]. Bilden mehrere stimmhafte Geräuschkonsonanten den absoluten Wortauslaut, so werden alle stimmlos gesprochen, z.B.: мозг - [mosk], смарагд - [smʌr'akt]. Ursache des Stimmtonverlusts im Auslaut dürfte die Rückkehr der Artikulationsorgane in den Zustand relativer Ruhe sein, vor allem die Öffnung der Stimmritze für die physiologische Atmung.

Stimmtonverlust der stimmhaften Geräuschkonsonanten im Russischen tritt beim zusammenhängenden Sprechen auch vor Vokalen und Sonoren sowie vor [v] und [v´] an der Wortgrenze auf, z.B. привёз масло - [pr´iv´osm'asłə].

Wie im Deutschen (vgl. oben: Staubtuch [ʃtaoptu:x] oder radfahren [ra:tfa:rən]), so werden auch im Russischen die stimmhaften Konsonanten im Inlaut vor stimmlosen

Konsonanten stimmlos ausgesprochen: ошибка - [oʃ'ipkə]. Während im Russischen auch umgekehrt ein stimmloser Konsonant vor einem stimmhaften Konsonanten im Wortin- oder -anlaut stimmhaft ausgesprochen wird: z.B. вокзал - [wogzal], сбор – [zbor], с дедом - [zdedom], liegt im Deutschen in diesem Fall keine Assimiation der benachbarten Konsonanten vor (vgl. oben: Laubbaum [laopbaum] oder lösbar [lǿ:sba:r]).

Im Russischen ist die Stimmassimilation stets regressiv, d. h. der voraufgehende Geräuschkonsonant gleicht sich hinsichtlich der Stimmhaftigkeit bzw. Stimmlosigkeit dem folgenden Geräuschkonsonanten an. Die Verbindung eines stimmhaften Konsonanten ist nur mit einem stimmhaften und eines stimmlosen nur mit einem stimmlosen Konsonanten möglich. Der Grund dafür ist das *Assimilationsgesetz der benachbarten Konsonanten* (закон уподобления соседних согласных): z.B. лодка - [łotkə], просьба - [proz´bə], женитьба - [ʒen´id´bə].

Ausnahme: vor stimmhaften [в], [л], [м], [н], [p] werden im Russischen die stimmlosen Konsonanten nicht stimmhaft ausgesprochen: свет - [svet], снег- [sneg], смех-[smex], сразу- [srazu].

Im Deutschen ist die Stimmassimilation dagegen nur vor Fortes regressiv, z.B.: sagte ['za:ktə]. Vor Lenes werden im Unterschied zum Russischen stimmlose Varianten gesprochen, z.B.: Fußball [fu:sbal].

6.2.6.2 Palatalisierung und Velarisierung im Russischen

Eine Besonderheit der Artikulationsweise des Russischen im Bereich des Konsonantismus ist die ausgeprägte Mittelzungenaktivität bei der Bildung weicher bzw. palataler Konsonanten und die Velarisierung der harten bzw. nichtpalatalen Konsonanten (s. Kap. 6.2.6, *Merkmal 4*). Beide Erscheinungen haben im Deutschen keine Entsprechung.

Der akustische Unterschied zwischen harten und weichen Konsonanten im Russischen kommt in der Höhe des Eigentones zum Ausdruck: harte Konsonanten haben einen verhältnismäßig tiefen Eigenton, weiche einen relativ hohen Eigenton. Die Zunge führt bei den weichen Konsonanten neben der für die entsprechenden harten

Konsonanten charakteristischen Grundbewegung eine zusätzliche Bewegung durch Anheben der Mittelzunge und Vorverlagerung der gesamten Zungenmasse in Richtung zum vorderen harten Gaumen aus, wodurch es zu einer Verkleinerung des Resonanzraumes kommt. Wegen der Bewegung der Zunge zum harten Gaumen, dem Palatum, wird diese Erscheinung „Palatalisierung" und die betreffenden Konsonanten „palatale" oder „weiche" Konsonanten genannt. Ihnen stehen die „nichtpalatalen" oder „harten" Konsonanten gegenüber.

Im Russischen kommt phonologisch gesehen das Allophon i nur nach palatalen Konsonanten vor. Von der Kombinatorik der Allophone her gesehen könnte man auch sagen: Vor dem Allophon i kommen im Russischen nur palatale Konsonanten vor. Diese phonologische Besonderheit der russischen Sprache heißt *Palatalisierung (Erweichen) der Konsonanten* und kennt keine Ausnahmen. Dagegen können in der deutschen, englischen, französischen, italienischen u.a. Sprachen harte Konsonanten mit dem Allophon i in Verbindung treten, ohne dass die Konsonanten weich ausgesprochen werden, z.B. „Tisch" [tiʃ] – „Tag" [taːk] (das [t] im Wort „Tisch" – vor [i] wird ebenso hart ausgesprochen wie im Wort „Tag").

Das zusätzliche und gleichzeitige Anheben der Mittelzunge zum Palatum beim Bilden der palatalen Bilabiale, Labiodentale und Dentale-Prädorsale bereitet den Deutschen beim Erlernen des Russischen große Schwierigkeiten und kann zu Störungen im Kommunikationsprozess führen. Durch diese für das Russische typische Artikulation wird die Zahl der wesentlichen Organstellungen erhöht, die Aussprache der Laute wird komplizierter, weil der Schwierigkeitsgrad mit der Zahl der Bewegungsanteile bei der Bildung von Lauten steigt.

Dabei gestaltet sich das Hören und Reproduzieren der Palatalisierung bei verschiedenen Konsonanten als in verschiedenem Grade schwierig. So sind die palatalen Dentale und Gutturale für einen Deutschen relativ leicht zu hören und zu reproduzieren, während beim palatalen stimmlosen und stimmhaften s (s´ und z´) sich beides sehr schwierig gestaltet. Bei den Liquiden r´ und l´ kann die Palatalität zwar im Allgemeinen leicht gehört, aber nur mit großer Mühe richtig reproduziert werden. Auch die palatalen Labiale bereiten auf Grund ihrer besonderen Artikulationsweise, die

eine direkte Verschmelzung des labialen Lautes mit dem Jot-Element erschwert, vielfach Schwierigkeiten.

Das richtige Erfassen und die richtige Reproduzierung der palatalen Konsonanten
des Russischen ist vor allem deswegen so wichtig, weil in ganz engem Zusammenhang damit auch die richtige Aussprache der diesen Konsonanten vorhergehenden
und/oder folgenden Vokale steht. Die nach einem palatalen Konsonanten stehenden
Vokalallophone erhalten einen Jot-Vorschlag, der eine gewisse Verschiebung der
Aussprache des ersten Teils dieses Vokalallophons nach vorn und nach oben im
Mundraum zur Folge hat. Dieser Teil des Vokalallophons wird also „geschlossener"
ausgesprochen. Entsprechend erhalten die vor einem palatalen Konsonanten stehenden Vokalallophone einen Jot-Nachschlag.

Diese Gegebenheit hat ihre artikulatorisch-phonetischen Gründe: Die Zunge muss
sich bei der Aussprache der palatalen Konsonanten in ihrem vorderen oder auch hinteren Teil dem Gaumen nähern, wodurch automatisch die Artikulationsstelle der vorhergehenden oder folgenden Vokalallophone nach vorn und nach oben verschoben
wird. Am meisten wird die Aussprache der Vokalallophone verschoben, wenn sie
zwischen zwei palatalen Konsonanten stehen.

Da es im Deutschen keine palatalen Konsonanten gibt, kommt ein Jot-Vorschlag und
eine entsprechende Beeinflussung des ersten Teils des Vokalallophons nur nach j
vor: z.B. in Jacht, jagen usw., ein Jot-Nachschlag nur in diphthongischen Verbindungen, die zudem durch eine historische Orthographie für den Laien nur erschwert erkennbar sind: z.B. ai in bleiben oder oi in Freude.

Ein anderes wichtiges Problem, das sich im Zusammenhang mit der Palatalitätskorrelation stellt, ist die graphische Darstellung dieser Korrelation. Das heutige russische Alphabet (s. Kap. 6.2.1) bezeichnet die phonematisch relevante Verschieden-
heit der Konsonanten, d.h. ob sie palatal oder nicht palatal sind, nicht durch besondere graphische Zeichen, sondern es lässt den Konsonanten verschiedene Vokalzeichen folgen, d.h. es verschiebt die phonematisch relevanten Unterschiede der Konsonanten auf die graphische Darstellung der Vokale,
z.B. тётя : то-то.

Von ihrer Orthographie her gesehen unterscheiden sich dieses Wort und dieses Syntagma durch verschiedene Vokalzeichen, phonematisch gesehen aber unterscheiden sie sich nur durch verschiedene Konsonanten:

[t´ot´ə] : [totə].

Dieses rein orthographisch gesehen sehr ökonomische Verfahren der russischen Rechtschreibung bringt für die Erlernung der Palatalitätskorrelation große Schwierigkeiten mit sich.

Für Russisch Sprechende ist es dagegen ungewohnt, beim Sprechen von Konsonanten in der Stellung vor Vokalen der vorderen Reihe die Mittelzunge nicht zum Palatum anzuheben. Diese Artikulation wird auf Grund der muttersprachlichen Gewohnheit automatisch auch in die deutsche Sprache übertragen, was als Aussprachefehler gilt, z.B. Palatalisierung im Deutschen: die – [d´i:], Tinte - [t´inte], sie/Sie – [z´i:]. Die deutsche Sprache kennt keine Palatalisierung der Konsonanten.

Die Palatalitätskorrelation im Russischen, deren artikulatorisch-phonetisch definiertes Merkmal sich als Palatalisierung, d. h. als Jot-Haltigkeit der betroffenen Konsonanten präsentiert und zur semantischen Wortschatzerweiterung der russischen Sprache auf Grund dieses Merkmales beiträgt, umfasst mit einigen Ausnahmen das gesamte Konsonantensystem des Russischen (Beispiele dazu s.u.):

угол ['ugəł] (Ecke) - уголь ['ugəl´] (Kohle)
дал [dał] (er hat gegeben) – даль [dal´] (Weite)
кров [krof] (Obdach) - кровь [krof´] (Blut)
кон [kon] (Runde im Spiel) – конь [kon´] (Pferd)
был [bᵻł] (er war) - быль [bᵻl´] (Vergangenes)
мел [m´eł] Kreide - мель [m´el´] (Sandbank)

Dabei gelten folgende Regeln:

1. Die Konsonanten: **ц, ж, ш** werden nur hart ausgesprochen, d.h. sie haben keine palatalen Korrelationspartner.

2. Die Konsonanten: **ч, щ** sowie der Sonant **[j]** werden nur weich ausgesprochen.

3. Alle anderen Konsonanten: б, в, г, д, з, к, л, м, н, п, р, с, т, ф, х können sowohl hart bzw. nicht-palatal als auch weich bzw. palatal ausgesprochen werden. Die Palatalität wird entweder durch das Weichheitszeichen ь oder durch jotierte Vokalbuchstaben я bei а, ё bei о, е bei э, ю bei у angezeigt.

Die russischen nichtpalatalen Konsonanten werden entsprechend ihrer Artikulationsart und der Artikulationsstelle mehr oder weniger stark velarisiert, d.h. bei ihrer Bildung wird die Hinterzunge zum Velum gehoben und die Zunge insgesamt etwas zurückgezogen. Dadurch erhalten die nichtpalatalen Konsonanten im Vergleich zu den palatalen, aber auch im Vergleich zu den entsprechenden deutschen Konsonanten einen tieferen Eigenton.

6.2.6.3 Unterschiedliche Aussprache der Konsonantphoneme im Russischen und Deutschen

Im Deutschen und Russischen haben sogar die gleichen stimmhaften Konsonanten (б=b, в=w, г=g, д=d) abweichende Formen der Aussprache. Ein Vergleich der stimmhaften Geräuschkonsonanten des Russischen mit den entsprechenden deutschen Lenes zeigt, dass der Grad der Stimmhaftigkeit im Russischen höher ist als im Deutschen. Die Aktivität der Stimmlippen ist bei der Bildung der deutschen stimmhaften Lenes geringer als bei der Artikulation der russischen stimmhaften Konsonanten. Während im Russischen die Schwingungen der Stimmlippen gleichzeitig mit der Lautbildung einsetzen, beginnen im Deutschen die Stimmlippen in der Regel erst dann zu schwingen, wenn das Geräusch schon hörbar geworden ist. Daher spricht man im Russischen von **voll**stimmhaften und im Deutschen von **halb**stimmhaften Geräuschkonsonanten. Die deutschen stimmhaften Konsonanten werden so ausgesprochen, als ob sie mit einem stimmlosen beginnen und einem stimmhaften enden würden.

Wenn ein Deutscher Russisch spricht, hört sich die russische Sprache so an, als habe sie keine stimmhaften Konsonanten (пб, фв тд, кг). Sehen wir uns die Rede von Adam Adamovitsch Vralmann, dem Lehrer von Mitrofanuschka, im „Nedorosl" von D.I. Fonvisin an:

«Ай! Ай! Ай-ай-ай! Теперь- то я фижу! Умарит хатят репёнка!(...) То ли пы тело, капы не самарили ефо на ушенье! Российска крамат! Арихметика! Ах, хосподи поже мой, как туша ф теле остаётся! Как путто пы россиски тфорянин ушь и не мок ф сфете аванзировать пез российской крамат!»
(Д. И. Фонвизин «Недоросль». Действие 3-е, явл. VIII)

Die halbstimmhafte Aussprache der deutschen Lenes ist besonders für den absoluten Anlaut und die Stellung nach stimmlos gesprochenen Konsonanten charakteristisch. Die Lenes beginnen hier mit einer stimmlosen Phase, erst dann schließt sich die Stimmritze, und der Stimmton setzt ein.

Diese Unterschiede in Bezug auf Intensität und Beteiligung der Stimmlippen stehen in engem Zusammenhang mit einem Grundmerkmal des deutschen Konsonantismus im Vergleich zum Russischen: Die deutschen Konsonanten werden mit kräftigerem Exspirationsdruck hervorgebracht, und die beteiligten Sprechorgane weisen eine stärkere Muskelspannung auf. Im Russischen ist die Exspiration ruhig, gleichmäßig und nicht von besonderer Stärke.

Die Merkmale stimmhaft/stimmlos sind im Russischen immer nur mit einer bestimmten Druckstärke gekoppelt: die stimmhaften Konsonanten sind immer druckschwach, die stimmlosen dagegen immer druckstark. Im Deutschen dagegen, wo als distinktives Merkmal die Intensität auftritt, liegen die Verhältnisse anders. Während die druckstarken Fortes immer stimmlos sind, können die druckschwachen Lenes sowohl stimmhaft als auch stimmlos gesprochen werden, was von der Position im Wort abhängt.

Die deutschen Fortes unterscheiden sich von den russischen stimmlosen Konsonanten aber nicht nur durch den Intensitätsgrad, sondern auch dadurch, dass die Plosive
[p], [t], [k] im Anlaut, besonders vor betonten Vokalen, sowie im Auslaut, besonders,
wenn die letzte Silbe betont ist, von Aspiration begleitet sind: z. B. Tal [tʰaːl], Kahn
[kʰaːn], Plage [pʰlaːgə].

Dieses Merkmal des deutschen Konsonantismus, das auf der Öffnungsstellung der
Glottis während des Übergangs vom Konsonanten zum folgenden Vokal und der
Stärke des Exspirationsstroms beruht, ist dem Russischen völlig fremd. Als Störfaktor
wirkt die Aspiration nicht nur beim Erlernen des Russischen, sondern auch des Deutschen als Zweitsprache. In der Regel behauchen Deutsche auch die russischen Plosive [p], [t], [k], mitunter sogar die palatalen [p´], [t´], [k´], besonders dann, wenn diese nicht entsprechend weich artikuliert werden. Deutsch lernende Russen dagegen
bilden die deutschen [p], [t], [k] oft ohne Behauchung.

6.2.6.4 Einige phonetisch-phonologische Besonderheiten des deutschen Konsonantismus

- *Der velare Nasal [ŋ]*

Die Buchstabenverbindung *ng – [ŋ]* im Deutschen wird als *ein* velarer Laut ausgesprochen. In der Stellung vor [k] und [g] wird in der Regel kein dentales [n], sondern
ein velares [ŋ] gesprochen:
z.B. Bank – [baŋk], links – [liŋks].

An der Morphemfuge aber wird kein velarer Nasal, sondern ein dentaler [n]-Laut gesprochen, vgl.: angeben ['angeːbən], Angebot ['angəboːt].

Die russische Sprache kennt diesen velaren Nasal nicht. Um diesen Konsonanten-
cluster richtig auszusprechen, soll der Mund weit geöffnet werden. Die Zungenspitze
wird an die unteren Zähne angedrückt und der Zungenrücken angehoben. Deutsch
lernende russischsprachige Kinder sprechen oft fehlerhaft jeden Buchstaben als einen Laut aus: gesungen – [gesʊn+gən].

- *Fakultative Varianten des Phonems [r] im Deutschen*

[R]= Regen – hinteres geriebenes Zäpfchen-[R]

[p] = ручка – Zungenspitzen-[r]

Der russische Vibrant [r] wird durch Schwingungen der Zungenspitze an den Alveolen gebildet. Beim palatalen [r´] wird zusätzlich und gleichzeitig die Mittelzunge zum Palatum gehoben. Das palatale [r´] ist von allen palatalen Konsonanten des Russischen am schwierigsten auszusprechen, denn beim [r´] ist die Palatalität am wenigsten ausgeprägt.

Das Deutsche kennt mehrere r-Bildungen. Verbreitet ist das uvulare [R], das durch Schwingungen der Uvula gegen die gehobene Hinterzunge gebildet wird. Ebenso häufig kommt das Reibe-r vor, das durch die Bildung einer Enge zwischen der angehobenen Hinterzunge und der Uvula als Reibegeräusch entsteht. Nur das Zungenspitzen-[r] fällt im wesentlichen mit dem russischen [r] zusammen. Es weist aber eine schwächere Geräuschbildung auf, da es nicht so energisch und mit weniger Vibrationen (Flatterbewegungen) gebildet wird.

In der Stellung nach Vokalen kann im Deutschen eine Vokalisierung des Vibranten eintreten. Die vokalische Auflösung erfolgt fast ausschließlich im Suffix –er, aber auch in den unbetonten Präfixen er-, her-, ver-, zer- und in der Endsilbe –er. Steht das [r] z.B. nach ungespanntem [a], dann kann es zu einer sogenannten Ersatzdehnung kommen, d.h. der Vokal wird lang gesprochen: z.B. hart – [ha:t]. Durch gleiche Aussprache der Wörter „Schaf" [ʃa:f] und „scharf" [ʃa:f] können leicht Missverständnisse entstehen.

Ein Russisch lernender Deutscher muss nicht nur die Zungenspitzenartikulation erlernen, sondern auch die Unterscheidung des nichtpalatalen [r] vom palatalen [r´]. Für Russisch sprechende Kinder entstehen neben der Überwindung von Ungeübtheiten in der Bildung der vielen r-Varianten auch noch Schwierigkeiten im Erkennen dieser Varianten und ihrer Zuordnung zum Phonem [r]. Fällt [r] in der Aussprache deutscher Sprecher weg bzw. wird vokalisiert, z.B. Sport - [ʃpoᵃtʰ], dann hören und sprechen es auch die Deutsch Lernenden nicht.

- *Der Laryngallaut [h]*

Der deutsche Hauch- oder Öffnungslaut [h] nimmt unter allen Konsonanten eine Sonderstellung ein, weil er nicht lokalisierbar ist und weil bei seiner Bildung sich nicht, wie das der Fall bei allen übrigen Konsonanten ist, ein artikulierendes Organ einer Artikulationsstelle nähert (Wängler 1961). Bei der Bildung des [h] ist die Glottis geöffnet, der Exspirationsstrom durchstreicht das Ansatzrohr und erzeugt im Pharynx ein „Geräusch sanfter Reibung, einen Hauch" (Matusevitsch 1948, 32).

Es gibt im Russischen kein Äquivalent für den deutschen Laryngallaut [h] (**Haus, hier**). Für die Artikulationstherapie bedeutet dies, dass dieser Laut neu gelernt werden muss. Nun haben Russisch sprechende Kinder Schwierigkeiten, den deutschen [h] – Laut überhaupt zu hören, für sie klingt „Haus" wie „aus", „hier" wie „ihr". Um Oppositionen wie hin - in, Hände - Ende, Haus - aus zu sichern und damit die Verständlichkeit zu steigern, müssen die Deutsch lernenden Kinder erst lernen, die Stimmlippen zu öffnen, das stimmlose [h] ausströmen zu lassen, ohne dabei die Hinterzunge anzuheben. Aus der Konsonantentabelle (Abb. 14) ist ersichtlich, dass ein Anheben der Hinterzunge bereits den ach - Laut [x] zur Folge hat, was auf der ersten Etappe der Übungen den Kindern meistens auch passiert. Man hört [**x**abən] statt [habən], [**x**aus] statt [haus]. Erst nach ständigen Übungen lernen sie, den [h]-Laut nicht nur zu hören, sondern auch richtig auszusprechen.

Das deutsche [h] wird ins Russische oft mit [g] übersetzt, z.B. Heidelberg - Гейдельберг. Bei Übertragung ins Deutsche können Aussprachefehler wie Hamburg [gambuᵃk] oder Halstuch [gal´stu:x] entstehen.

6.2.6.5 Einige phonetisch-phonologische Besonderheiten des russischen Konsonantismus

- *Russischer Mittelzungen – Sonant [j]*

Es gibt in der russischen Sprache einen Mittelzungen-Sonanten, für den es im russischen Alphabet keinen entsprechenden Buchstaben gibt und der für die Deutschen sehr schwer zu erkennen ist. In der Transkription bei Lautanalysen wird er mit [j] - (йот) bezeichnet. Bereits bei der Vokalanalyse wurde darauf aufmerksam gemacht, dass für jotierte Vokalbuchstaben: я, ё, ю, е zwei Laute benötigt werden, einer davon ist der [j]- Laut. So besteht z.B. das Wort „ ехал" aus vier Graphemen, denen fünf Phoneme entsprechen: [j e x a I]. Obwohl den Deutschen der Laut [j] nicht neu ist, fällt es schwer, ihn beim Lesen zu erkennen.

- *Spezifisch slawischer Laut*

Es gibt einen spezifisch slawischen Laut, mit dem nicht nur die Deutschen ihre Probleme haben. Diesen Laut gibt es weder im Griechischen, Lateinischen, Englischen, Französischen, Deutschen noch im Türkischen, Tatarischen, Usbekischen oder im Finnischen, Ungarischen und vielen anderen Sprachen. Es ist der Laut [шьшь], der in der russischen Schrift mit dem Graphem щ und Buchstabenverbindungen wie зч, сч, стч wiedergegeben wird. Um diesen Laut möglichst genau in der Schrift wiederzugeben, benötigt man in der deutschen Sprache sieben Buchstaben: schtsch=щ, so wird das kleine russische Wort «щи» in der deutschen Schrift wie folgt wiedergegeben: «Schtschi». Die Aussprache [ʃtʃ] gilt heute als veraltet. Heutzutage wird überwiegend ein langes palatales [ʃʹ:] gesprochen: [ʃʹ:i]. Sowohl der Laut [ʃʹ:] als auch seine stimmhafte Entsprechung [ʒ:] – уезжать [ujeʒʹatʹ] bereiten Russisch lernenden Deutschen erhebliche Schwierigkeiten.

- *Sonderbuchstaben ь und ъ im Russischen*

Der Sonderbuchstabe ь hat kein Lautäquivalent, er wird in der Schrift dazu verwendet, um zu zeigen, dass der davor stehende Konsonant weich ist, daher wird er „Weichheitszeichen" genannt (z.B. боль – [б] [о] [лʹ]). Außerdem wird ь eingesetzt, um zu zeigen, dass der nachstehende Vokal aus zwei Lauten besteht (vergleiche «семя» = [с] [е] [мʹ] **[а]** und «семья» = [с] [е] [м] **[j]** **[а]**). In solchen Fällen trennt ь den Konsonanten vom nachstehenden Vokal und heißt deshalb Trennbuchstabe.

Der Sonderbuchstabe ъ hat ebenfalls kein Lautäquivalent, er wird in der Schrift nur nach harten Konsonanten vor Vokalen я, ё, ю, е eingesetzt, um zu zeigen, dass der nachstehende Vokal aus zwei Lauten besteht (z.B. «съезд» = [с] **[j]** **[е]** [з] [д] oder «подъём» = [п] [о] [д] **[j]** **[о]** [м]). Somit trennt der Buchstabe ъ den Konsonanten vom nachstehenden Vokal und heißt deshalb auch Trennbuchstabe.

- Russische Lese- und Ausspracheregeln

Zu den phonetisch-phonologischen Besonderheiten der russischen Sprache gehören auch die zahlreichen Abweichungen des Geschriebenen vom Gelesenen oder Gesprochenen. Es gibt eine Vielzahl von Regeln, die im Russischen zu beachten sind:

1. Pronomina und Adjektive im Genitiv Singular bei Substantiven Maskulina und Neutra haben die Endungen -**ого, -его** (кого, чего, хорошего, умного), aber statt **[г]** wird **[в]** gelesen und ausgesprochen: ко[**в**]о, че[**в**]о, хороше[**в**]о. Auch in den Wörtern: сегодня, итого wird statt [г] **[в]** ausgesprochen: се[**в**]одня, ито[**в**]о.

2. Die Infinitivform der reflexiven Verben hat die Endung – **ться**: учи**ться**, встреча**ться**; für Präsens 3. Person Singular und Plural lautet die Endung –**тся**: он стара**ется**, они волну**ются**. Aber in beiden Fällen wird ein **[ц]** ausgesprochen: Надо хорошо учи**ться** = учи[**ц**]а. Она учится = учи[**ц**]а в институте.

3. Zahlwörter mit der Endung – **дцать** (одиннадцать, пятнадцать, двадцать etc.) werden wie folgt ausgesprochen: одинна[**ц**]ать, пятна[**ц**]ать, два[**ц**]ать.

4. In der Konsonantenverbindung тск : сове**тск**ий, бра**тск**ий wird statt **[тс]** **[ц]** ausgesprochen: сове[**ц**]кий, бра[**ц**]кий.

5. Die Konsonantenverbindung **чн** wird in den meisten Fällen wie geschrieben ausgesprochen: сердечный разговор, молочная ферма. Es gibt einige Ausnahmen, in denen sie als **[шн]** ausgesprochen wird: конечно - коне[**шн**]о, нарочно - наро[**шн**]о.

6. Die Konsonantenverbindung **чт** wird in den Wörtern что, чтобы als **[ш]**то, **[ш]**тобы ausgesprochen.

7. Die Konsonantenverbindungen **жж** und **зж** werden wie ein weicher langer **[ж´ж´]**-Laut ausgesprochen: z.B. уезжать - уе[**ж´ж´**]ать, позже -по[**ж´ж´**]е.

8. Die Konsonantenverbindungen **сч** und **зч** werden wie ein weicher langer **[ш′ш′]**-Laut ausgesprochen: z. B. **счастье** - **[ш′ш′]**астье, **заказчик** - **зака[ш′ш′]ик**.

9. Die Doppelkonsonanten **нн, вв** u.a. werden in einigen Fällen als Doppelkonsonant und in anderen als ein einfacher Konsonant ausgesprochen:

An der Verbindungsstelle des Präfixes und des Stammes sowie des Stammes und des Suffixes, d.h., wenn eine Morphemfuge vorliegt, werden **нн, вв** u.a. immer als Doppelkonsonanten ausgesprochen:
z.B. **вв**озить – **[вв]**озить, **рассвет** – ра**[сс]**вет, туман**н**ый - тума**[нн]**ый.

Abhängig von der Betonung im Wort werden sie entweder doppelt oder einfach ausgesprochen: Fällt die Betonung auf die Vorsilbe, so wird der Doppelkonsonant ausgesprochen:
z.B. г′а**мм**а - г′а**[мм]**а, в′а**нн**а - в′а**[нн]**а.

Fällt die Betonung auf die Nachsilbe, so wird der Doppelkonsonant als einfacher Konsonant ausgesprochen:
z.B. ко**мм**ут′атор – ко**[м]**ут′атор, ко**лл**′екция – ко**[л]**′екция.

Diese Regel kennt folgende Ausnahmen: прогр′а**мм**а - прогр′а**[м]**а, телегр′а**мм**а, телегр′а**[м]**а, р′у**сс**кий - р′у**[с]**кий.

6.2.6.6   Konsonantenverbindungen im Deutschen und Russischen

Eine Anzahl von Konsonanten kann sowohl im Deutschen als auch im Russischen mit fast allen übrigen Konsonanten bilaterale Verbindungen eingehen. Dazu gehören Sonorlaute [n], [r], [l], [m]. Man kann annehmen, dass diese Übereinstimmung sich günstig auf das Erlernen der beiden Sprachen auswirkt.

Einige Konsonanten können im Deutschen nur unilaterale Verbindungen eingehen. Dazu gehören das [ŋ], welches nur als erstes Glied einer Verbindung auftreten kann: z.B. in Bank [baŋk], sowie das [h] und das [j], die nur an der Morphemfuge (bzw. bei [j] in Fremdwörtern) als zweites Glied einer Konsonantenverbindung erscheinen. So-

wohl der deutsche velare Nasal [ŋ] als auch das russische [ы] können nie im Wortanlaut vorkommen (positionelle Restriktionen).

Im Deutschen können 11 Konsonanten : b, f, g, m, n, p, z, v, x, pf, tʃ nur mit Sonoren
als vorangehendem Glied Verbindungen bilden: z.B. Holm, Arm. Im Russischen gilt
dies nur für 3 palatale Konsonanten: [b´], [z´], [f´] – z.B. скорбь.

Die Kombinationen von Konsonantenverbindungen haben in jeder Sprache ihre Ei-
gentümlichkeit. So können die Konsonantenverbindungen [тл], [зл] - [tl], [zl] in der
russischen Sprache am Anfang und in der Mitte des Wortes vorkommen, aber nie am
Wortende: тлеть, утлый, злой, узлы (vgl. z.B. engl.: little - [litl], drizzle - [drizl]).

Die Verbindung von zwei oder drei Konsonanten am Anfang, in der Mitte oder am
Ende des Wortes ist für die russische Sprache üblich: стол, птица, блеск, мост,
скрип, быстро, горсть. Vier Konsonanten kommen seltener und nur am Anfang o-
der in der Mitte des Wortes vor: взгляд, бегство. Sehr selten trifft man eine Verbindung von fünf Konsonanten in der Mitte des Wortes: бодрствовать, мудрствовать.

In den Konsonantenverbindungen: стн, здн, рдц, лнц u.a. wird bei der Aussprache
ein Konsonant ausgelassen, obwohl in Wörtern mit mehr Konsonanten alle Konsonanten deutlich ausgesprochen werden: s.o. мудрствовать. Um diesem Phänomen
der Elision von Konsonanten (непроизносимые согласные) auf den Grund zu gehen, vergleichen wir vier Wörter: наездница, участница, поездка, солистка. In
jedem Wort ist eine Konsonantenverbindung aus drei Buchstaben. Vergleichen wir
jetzt die Aussprache von diesen Wörtern: [najeznitsa], [utʃ´asnitsa], [pʌjezdka],
[sʌlistka]. Wir stellen fest, dass im ersten und zweiten Wort nur zwei von drei Konsonanten und im dritten und vierten Wort alle drei Konsonanten ausgesprochen werden.

Wenn in einer Konsonantenverbindung von drei und mehreren Buchstaben zwei auf-
einanderfolgende Konsonanten qualitativ (nach Artikulationsart und Artikulationsstelle) ähnlich sind, dann „stören" sie einander, so dass einer der Konsonanten ausgelassen wird. Analysieren wir das erste Wort: наездница. In der Konsonantenverbindung здн – können die Konsonanten з und д miteinander auskommen, da [з] - ein

Frikativ- und [д] – ein Verschlusslaut ist. Bei den Konsonanten д und н sind die qualitativen Merkmale gleich: beide sind apikal – alveolare Laute. Deshalb „stören" sie einander, was dazu führt, dass einer der Konsonanten [д] = [d] bei der Aussprache ausfällt. Den gleichen Prozess finden wir bei der stimmlosen Entsprechung im zweiten Wort участница. Die Konsonanten т und н sind qualitativ ähnlich und „stören" einander, bei der Aussprache des Wortes fällt der [т] = [t]-Laut aus. Im dritten und vierten Wort besteht die Konsonantenverbindung aus drei qualitativ verschiedenen Buchstaben, deshalb werden alle drei [стк] = [stk] ausgesprochen.

Bezüglich des Problems, wann eine Konsonantengruppe im Russischen, deren letztes Glied palatal ist, durchgehend palatalisiert wird, lässt sich die folgende Regel nennen:

In Konsonantenverbindungen werden t, d, n, s, z vor allen palatalen Konsonanten - außer vor palatalem k´, g´, ch´ - palatal gesprochen:

z.B. сплетня - [spl´et´n´a].

Die im Vergleich zum Deutschen insgesamt hohe Anzahl von Verbindungen mit Geräuschkonsonanten im Auslaut im Russischen wirkt sich negativ auf den Aneignungsprozess dieser Wörter und ihrer Formen aus,

vgl. z.B.: бегство; бегств (Gen. Pl.).

6.3 Kontrastiver Sprachvergleich Russisch–Deutsch auf der morphologisch–syntaktischen Ebene

6.3.1 Substantive

6.3.1.1 Kleinschreibung und Artikel

Die russischen Substantive werden klein geschrieben. Ausnahmen sind Eigennamen und das erste Wort im Satz. Im Anfangsunterricht schreiben deshalb viele Deutsch lernende Kinder die deutschen Substantive auch klein:

Der „**u**"nterricht ist bald zu „**e**"nde.

Zweisprachige Kinder beachten oft auch die Artikeleinsetzungsregeln nicht, die für das Deutsche obligatorisch sind, da es in ihrer Erstsprache keine Artikel gibt:

z.B. russisch: Мяч большой. - (Der) Ball ist groß.

Мальчик играет. - (Der) Junge spielt.

Bei der Übertragung ins Deutsche wird häufig der Artikel ausgelassen.

6.3.1.2 Das Genus der Substantive

Auf Grund der Übertragung aus dem Russischen wird ein falsches Genus eingesetzt: дерево (im russischen n) - **das** Baum oder тетрадь (im russischen f) - **die** Heft.

Dies ist auch eine wirklich schwierige Aufgabe, denn das Genus der Substantive ist im Deutschen und Russischen nicht identisch, obwohl auch in der russischen Sprache die Substantive in Maskulinum (m), Femininum (f) und Neutrum (n) unterteilt werden. Das unten folgende Beispiel soll veranschaulichen, wie oft bei gleichen Substantiven das Genus in beiden Sprachen nicht übereinstimmt:

Im Russischen	Genus	Im Deutschen	Genus
голова –	f	der Kopf	m
лицо –	**n**	das Gesicht	**n**
лоб –	m	die Stirn	f
бровь –	**f**	die Braue	**f**
глаз –	m	das Auge	n
нос –	m	die Nase	f
ухо –	**n**	das Ohr	**n**
рот –	**m**	der Mund	**m**
подбородок –	m	das Kinn	n
шея -	f	der Hals	m

Die Häufigkeit der auftretenden Fehler auf Grund von Übertragungen aus der Muttersprache in Bezug auf das Genus der Substantive ist offensichtlich:

(Der) Kind malt.

(Die) Mädchen singt.

Selbst in solchen einfachen Satzkonstruktionen haben zweisprachige Kinder zwei Sprachschwierigkeiten auf einmal zu bewältigen: zum einen, den Artikel einzusetzen (s.o.), zum anderen, das Substantiv dem richtigen Genus zuzuordnen, wobei für diese Kinder völlig unerklärlich ist, warum im Deutschen Substantive wie Kind und Mädchen sächlich sind.

Es wird deutlich, dass auch die Zuordnung der Substantive zu einem grammatikalischen Geschlecht/Genus in beiden Sprachen unterschiedlich ist. Vergleichen wir, nach welchen Kriterien die Substantive im Russischen und Deutschen dem Genus zugeordnet werden:

Im Russischen entscheidet über das Genus des Substantivs meistens seine Endung, es gibt aber insgesamt vier Methoden, nach denen das Geschlecht des Substantivs festgestellt werden kann:

1) Nach der Bedeutung des Wortes

Diese Methode wird nur bei Substantiven, die Bezeichnungen von Personen oder Tieren ausdrücken, nach dem Prinzip des biologischen Geschlechts angewandt. Vor allem bei fremdsprachigen Personenbezeichnungen kommt das natürliche Geschlecht zur Wirkung, vgl.:

юнга (m) – 'Schiffsjunge'; леди (f) - Lady, мадам (f) – Madame.

2) Nach der Lautendung des Wortes,
wobei die Worte in ihre grammatikalische Ausgangsform (Nominativ Singular) gestellt werden

2.1. Zu Maskulinum werden alle Substantive mit der Endung auf einem harten Konsonanten (Nullendung im Nominativ Singular) zugeordnet: стол, дуб.

2.2. Zu Femininum werden alle Substantive mit der Endung auf –a, -я im Nominativ Singular zugeordnet: сестра, земля.

2.3. Zu Neutrum werden alle Substantive mit der Endung auf –o, -e im Nominativ Singular zugeordnet: окно, море.

Im Deutschen kann dagegen der Wortauslaut nicht als Merkmal für das Genus der Substantive dienen, z.B. haben die Substantive der Held [hɛlt] und das Feld [fɛlt] sowie der Bruder [brudər], die Schwester [ʃvɛstər] und das Fenster [fɛnstər] die gleiche Lautendung, werden aber im Gegensatz zum Russischen durch Artikel verschiedenem Genus zugeordnet (der - m, die - f, das - n). Auch bei homonymen Wörtern ist im Deutschen der Artikel selbst das Merkmal für das Geschlecht: **die** Kiefer und **der** Kiefer; **der** Schild und **das** Schild.

Im Russischen werden homonyme Wörter immer dem gleichen Genus zugeordnet:
z.B.   лук (zum einen 'Zwiebel', zum anderen 'Bogen', aber beides Maskulinum)
коса (zum einen 'Zopf', zum anderen 'Sense', aber beides Femininum).

Es gibt im Russischen nur wenige Ausnahmen von homonymen Wörtern, die verschiedenem Genus zugeordnet werden, z.B.:

моль (f) - Motte

моль (m) - Baumstämme zum Flößen

Wie kann nun in diesem Fall herausgefunden werden, welchem Genus das Substantiv zugeordnet werden soll? In diesem Fall soll die dritte. Methode greifen.

3) Die Zuordnung des Substantivs zu einem grammatikalischen Geschlecht nach der Deklinationsart

Im Russischen gibt es sechs Fälle im Vergleich zu vier Fällen im Deutschen:

Nominativ	Именительный	(wer? was?)
Genitiv	Родительный	(wessen?)
Dativ	Дательный	(wem?)
Akkusativ	Винительный	(wen? was?)
	Творительный (Instrumentalis)	(mit wem? womit?)
	Предложный (Präpositiv)	(über wen? worüber?)

Deklinieren wir jetzt das Wort моль (f) – Motte und моль (m) – Baumstämme:

Именительный	моль (f) – Motte	моль (m) – Baumstämme
Родительный	мол**и**	мол**я**
Дательный	мол**и**	мол**ю**
Винительный	моль	моль
Творительный	мол**ью**	мол**ем**
Предложный	о мол**и**	о мол**е**

Die Zuordnung folgender Wortpaare zu verschiedenem Genus ist auf Grund ihrer Deklination möglich: апрель (m) - акварель (f); голубь (m) - прорубь (f); пень (m) - тень (f); vgl: апрель, апреля (Genitiv), апрелем (Instrumentalis) - акварель, акварели (Genitiv), акварелью (Instrumentalis). Für Russisch Lernende bedeutet dies, dass sie bei russischen homonymen Wörtern zusätzlich die Genitivform mitlernen müssen.

Es gibt eine weitere Regel, die die Zuordnung der Substantive zu einem Genus erleichtern soll: Der Sonderbuchstabe ь wird nach Buchstaben: ж, ч, ш, щ nur bei Femininum (im Nom. und Akk.) geschrieben, bei Maskulinum fällt er weg:

Рожь (f.) – нож (m.), речь (f.) – меч (m.),

брошь (f.) – грош (m.), вещь (f.) – лещ (m.).

Dies ist die dritte Funktion des Sonderbuchstaben ь – das Merkmal für das Genus der Substantive. Wir haben schon erwähnt, dass die Konsonanten ж und ш nur hart sein können, also wird er in Worten wie: мышь, молодёжь zum Anzeichen von Femininum eingesetzt.

4) Die Zuordnung des Substantivs zu einem grammatikalischen Geschlecht auf Grund von Kongruenz

Schließlich gibt es im Russischen noch eine vierte Methode für die Feststellung des Genus eines Substantivs. Es ist eine syntaktische Methode, die anhand der Form der abhängigen Wörter funktioniert. Diese Erscheinung nennt man auch Kongruenz.

Z.B.: Получен-о интересн-ое интервью (-о, -ое = Neutrum); наступить на любим-ую мозоль (-ую = Femininum), всяк-ому овощу своё время (-ому = Maskulinum).

Auch der Einsatz von Possessivpronomen: мой, моя, моё (он, она, оно) kann bei dieser Methode hilfreich sein:
Тетрадь = моя (f), письмо = моё (n), брат = мой (m).

6.3.1.3   Deklination der Substantive

Die richtige Kasusmarkierung im Deutschen stellt die nächste zu bewältigende Schwierigkeit für zweisprachige Kinder dar, da es, wie oben gezeigt, zu berücksichtigen gilt, dass es im Deutschen vier und im Russischen sechs Fälle gibt.

Bei der Deklination der Substantive im Deutschen gibt es nur eine geringe Zahl von Endungen: -e, -es, -en, -er und die Nullendung. Dafür ändert sich häufiger der Artikel, er ist der Träger der Deklination:

Singular	Plural
N. der Tisch	die Tische
G. des Tisches	der Tische
D. dem Tisch	den Tischen
A. den Tisch	die Tische

Im Russischen gibt es bei der Deklination der Substantive wesentlich mehr Endungen, wie das Beispiel unten zeigt, dafür gibt es aber keine Artikel:

Singular = Единственное число

И. стол	окн-о	изб-а	дверь
Р. стол -а	окн-а	изб-ы	двер-и
Д. стол -у	окн-у	изб-е	двер-и
В. стол	окн-о	изб-у	двер-и
Т. стол -ом	окн-ом	изб-ой	дверь-ю
П. о стол -е	в окн-е	в изб-е	в двер-и

Plural = Множественное число

И. стол -ы	окн-а	изб-ы	двер-и
Р. стол -ов	окон-	изб-	двер-ей
Д. стол -ам	окн-ам	изб-ам	двер-ям
В. стол -ы	окн-а	изб-ы	двер-и
Т. стол -ами	окн-ами	изб-ами	дверь-ми
П. на стол -ах	в окн-ах	в изб-ах	в двер-ях

Wodurch werden nun die zwei fehlenden Fälle bei der Übersetzung aus dem Russischen ins Deutsche ersetzt? Sehen wir uns dazu zwei Bespiele an:

- Я горжусь моим родным городом. (Творительный падеж = Instrumentalis)
Ich bin auf meine Heimatstadt stolz. (Präposition auf + Akkusativ)
Der fünfte Kasus = Instrumentalis im Russischen wurde durch Präposition + Akkusativ im Deutschen ersetzt. Ähnlich ist es beim sechsten Fall = Präpositiv:

- Дом стоял на горе. (Предложный падеж = Präpositiv)
Das Haus stand auf dem Berg. (Präposition auf + Dativ).

Deutsche Präpositionen in Verbindung mit Substantiven im Akkusativ oder Dativ haben die Rolle des fünften (Instrumentalis) und des sechsten (Präpositiv) Kasus übernommen. Also spielen im Deutschen die Präpositionen eine wichtige Rolle. Auch in der russischen Sprache sind sie nicht mehr wegzudenken. Nicht nur der Präpositiv wird mit Hilfe von Präpositionen (П. – на земле, в школе) gebildet, sondern auch alle Bezeichnungen für räumliche Verhältnisse: на ёлку, под шкаф, за стол, через речку.

Zusammenfassend soll das Beispiel (s.u.) die bei zweisprachigen Kindern auftretende Problematik beim Gebrauch von Substantiven veranschaulichen:

	Problem1- Artikel	P1
Ich gehe mit (?)	Problem2 – Genus	Freund in (?)P2→ Theater.
	Problem3 – Kasus	P3

Dabei wurde die Verbstellung und Bedeutung der Substantive noch außer Acht gelassen. Dies wird unten näher erläutert.

6.3.1.4   Pluralbildung

Die deutsche Sprache verfügt über fünf Pluralmorpheme –(e)n, -s, -e, -er und –o, wobei die drei zuletzt genannten jeweils noch eine Umlautvariante erlauben. Ein typischer Fehler von zweisprachigen Kindern ist im Zusammenhang mit Zahlwörtern der Einsatz von Singularformen oder die ausschließliche Verwendung von -e als Pluralendung. Die vielfältigen Möglichkeiten des deutschen Pluralsystems werden oft nicht erkannt.

Außerdem machen Deutsch lernende Kinder oft Fehler bei der Satzbildung mit folgenden Substantiven: die Brille, die Schere, die Hose, weil diese Substantive im Russischen nur in der Pluralform gebraucht werden.

Z.B.: Wo **sind** meine Brille?

6.3.2 Zahlwörter

6.3.2.1 Zusammengesetzte Zahlwörter im Vergleich

Oben wurde schon erwähnt, dass zweisprachige Kinder bei der Pluralbildung oft Zahlwörter einsetzen. Dabei sind gerade Zahlwörter eine Hürde, die sie noch nehmen müssen, denn es besteht eine gewisse Umstellung und Übung, die deutschen Zahlen richtig lesen und schnell schreiben zu können. In russischen Zahlen stehen nämlich die Zehner immer vor den Einern, z.B.:

21 (двадцать один)	wörtlich übersetzt:	zwanzig eins
154 (сто пятьдесят четыре)	wörtlich übersetzt:	hundert fünfzig vier
1232 (тысяча двести тридцать два)	wörtlich übersetzt:	tausend zweihundert dreißig zwei.

6.3.2.2 Altersangabe

Sehr oft verwechseln die Kinder auch die Endung „-zig" und „-zehn".

Z.B.: - Ich bin vier**zig** Jahre alt statt
        - Ich bin vier**zehn** Jahre alt.

Bei der Altersangabe machen zweisprachige Kinder Fehler auch auf Grund der Übertragung aus der russischen Sprache:

- Мне десять лет. (Wörtl.) - **Mir** zehn Jahre.

Das Subjekt steht bei der russischen Altersangabe im Dativ.

6.3.2.3   Angaben der Uhrzeit

Den deutschen Fragen: „Wie spät ist es?" und „Wie viel Uhr ist es?" entspricht im Russischen: Который час?

Zweisprachige Kinder haben oft Probleme beim richtigen Gebrauch der Wörter „Uhr" und „Stunde", denen im Russischen nur ein Wort: «час» entspricht. Deshalb hört man des öfteren:
- Ich habe acht Uhr geschlafen.

6.3.3   Pronomen

6.3.3.1   Personalpronomen

D/Sg.	R/Sg.	D/Pl.	R/Pl.
ich	я	wir	мы
du	ты	ihr	вы/Вы
er, sie, es	он, она, оно	sie/Sie	они

Die deutsche und russische Höflichkeitsform unterscheiden sich:

Im Deutschen: 3. Person Plural vom Verb + Pronomen „Sie"
Haben Sie Zeit?

Im Russischen: 2. Person Plural vom Verb + Pronomen „Вы"
Почему Вы смеётесь? – Warum lachen Sie? (**wörtlich**: Warum lacht **Ihr**?)

6.3.3.2   Reflexivpronomen

D/Sg.	R/Sg.
ich kämme mich	я расчёсываюсь
du kämmst dich	ты расчёсываешься
er/sie/es kämmt sich	он, она, оно расчёсывается

D/Pl.	R/Pl.
wir kämmen uns	мы расчёсываемся
ihr kämmt euch	вы/Вы расчёсываетесь
sie/Sie kämmen sich	они расчёсываются

Dem deutschen Reflexivpronomen, das sich je nach Person ändert, entspricht im Russischen für alle Personen und Numeri „-сь" oder – „ся". Deshalb ist das deutsche Reflexivpronomen für Deutsch lernende russischsprechende Kinder recht verwirrend. Oft hört man Sätze wie:

- **Ich** muss **sich** waschen.
- **Wir** sollen **sich** beeilen.

6.3.3.3 Die unpersönlichen Pronomen „man" und „es"

Die unpersönliche Konstruktion „man" wird im Russischen mit 3. Person Plural wiedergegeben. Eine direkte Entsprechung für das Pronomen „man" gibt es nicht.
Z.B.: Man spricht hier leise. Здесь говорят (3. Pers. Pl.) тихо.

Das Pronomen „es" hat im Russischen kein Äquivalent:
Es ist **kalt**. – **Холодно**.

6.3.4   Adjektive

Anders als im Deutschen unterscheiden die russischen Adjektive stets die drei Genera: он - росл**ый** (Maskulinum), она – красив**ая** (Femininum), оно – прекрасн**ое** (Neutrum).

Vgl.	Die Aufgabe ist wichtig.	– Задача важн**ая**.
	Der Augenblick ist wichtig.	– Момент важн**ый**.
	Das Alter ist wichtig.	– Возраст важн**ый**.
	Die Angelegenheit ist wichtig.	– Дело важн**ое**.

Manche Kinder bilden auf Grund der muttersprachlichen Gewohnheit Sätze wie folgt:
Der Ball ist schwarz**er**.

Die Bluse ist neu**e**.

6.3.5 Verben

Die russischen Infinitive haben folgende Endungen: -ть, -ти, чь.

Z.B.: петь (singen), нести (tragen), печь (backen).

Die Infinitivendungen entsprechen der deutschen Endung – en.

In der russischen Sprache gibt es keine trennbaren Verben. Die „wandernden" Präfixe im Deutschen bereiten den zweisprachigen Kindern viele Probleme. Sie werden oft vergessen und weggelassen, z.B. :

Ich rufe dich (an).

Er steigt in den Zug (ein).

Er regt sich (auf).

Außerdem werden die Präfixe oft von den russlanddeutschen Kindern nicht vom Verb getrennt, z.B.:

Ich anrufe dich.

Er einsteigt in den Zug.

Er aufregt sich.

6.3.5.1 Reflexive Verben

Es gibt im Russischen wie im Deutschen reflexive Verben. Das Problem liegt darin, dass viele Verben, die im Deutschen reflexiv sind, es im Russischen nicht sind und umgekehrt. Daraus resultieren folgende typische Fehler:

Начинается урок. – Die Stunde beginnt sich.

Он отдыхает. - Er erholt. („sich" fehlt)

Außerdem ist auch die Rektion mancher Verben im Deutschen und Russischen nicht übereinstimmend, was zu gravierenden Fehlern führen kann.

Z.B.: - Ich spiele **auf** Klavier statt

Ich spiele Klavier. Vgl. russ.: Я играю **на** пианино.

(etwas spielen – im Russischen играть **на**...)

Auch in der Semantik gibt es Unterschiede zwischen deutschen und russischen Verben, vgl.:

Im Deutschen: Im Russischen:

Das Schiff fährt.   Корабль плывёт.

Daher bei der Übertragung: Das Schiff **fließt/schwimmt.**

6.3.5.2   Modalverben

Im Russischen gibt es verbale Entsprechungen für folgende Modalverben:

sollen	ich soll:	–	я должен
wollen	ich will:	хотеть	я хочу
können	ich kann:	мочь	я могу
dürfen	ich darf:	–	я могу
müssen	ich muss	–	я должен

Der Inhalt des Modalverbs wird oft durch Umschreibungen wiedergegeben, etwa wie im Deutschen: Haben Sie nichts dagegen, dass ich hier rauche?

Zum Ausdruck von „müssen" oder „notwendig sein" bedient man sich im Russischen einer unpersönlichen Konstruktion mit Subjekt im Dativ:

z.B.: Ich muss arbeiten. – Мне надо (нужно) работать.

(wörtlich: Mir ist notwendig zu arbeiten.)

6.3.5.3   Aspekt

Der sogenannte Aspekt (вид глагола) ist eine sprachliche Kategorie, durch die der Sprechende zum Ausdruck bringt, ob eine Tätigkeit abgeschlossen, zeitlich begrenzt ist oder werden soll, ob sie zu einem Resultat geführt hat oder führen soll. Fast jedes Verb hat im Russischen zwei Formen bzw. zwei Aspekte:

1. einen imperfektiven, unvollendeten (bezeichnet Dauer, Wiederholung einer Hand lung, kein Resultat) und
2. einen perfektiven, vollendeten (bezeichnet Resultat einer Handlung) Aspekt.

Z.B.: (imperf.) - засыпать (am Einschlafen sein) oder читать (lesen)
    (perf.) – заснуть (einschlafen) oder прочитать (fertig lesen)

Der perfektive Aspekt entsteht im Russischen gewöhnlich aus dem Vorsetzen einer Vorsilbe vor dem imperfektiven Aspekt (ехать – **при**ехать). Im Deutschen aber sind imperfektive Verben nicht immer Simplicia, und perfektive Verben entstehen nicht immer durch Präfigierung. Es gibt im Deutschen eine sehr große Zahl von nicht präfigierten Verben, die dennoch perfektiv sind: z.B. treffen, sterben, öffnen, und umgekehrt gibt es eine ganze Reihe präfigierter Verben, die imperfektiv sind: z.B. bewundern, betrachten.

Wenn Deutsch Lernende auf Grund der muttersprachlichen Gewohnheit versuchen, den imperfektiven Verben durch Präfigierung ihre Aspektpartner zu geben, können somit Missverständnisse auftreten. Russischsprachige Deutsch Lernende gehen davon aus, dass wenn „fahren" im Russischen „ехать" bedeutet, so müsste doch „**zu**fahren" oder „**bei**fahren" dem russischen „**при**ехать" entsprechen. Dabei heißt das Verb „приехать" im Deutschen „da sein". Damit sind aufgrund der Übertragungen aus der Erstsprache neue Schwierigkeiten entstanden.

6.3.5.4   Die Tempora

Im Russischen gibt es nur drei Tempora: Präsens, Präteritum und Futur. Man leitet die Präteritumformen vom Infinitiv ab, indem man an den Infinitivstamm die Präteritumendungen setzt, z.B.:
писа-ть (Inf.), писа–л, писа-ла, писа-ло (Prät.).

„Ich schrieb..." schreiben im Deutschen sowohl Mädchen als auch Jungen. Dies ist für zweisprachige Kinder verwirrend, denn im Russischen heißt es:
- Я писала. (für ein Mädchen) und
- Я писал. (für einen Jungen)

Zusammengesetzte Tempora wie Perfekt und Plusquamperfekt existieren in der russischen Sprache nicht. Es ist daher für russlanddeutsche Kinder schwer, sich an diese Tempora zu gewöhnen. Deutsch lernende Kinder interpretieren oft Perfekt als die Entsprechung des russischen vollendeten (perfektiven) Aspekts (s.o.) und Präteritum – des unvollendeten (imperfektiven) Aspekts. Daher dauert es lange, bis diese Kinder den richtigen Gebrauch der Vergangenheitstempora lernen.

Bei der Bildung des deutschen Futurs haben russlanddeutsche Kinder dagegen kaum Schwierigkeiten, denn sie kennen das zusammengesetzte Futur aus ihrer Erstsprache:
z.B.: Я буду в университете учиться. - Ich werde an der Uni studieren.

Im Russischen ist aber das Futur von „sein" nicht zusammengesetzt:
vgl.:   im Deutschen   im Russischen
        Ich werde glücklich sein.   Я буду счастлив (...).

Deshalb bilden russlanddeutsche Kinder das Futur meist wie folgt:
Ich werde Pianist (...). („werden" wird ausgelassen)
Sie wird Kindergärtnerin (...). („werden" wird ausgelassen).

6.3.5.5 Konjunktiv

Im Russischen wird zur Bildung des Konjunktivs dem Präteritum des Verbs die Partikel „бы" beigefügt:

ich möchte	я хотел **бы**
du möchtest	ты хотел **бы**
er möchte	он хотел **бы**

Im Russischen ist der Konjunktiv im Unterschied zum deutschen Konjunktiv keine Verbalkategorie, besitzt keinen grammatikalischen Charakter. Die Partikel sind Formkategorien des Satzes.

6.3.5.6 Passiv

Die Passivkonstruktionen werden im Russischen viel seltener als im Deutschen verwendet. Sie werden durch Anfügung der Reflexivpartikel an das Verb (3. Person Singular oder Plural) gebildet, z.B.:

Книга чита**ется** (3. P. Sg.) - Das Buch wird gelesen.

Задания выполня**ются** (3. P. Pl.) в классе. – Die Aufgaben werden in der Klasse erledigt.

6.3.6 Wortstellung im Satz und Satzbau im Russischen und Deutschen

6.3.6.1 Aussagesätze

Im Deutschen ist die Wortfolge durch viele Regeln festgesetzt. Im Russischen hingegen gibt es beim Satzbau weitgehende Freiheiten. So ist es im Russischen kein den Sinn entstellender grammatikalischer Fehler, wenn man im Hauptsatz das Verb an die dritte oder andere Stelle und nicht wie im Deutschen vorgeschrieben an die zweite Stelle setzt, z.B.:

- Вчера я **писал** письмо.

- Вчера я письмо **писал**.

Deshalb fällt es den zweisprachigen Kindern sehr schwer, sich an folgende Regeln zu halten:

1) Die obligatorische **Verbzweitstellung in deutschen Hauptsätzen**:

Am Sonntag **gehen** wir gemeinsam zur Vorstellung.
Die Kinder **gehen** gern zum Schwimmunterricht.

Die Deutsch lernenden Kinder bilden oft Sätze wie folgt:
Am Sonntag **wir gehen** gemeinsam zur Vorstellung.
Gestern **ich schrieb** einen Brief.

2) Die obligatorische **Verbfinalstellung** in deutschen Nebensätzen:

Er glaubte, dass der Zug zu spät **kommt**.
Er fragte, ob der Film morgen **läuft**.

Der russische Nebensatz unterscheidet sich in der Wortstellung nicht von dem Hauptsatz, d.h. meist steht das Prädikat direkt nach dem Subjekt. Durch Übertragung der muttersprachlichen Gewohnheit ins Deutsche können Nebensätze wie folgt entstehen:
Er glaubte, dass der Zug **kommt** doch zu spät.
Er fragte, ob der Film **läuft** morgen.

6.3.6.2 Fragesätze

Die Wortfolge eines Fragesatzes unterscheidet sich im Russischen gewöhnlich nicht von der des Aussagesatzes. Ein Fragesatz kann im Russischen wie folgt gebildet werden:

a) durch das Heben der Stimme am Ende des Aussagesatzes:

Девочка читает. (Aussagesatz)

♫

Девочка читает? ↑ (Fragesatz)

vgl. im Deutschen: Das Mädchen liest. (Aussagesatz)

Liest das Mädchen? (Fragesatz mit obligatorischer Inversion)

Da den zweisprachigen Kindern die Inversion schwer fällt, versuchen sie mit Hilfe der Frageintonation Fragesätze zu bilden, lassen aber dabei die Wortfolgeregelung außer Acht,

♫

z.B.: Die Schule ist schön? ↑ (Fragesatz)

b) durch die Voranstellung eines Fragewortes:

кто?–wer? что?–was? когда?–wann? где?–wo? почему?–warum?

Der russische Fragesatz mit Fragewort entspricht dem deutschen Fragesatz mit Inversion, z.B.: **Где** находится школа? - **Wo** befindet sich die Schule?

6.3.6.3   Verneinung

„nein" – „нет";

„nicht", „kein" – „не"

Mit Hilfe der Negationspartikel „не" verneint man im Russischen sowohl ganze Sätze als auch einzelne Satzteile (Substantive genauso wie Verben). Die Negationspartikel steht im Russischen *vor dem negierten Wort*.

Vgl. russisch: deutsch:

Это **не** шкаф.   Das ist **kein** Schrank.

Я **не** работаю.   Ich arbeite **nicht**.

Auf Grund der Übertragung aus der Erstsprache tritt bei zweisprachigen Kindern häufig folgender typischer Fehler bei der Verneinung im Deutschen auf:

- Ich **nicht** schreibe.

Die Verneinungspartikel „kein", „keine" vor dem Substantiv kommt diesen Kindern besonders fremd vor. Deshalb werden des öfteren Verneinungen wie folgt gebildet:

- Das ist **nicht** das Buch – anstatt: Das ist **kein** Buch.

Im Unterschied zum Deutschen gibt es im Russischen die doppelte Verneinung im Satz:

Vgl. russisch:

Она **ничего не** сказала.

(wörtl.) Sie hat **nicht nichts** gesagt.

deutsch:

Sie hat **nichts** gesagt.

Никто не видел его.

(wörtl.) **Niemand** hat ihn **nicht** gesehen.

Niemand **(keiner)** hat ihn gesehen.

7 Diskussion der Forschungsergebnisse im Hinblick auf ihre Praxisrelevanz für das sprachbehindertenpädagogische Handlungsfeld

7.1 Konfrontierende Beschreibung von Sprachen als Perspektive für eine differenzialdiagnostische Abgrenzung

Die Sprache ist das wichtigste Verständigungsmittel der Menschen. In ihrer mündlichen Form kann sie diese Aufgabe erfüllen, weil die sprachlichen Mittel, d.h. auditiv wahrnehmbare und nach bestimmten Prinzipien gebildete und organisierte Schwingungen beabsichtigte Effekte auslösen. Die formale Seite einer sprachlichen Äußerung ist vom phonologischen, morphologischen und syntaktischen System sowie von der Lexik einer gegebenen Sprache abhängig. Dies hat zur Folge, dass gleiche außersprachliche Erscheinungen in verschiedenen Sprachen durch unterschiedliche formale Mittel realisiert werden. Die konfrontierende Beschreibung bzw. Analyse untersucht diese formalen Mittel zweier Sprachen, vergleicht sie miteinander, systematisiert Einendes, Ähnliches und Trennendes, kennzeichnet den Grad der Übereinstimmungen und der Unterschiede, bestimmt ihren Charakter und ist somit für die Forschung von besonderer Bedeutung.

Das Kind eignet sich die Artikulationsweise seiner Muttersprache imitativ durch Übernahme und Nachahmung akustischer Hörbilder und die Entwicklung notwendiger Artikulationsbewegungen beim Sprechenlernen an. Obwohl die Bewegungen der Sprechorgane beim Sprechen in den verschiedenen Sprachen im Wesentlichen gleich sind, z.B. das Heben bzw. Senken, das Vorschieben bzw. Zurückziehen der Zunge, das Spreizen oder Vorstülpen und Runden der Lippen, das Bilden von Verschlüssen bzw. von Engen usw., so unterscheiden sie sich in Details zum Teil doch sehr erheblich voneinander.

Unterschiede im phonologischen System der Sprachen führen dazu, dass Laute oder Eigenheiten, die aus der Muttersprache bekannt sind, in einer Fremdsprache falsch artikuliert werden, weil sie in einer anderen als der gewohnten Position vorkommen. Wenn man eine Fremdsprache zu lernen oder zu lehren beginnt, muss man sich entsprechend darüber im Klaren sein, welche Gewohnheiten die Lauterzeugung in der Ausgangssprache bestimmen und welche neuen Gewohnheiten beim Lernenden ausgebildet werden müssen, um die Laute der Zielsprache richtig zu erzeugen.

Eine wichtige Aufgabe beim Erlernen einer zweiten Sprache besteht darin, günstige Voraussetzungen zur schnelleren und erfolgreicheren Überwindung des „Nichthörens" bestimmter lautlicher Erscheinungen zu schaffen. „Es ist bekannt", schreibt G.F. Meier (zit. n. Wiede 1981, 25) „dass ein Mensch akustisch objektiv nachweisbare Unterschiede nicht ´hört´, d.h., dass ihm der Unterschied nicht ´auffällt´. Dieses ´Nichthören´ hat auch ein ´Nicht-Sprechen-Können´ im Gefolge, so dass beispielsweise ein Süddeutscher große Schwierigkeiten hat, die slawischen stimmhaften und stimmlosen s-Laute auszusprechen."

Hören und Sprechen stehen in einer engen Wechselbeziehung zueinander. In einer Fremdsprache werden vor allem solche Laute oder deren bestimmte Qualitäten und Quantitäten zunächst nicht wahrgenommen und folglich auch nicht gesprochen, die im System der Muttersprache keine Entsprechung bzw. andere Funktionen haben oder in anderen Positionen auftreten. Der Lernende eignet sich das System einer Fremdsprache in der Regel auf der Grundlage des muttersprachlichen Systems an und überträgt dieses weitgehend auf die Fremdsprache.

N. Trubetzkoy (zit. n. Borowsky 1974, 9) kennzeichnet dementsprechend jede Sprache als ein System von Rastern oder „Sieben", die sich lediglich durch verschiedene Anordnung ihrer „Perforation" vom System der anderen Sprache unterscheide. Lege man solche „Siebe" zweier Sprachen übereinander, so werde man feststellen, dass ihre „Öffnungen" an manchen Stellen zusammenfallen, an anderen nicht, und so entdecken, in welchen Fällen wegen des Divergierens Lernschwierigkeiten entstehen können.

Der Einfluss der Muttersprache auf das Erlernen einer Fremdsprache beschäftigt seit langem nicht nur Fremdsprachenmethodiker, sondern auch Sprachwissenschaftler, Psychologen und Mediziner. Wichtige theoretische Aussagen zu dieser für die allgemeine und angewandte Sprachwissenschaft relevante Erscheinung, die allgemein als „Interferenz" bezeichnet wird, liegen von dem ungarischen Sprachwissenschaftler János Juhász vor. Nach seiner Meinung ist unter Interferenz „die durch die Beeinflussung von anderen sprachlichen Elementen verursachte Verletzung einer sprachlichen Norm bzw. der Prozess der Beeinflussung zu verstehen" (Juhász 1970, 9).

Juhász führt daneben auch die „Interferenz der Fremdsprache auf die Muttersprache" an (ebd., 31). Ausgehend von der Zielsetzung der vorliegenden Arbeit werden wir uns im wesentlichen mit der Interferenz der Muttersprache auf das Erlernen einer Fremdsprache befassen, weil die Ergebnisse solcher Untersuchungen vor allem sprachpraktische Bedeutung haben.

Auch wenn z.B. das phonologische System der Fremdsprache gleichsam wie durch ein Netz des muttersprachlichen Systems aufgenommen wird, so haben dessen Elemente nicht nur interferierenden Einfluss, sie können auch transferierend wirken. Die gegenseitige Beeinflussung zweier Sprachen hängt immer von der Beschaffenheit der Systeme dieser Sprachen ab. Transferierende Wirkung können all die muttersprachlichen Elemente haben, die auch in der Fremdsprache weitgehend gleiche Merkmale aufweisen oder sich auf gleiche Art und Weise in das System der Fremdsprache einfügen. Dazu kann für das Russische und Deutsche der Verlust des Stimmtons bei Geräuschkonsonanten im absoluten Auslaut gerechnet werden.

Die Erforschung und Beschreibung der Übereinstimmungen, besonders aber der Abweichungen und der Unterschiede, die zwischen der Muttersprache und einer Fremdsprache bestehen, ist Aufgabe der konfrontierenden Darstellung von Sprachen. Erst durch den Vergleich der Sprachen treten die spezifischen Eigenheiten einer Sprache in Erscheinung. So ist z.B. die starke Aktivität der Mittelzunge im Russischen, bedingt durch die Opposition palataler/nichtpalataler Konsonantphoneme, im Vergleich mit dem Deutschen eine besondere Eigenheit der russischen Artikulationsweise, weil diese Erscheinung im Deutschen zwar vorhanden, aber phonologisch irrelevant und daher nicht so ausgeprägt ist wie im Russischen.

In Deutschland fanden erstmals Mitte der siebziger Jahre sprachvergleichende kontrastive Analysen Eingang in die pädagogische Praxis, und obwohl die Kontrastivhypothese heute als weitgehend überholt gilt, hat der kontrastive Ansatz durchaus positiv zu wertende Perspektiven für die Pädagogik der Ausländerkinder aufgezeigt. Fehler werden nicht mehr einseitig als unzureichende Annäherung an die Norm der zu erlernenden Sprache gedeutet, sondern sind durch die beim Zweitspracherwerb ablaufenden Strategien erklärbar und zunächst annehmbar. Die Behebung dieser Fehler setzt nicht mehr ausschließlich bei der zu erlernenden Zweitsprache an, sondern bezieht die Erstsprache mit ein.

Der in Kapiteln 6.2 und 6.3 erfolgte kontrastive Sprachvergleich Russisch-Deutsch auf der phonetisch-phonologischen sowie der morphologisch-syntaktischen Ebene war von der Zielsetzung geleitet, im Rahmen des Zweitspracherwerbs mögliche interferenzbedingte Fehler von russlanddeutschen Kindern zunächst in all ihrer Vielfalt aufzuzeigen, diese durch den direkten Einbezug der Erstsprache zu erklären versuchen sowie mögliche Wege aufzuzeigen, den interferierenden Einfluss der Muttersprache auf die Zweitsprache Deutsch im (sprachbehinderten-)pädagogischen Handlungsfeld überwinden zu können. Die aus dem kontrastiven Sprachvergleich resultierenden interferenzbedingten phonetisch-phonologischen und grammatikalischen Fehler von russlanddeutschen Kindern werden in Kapiteln 7.1.1 und 7.1.3 ausführlich dargestellt.

Anschließend soll in diesem Zusammenhang der Frage nachgegangen werden, wie eine konfrontierende Sprachanalyse zur Klärung der Indikationsfrage bei zweisprachigen Kindern beitragen kann. Dazu werden interferenzbedingte phonetisch-phonologische und grammatikalische Fehler von russlanddeutschen Kindern zwecks Übersicht in Tabellen zusammengefasst, die als praktisches Hilfsmittel für die Differenzialdiagnostik bei russlanddeutschen Kindern hinzugezogen werden können. Die tabellarische Übersicht über erwerbsbedingte phonetisch-phonologische Fehler von zweisprachigen (russisch-deutsch) Kindern (s. Kap. 7.1.2) erleichtert eine differenzialdiagnostische Abgrenzung von einer phonetisch-phonologischen Sprachentwicklungsstörung. In der Tabelle 7.1.4 sind erwerbsbedingte grammatikalische Fehler von russlanddeutschen Kindern im Rahmen des Zweitspracherwerbs zusammengefasst, die von einer grammatikalischen Entwicklungsstörung abzugrenzen sind.

Diese tabellarische Zusammenfassung erwerbsbedingter phonetisch-phonologischer und grammatikalischer Fehler von russlanddeutschen Kindern im Rahmen des Zweitspracherwerbs kann nicht nur Sprachheilpädagog(inn)en, sondern auch Lehrer(inne)n und anderen Spezialisten, die mit Aussiedlerkindern arbeiten, Hilfestellung bei der Überwindung der durch Interferenzen aus der Erstsprache bedingten Schwierigkeiten beim Erlernen der deutschen Sprache leisten.

An dieser Stelle soll nicht der Eindruck entstehen, dass alle russlanddeutschen Kinder im Zuge des Zweitspracherwerbs zwingend die unten dargestellten Fehler aufweisen. In Einzelfällen können Schwierigkeiten auch dort auftreten, wo zwei sprachliche Systeme sich wenig unterscheiden, während umgekehrt stark differierende Merkmale zweier Sprachsysteme spielend gelernt werden (vgl. Klein 1992). In den Tabellen soll lediglich die breite Palette von möglichen und durchaus natürlichen muttersprachlichen Interferenzen von russlanddeutschen Kindern auf dem Weg zur Zielsprache Deutsch aufgezeigt werden.

Es ist noch einmal zu betonen, dass in den Tabellen lediglich erwerbsbedingte phonetisch-phonologische und grammatikalische Fehler im Zuge eines Zweitspracherwerbs zusammengefasst werden, die noch keine Hinweise auf eine Sprachbehinderung geben. Sprachliche Auffälligkeiten solcher Art dürfen nicht voreilig als Sprachbehinderung diagnostiziert werden, denn sie geben lediglich Hinweise auf den sprachlichen Stand des Aussiedlerkindes in der Zweitsprache Deutsch. Die in den Tabellen zusammengefassten Merkmale sollen vielmehr als Abgrenzungshilfen zwischen erwerbsbedingten Sprachschwierigkeiten im Rahmen eines Zweitspracherwerbs und einer Sprachbehinderung verstanden werden, wobei auf Grund von fließenden Übergängen zwischen „normalem", „auffälligem" und „pathologischem" Sprachverhalten und angesichts der Komplexität des zu erhebenden Sachverhaltes „dem Diagnostiker die Notwendigkeit einer *Wertentscheidung* nicht abgenommen werden kann" (vgl. Grohnfeldt 1989a, 215).

Die Diagnose einer Sprachbehinderung setzt bei einem zweisprachigen Kind unbedingt eine Überprüfung dessen sprachlichen Entwicklungsstandes in beiden Sprachen voraus. Die Bedeutung der Muttersprachentwicklung darf nicht außer Acht gelassen werden, da sie nicht nur eine entscheidende Rolle für die Identität des Kindes darstellt, sondern auch als wesentliche kognitive und soziale Entwicklungsvoraussetzung für den Zweitspracherwerb gesehen werden muss. Für die Untersuchung der Muttersprache sollte ein zweisprachiger Sprachtherapeut hinzugezogen werden. Sollte diese Möglichkeit nicht bestehen, lassen sich durch eine umfassende Anamnese wichtige Informationen über den Entwicklungsstand des Kindes in seiner Erstsprache einholen (s. Kap. 7.2).

Sofern es Hinweise darauf gibt, dass die sprachliche Entwicklung des Kindes auch in der Erstsprache nicht normgerecht ist bzw. Auffälligkeiten aufweist und/oder die sprachlichen Merkmale in der deutschen Sprache sich nicht mehr durch Interferenzen aus der Erstsprache (vgl. dazu Tabellen 7.1.2 und 7.1.4) erklären lassen, muss von einer Sprachbehinderung ausgegangen werden, die zwingend sprachtherapeutischer Intervention bedarf.

7.1.1 **Interferenzbedingte phonetisch-phonologische Fehler von zweisprachigen (russisch-deutsch) Kindern mit Kurzempfehlungen zu deren Überwindung**

1) Gleiten der Sprechorgane bei der Aussprache der deutschen betonten Vokale (vgl. 6.2.4.1)

Die Aufeinanderfolge der Lautungsbewegungen sowie die Art der Übergänge von einer Artikulation zur einer anderen weisen im Deutschen und Russischen Unterschiede auf. Während für das Russische eine gewisse Schlaffheit der Artikulationsbewegungen sowie fließende Übergänge von Artikulation zu Artikulation charakteristisch sind, zeichnet sich das Deutsche durch eine kräftige Artikulation und Muskelspannung aus. Nach Karpov/Monigetti (1962) verharren im Deutschen die Sprechorgane bei der Bildung von Vokalen in der Lage, die für die Artikulation eines Lautes notwendig ist, mehr oder weniger konstant für die gesamte Bildungsdauer, während für das Russische eine gleitende Artikulation der betonten Vokale charakteristisch ist. So ist bei der Artikulation des russischen Wortes кошка ein Gleiten von u über o zu a hörbar - [k'ᵘoaʃkə].

Bei der Übertragung der muttersprachlichen Gewohnheit ins Deutsche entstehen Aussprachefehler wie folgt: Karotte [karɔtə] wird ausgesprochen [karᵘoatə]; Vogel [foːgəl] wird ausgesprochen [fᵘoagəl]. Das Verharren der Sprechorgane bei der Bildung der deutschen betonten Vokale für die gesamte Artikulationsdauer muss von russlanddeutschen Kindern bewusst geübt werden, damit die gleitende Artikulation der betonten Vokale im Deutschen auf Grund der muttersprachlichen Interferenz unterbunden werden kann.

2) Auditive Differenzierungsschwäche der deutschen engen Vokallaute [o:] und [u:] (vgl. 6.2.4.1)

Das russische [o] steht dem deutschen weiten [ɔ] in „Flotte" näher als dem engen [o:] in „Ton". Das russische [o] hat eine größere Mundöffnung, da die Lippen schwächer gerundet sind als beim deutschen engen [o:]. Die Zunge liegt beim deutschen [o:] um ein geringeres höher, der Kieferwinkel ist kleiner. Hinzu kommen ferner straffere Muskelspannung und längere Dauer des deutschen [o:].

Der Eigenton des deutschen engen [o:] kommt fast dem des russischen [u:] gleich, weshalb Deutsch lernende Aussiedlerkinder anfangs ein deutsches [o:] als [u:] wahrnehmen. Das enge [o:] zeigt ähnlich dem [u:] eine starke Vorstülpung und Rundung der Lippen, wobei die Mundöffnung relativ klein bleibt. Die auditive Differenzierungsfähigkeit kann in solchen Fällen durch Wortpaare wie groß – Gruß, rohe – Ruhe etc. gefördert werden.

3) Akanje im Deutschen (vgl. 6.2.4.3)

Eine der wesentlichsten Eigenheiten des russischen Vokalismus im Vergleich zum Deutschen ist die Reduktion der unbetonten Vokale. Die Länge und vor allem Klangfülle bzw. Klangarmut eines russischen unbetonten Vokals hängt wesentlich von seiner Stellung und Entfernung zur betonten Silbe des Wortes ab. Die Vokalreduktion zeigt zunächst eine quantitative Seite. Bei den unbetonten Vokalen [e], [a], [o] kommt es aber über die Quantitätsminderung hinaus zu qualitativen Veränderungen. Im Russischen ist dieses Phänomen als „Akanje" (von russ.: акать = o wie a aussprechen) und „Ikanje" (von russ.: икать = e, a wie i aussprechen) bekannt.

Z.B. Akanje: полотно wird ausgesprochen [pəlʌtn'o];
   Ikanje: часы wird ausgesprochen [tʃ′ɪs′ɨ].

Das Phänomen Akanje ist in diesem Zusammenhang von besonderem Interesse, da Akanje als Übertragungsfehler aus dem Russischen im Deutschen leicht zu Missverständnissen führen kann, wenn z.B. „posieren" [pozi:rən] ausgesprochen wird [pazi:rən], was schon fast wie „passieren" [pasi:rən] klingt. Das Wort „adoptieren" [adɔpti:rən] bekommt bei Aussprache [adapti:rən] eine völlig neue Semantik. Um solchen Missverständnissen vorzubeugen, müssen Aussiedlerkinder lernen, auch die deutschen unbetonten Vokale stets klar und deutlich auszusprechen.

4) Fehlender Glottisschlag (Knacklaut) bei der Aussprache von deutschen Vokalen im Silbenanlaut (vgl. 6.2.4.1)

Der Neueinsatz, der für die deutschen Vokale im Anlaut von Stamm- und Vorsilben charakteristisch ist, z. B.: Eule [¨oǿlə], miteilen [mit ¯aelən], hat kein Äquivalent im Russischen.

Da russisch-deutsche Kinder aus ihrer Erstsprache den festen Vokaleinsatz nicht kennen, muss der Glottisschlag bzw. Knacklaut im Deutschen an Wörtern und Wortverbindungen wie: der Igel [de:r ¨i:gəl] – der Riegel [de:rri:gəl] bewusst geübt werden.

5) J–Beiklang bei der Aussprache des deutschen [e]–Lautes (vgl. 6.2.4.7)

Für die Aussprache der russischen jotierten Vokalbuchstaben я, ё, ю, е werden zwei Laute benötigt: der Sonant [й] (in der Transkription wie o.g. [j]) und entsprechend die Vokallaute [a], [o], [y], [э], z.B.: яма - [j] [a] [м] [a], еда - [j] [e] [д] [a].

Als muttersprachliche Interferenz kann bei der Aussprache des deutschen [e]–Lautes ein j-Beiklang hörbar sein: z.B. Geld [gjelt] bekommen [bjekɔmən]. In solchen Fällen ist es am Anfang hilfreich, die russlanddeutschen Kinder das deutsche [e] als das russische offene [э] – [ɛ] (wie in „Bär") aussprechen zu lassen.

6) Missachtung der Kurz-lang-Opposition der deutschen Vokale (vgl. 6.2.4.4)

Eine Besonderheit des russischen Vokalismus besteht darin, dass im Russischen Länge und Kürze der Vokale für semantische Zwecke nicht eingesetzt wird wie etwa im Deutschen, z.B.: (der) Bann - [ban] und (die) Bahn - [ba:n].

Bei Missachtung der Kurz-lang-Opposition im Deutschen auf Grund der Übertragung aus dem Russischen kann es somit auf Grund der dadurch entstandenen Änderung der Semantik leicht zu Missverständnissen kommen,

z.B. „Miete" bei Aussprache [mitə] – Mitte;

  „Ofen" bei Aussprache [ɔfən] – offen.

7) Fehlerhafte Aussprache von „Hiatus" in deutschen Wortstämmen (vgl. 6.2.4.7)

Die russische Sprache kennt kein Aufeinanderfolgen zweier verschiedenen Silben angehörigen Vokale - „Hiatus". Die Vokale in der russischen Sprache „ziehen es vor", im Stamm, im Prä- oder Suffix sowie in der Endung sich mit einem Konsonanten oder einer Konsonantengruppe zu verbinden. Ein Aufeinanderfolgen von Vokalen kommt nur in Fällen vor, wenn das Präfix mit einem Vokal endet und der Stamm mit einem Vokal beginnt (**зао**блачный) oder in zusammengesetzten Wörtern (сам**оу**чка).

Ein Aufeinanderfolgen zweier verschiedenen Silben angehörigen Vokale in deutschen Wörtern wie „Mauer", „sauer", „Ozean" kann somit bei russlanddeutschen Kindern zu Ausspracheschwierigkeiten führen. Auf Grund fehlender muttersprachlicher Gewohnheit muss die Aussprache von „Hiatus" in deutschen Wortstämmen bewusst geübt werden.

8) Fehlerhafte Aussprache der deutschen Umlaute (vgl. 6.2.4.5; 6.2.4.6)

Während wir im Deutschen acht labiale Vokale [y:], [y], [ǿ], [œ], [u:], [ʊ], [o:], [ɔ] haben, gibt es im Russischen nur zwei labiale Vokalphoneme: y = [u] und o = [o]. D.h. das Russische kennt keine gerundeten Vordervokale [y:], [y], [ǿ] und [œ], die durch gleichzeitiges Aufwölben der Vorderzunge zum Präpalatum und Vorstülpen und Runden der Lippen gebildet werden.

Die labialen Vokalphoneme des Russischen: y = [u] und o = [o] gehören zur hinteren Reihe. Bei ihrer Bildung wölbt sich die Hinterzunge mehr oder weniger stark zum Velum. Für das Russische ist daher mit dem Vorstülpen und Runden der Lippen immer das Zurückziehen der Zunge und das Anheben des Postdorsums verbunden. Das Anheben der Vorderzunge bei gleichzeitiger Lippenartikulation bereitet russlanddeutschen Kindern erhebliche Schwierigkeiten. Bei vorgestülpten und gerundeten Lippen gleitet die Zunge automatisch in die u- bzw. o-Stellung, und es entsteht anstelle eines [ǿ] bzw. [œ] eine Lautfolge, die vom [e] über eine Reihe von Zwischenlauten zum [o] führt, und anstelle eines [y:] oder [y] eine Lautfolge von [i] über Zwischenlaute zum [u].

Z.B.: „schön" wird ausgesprochen [ʃeːn], „müde" wird ausgesprochen [miːdə].

Die fehlerhafte Lautwiedergabe der deutschen gerundeten Vordervokale [y:] und [y] als [i:] oder [i] bzw. die fehlerhafte Aussprache von [œ] und [ǿ] als [e:] oder [e] hängt mit der benachbarten Position dieser Laute im Vokaltrapez zusammen (vgl. 6.2.3.). Da die russische Sprache keine entsprechenden Lautäquivalente kennt, muss deren Artikulation erklärt und geübt werden.

Der Umlaut [y:] darf dabei mit dem russischen ю - [ju] nicht verwechselt werden. Um den Laut [y:] richtig aussprechen zu lernen, muss die Zungenspitze in die Ausspracheposition eines langen [i:] gebracht werden. Dabei sollen die Lippen stark gerundet werden wie bei der Aussprache von [u:]. Der Umlaut [ǿ:] darf mit dem russischen ё - [jo] nicht verwechselt werden. Um den Laut [ǿ:] richtig aussprechen zu lernen, muss die Zungenspitze in die Ausspracheposition eines langen [e:] gebracht werden. Dabei sollen die Lippen stark gerundet werden wie bei der Aussprache von [o:].

9) Fehlerhafte Aussprache der deutschen Diphthonge (vgl. 6.2.4.6)

Diphthonge sind vokalische Laute, bei deren Artikulation eine Gleitbewegung der Zunge oder zusätzlich der Lippen von einer Vokalposition in eine andere vollzogen wird. Man spricht erst dann von Diphthongen, wenn beide Bestandteile der gleichen Silbe angehören, z. B. in Wörtern wie „Haus", „Heu", „Heim".

Die russische Sprache kennt keine Diphthonge. Eine Gleitbewegung der Zunge muss aus diesem Grunde zuerst erlernt werden. Die Deutsch lernenden Kinder dürfen bei der Aussprache von Diphthongen diese mit der Aussprache der Verbindungen von russischen Vokalen a, o, e mit dem Konsonanten й – [j] (лайка, стройка, рейка) nicht verwechseln. Bei den Übungen zur Aussprache von deutschen Diphthongen im Anlaut muss außerdem unbedingt auf den Glottisschlag geachtet werden:

z.B. Eisen [ˀaezən], aufmachen [ˀaofmaxən].

10) Fehlende Aspiration bei der Aussprache der deutschen Plosive [p], [t], [k] (vgl. 6.2.6.3)

Die deutschen Fortes unterscheiden sich von den russischen stimmlosen Konsonanten vor allem dadurch, dass die Plosive [p], [t], [k] im Anlaut, besonders vor betonten Vokalen, sowie im Auslaut, besonders wenn die letzte Silbe betont ist, von Aspiration begleitet sind: z.b. Tal [tʰaːl], Kahn [kʰaːn], Plage [pʰlaːgə].

Dieses Merkmal des deutschen Konsonantismus, das auf der Öffnungsstellung der Glottis während des Übergangs vom Konsonanten zum folgenden Vokal und der Stärke des Exspirationsstroms beruht, ist dem Russischen völlig fremd. Da russlanddeutsche Kinder die Aspiration der Plosive aus ihrer Erstsprache nicht kennen, bilden sie auch die deutschen [p], [t], [k] oft ohne Behauchung.

11) Palatalisierung der deutschen Konsonanten (vgl. 6.2.6.2)

Eine Besonderheit der Artikulationsweise des Russischen im Bereich des Konsonantismus ist die ausgeprägte Mittelzungenaktivität beim Bilden weicher bzw. palataler Konsonanten. Die Zunge führt bei den weichen Konsonanten neben der für die entsprechenden harten Konsonanten charakteristischen Grundbewegung eine zusätzliche Bewegung durch Anheben der Mittelzunge und Vorverlagerung der gesamten Zungenmasse in Richtung zum vorderen harten Gaumen aus, wodurch es zu einer Verkleinerung des Resonanzraumes kommt.

So kommen vor dem Allophon i im Russischen nur palatale Konsonanten vor. Diese phonologische Besonderheit der russischen Sprache heißt Palatalisierung (Erweichen) der Konsonanten und kennt keine Ausnahmen. Dagegen können in der deutschen, englischen, französischen, italienischen u.a. Sprachen harte Konsonanten mit dem Allophon i in Verbindung treten, ohne dass die Konsonanten weich ausgesprochen werden: z.B. dick [dik] - Dackel [dakəl] (das [d] im Wort „dick" – vor [i] wird ebenso hart ausgesprochen wie im Wort „Dackel").

Deutsch lernende russischsprechende Kinder müssen lernen, beim Sprechen von Konsonanten in der Stellung vor Vokalen der vorderen Reihe die Mittelzunge nicht zum Palatum anzuheben, da sie auf Grund der automatischen Gewohnheit dazu neigen, diese für das Russische typische Artikulation in die deutsche Sprache zu übertragen, wodurch folgende Aussprachefehler entstehen können:

Z.B. „Tiger" wird ausgesprochen [t´iger], „Tisch" wird ausgesprochen [t´iʃ].

12) Regressive Stimmassimilation vor deutschen Lenes (vgl. 6.2.6.1)

Im Russischen ist die Stimmassimilation stets regressiv, d.h. der voraufgehende Geräuschkonsonant gleicht sich hinsichtlich der Stimmhaftigkeit bzw. Stimmlosigkeit dem folgenden Geräuschkonsonanten an. Die Verbindung eines stimmhaften Konsonanten ist nur mit einem stimmhaften und eines stimmlosen nur mit einem stimmlosen Konsonanten möglich (*Assimilationsgesetz der benachbarten Konsonanten*). Z.B.: лодка - [ɫotkə], просьба - [proz´bə].

Im Deutschen ist die Stimmassimilation dagegen nur vor Fortes regressiv, z.B.: sagte ['za:ktə], Staubtuch [ʃtaoptu:x]. Vor Lenes werden im Unterschied zum Russischen stimmlose Varianten gesprochen, z.B.: Fussball [fu:sbal], Laubbaum [laopbaum].

Regressive Stimmassimilation vor deutschen Lenes auf Grund der muttersprachlichen Interferenz gilt als Aussprachefehler:

z.B. Fußball [fu:sbal] wird ausgesprochen [fu:zbal],

lösbar [lø:sba:r] wird ausgesprochen [lø:zba:r].

13) Fehlerhafte Aussprache des deutschen velaren Nasals [ŋ] (vgl. 6.2.6.4)

Im Deutschen wird in der Stellung vor [k] und [g] in der Regel kein dentales [n], sondern der velare Nasal [ŋ] gesprochen:

z.B. Bank – [baŋk], Angel – [aŋəl].

Die russische Sprache kennt diesen velaren Nasal nicht. Fehlerhaft wird von russlanddeutschen Kindern meist jeder Buchstabe als ein Laut ausgesprochen:

z.B.: gesungen - [gezʊn+gən], springen – [ʃprin+gən].

Der deutsche velare [ŋ]-Laut muss daher durch ein bewusstes Heben des Zungenrückens geübt werden.

14) Fehlerhafte Aussprache des deutschen Zäpfchen–[R] (vgl. 6.2.6.4)

Das Deutsche kennt mehrere r-Bildungen. Verbreitet ist das uvulare [R], das durch Schwingungen der Uvula gegen die gehobene Hinterzunge gebildet wird. Ebenso häufig kommt das Reibe-[r] vor, das durch die Bildung einer Enge zwischen der angehobenen Hinterzunge und der Uvula als Reibegeräusch entsteht. Nur das Zungenspitzen-[r] fällt im wesentlichen mit dem russischen [r] zusammen. Es weist aber eine schwächere Geräuschbildung auf.

In der Stellung nach Vokalen kann im Deutschen eine Vokalisierung des Vibranten eintreten. Steht das [r] z.B. nach ungespanntem [a], dann kann es zu einer sogenannten Ersatzdehnung kommen, d.h. der Vokal wird lang gesprochen: z.B. „Bart" [ba:t]. Durch gleiche Aussprache der Wörter „Bart" [ba:t] und „(er) bat" [ba:t] können leicht Missverständnisse auftreten.

Für russlanddeutsche Kinder entstehen neben der Überwindung von Ungeübtheiten in der Bildung der vielen r-Varianten auch noch Schwierigkeiten im Erkennen dieser Varianten und ihrer Zuordnung zum Phonem [r]. Das im Deutschen weit verbreitete uvulare [R] wird von russlanddeutschen Kindern in den meisten Fällen durch das ihnen aus der Erstsprache bekannte Zungenspitzen-[r] ersetzt.

15) Fehlerhafte Aussprache des deutschen Laryngallautes [h] (vgl. 6.2.6.4.)

Der deutsche Hauch- oder Öffnungslaut [h] nimmt unter allen Konsonanten eine Sonderstellung ein, weil er nicht lokalisierbar ist und weil bei seiner Bildung sich nicht ein artikulierendes Organ einer Artikulationsstelle nähert. Bei der Bildung des [h]-Lautes gehen die Stimmlippen von der Atmungsstellung allmählich in die Stimmstellung, die geöffnete Glottis schließt sich langsam. Während dieser Verengung reibt sich der Exspirationsstrom an den Stimmlippen, so dass ein leichtes Hauchgeräusch entsteht.

Es gibt im Russischen kein Äquivalent für den deutschen Laryngallaut [h] (Haus, hier). Russlanddeutsche Kinder haben Schwierigkeiten, den deutschen [h]–Laut ü-berhaupt zu hören. Für die Artikulationstherapie bedeutet dies, dass der deutsche Hauch- und Öffnungslaut [h] erst angebahnt werden muss. Zunächst kann dem Kind der bewusste Einsatz des Atems veranschaulicht werden, wobei es den Unterschied zwischen gewöhnlicher Ausatmung und dem Hauchen erfassen soll. Z.B. lassen sich auf kalten Fensterscheiben Flecke verschiedener Größe „zaubern". Dabei sollte dar-auf geachtet werden, dass die Hinterzunge nicht angehoben wird wie bei dem russi-schen [x]-Laut, was in der Übungsphase als Übertragungsfehler oft passiert. Daher hört man [**x**abən] statt [habən], [**x**uŋər] statt [huŋər].

Das deutsche [h] wird ins Russische oft mit [g] übersetzt, z.B. Heidelberg - Гейдельберг. Bei Übertragung ins Deutsche können Aussprachefehler wie Hamburg [**g**ambu^{a}k] oder Halstuch [**g**al´stu:x] entstehen.

7.1.2 Tabellarische Übersicht über erwerbsbedingte phonetisch-phonologische Fehler von russlanddeutschen Kindern im Rahmen des Zweitspracherwerbs als praktisches Hilfsmittel für eine differenzialdiagnostische Abgrenzung von einer phonetisch-phonologischen Sprachentwicklungsstörung

ZUSAMMENFASSUNG: PHONETISCH-PHONOLOGISCHE FEHLER VON RD-KINDERN, DIE AUF GRUNG DER MUTTERSPRACHLICHEN INTERFERENZ ENTSTEHEN UND VON (SPRACHBEHINDERTEN)PÄDAGOGINNEN ALS SOLCHE ERKANNT WERDEN MÜSSEN (S. 1)

MERKMAL	IM RUSSISCHEN	IM DEUTSCHEN	KOMMENTAR
Aussprache von betonten Vokalen	Gleitende Artikulation der Sprechorgane, z.B. кошка wird ausgesprochen [k' oa|ka].	Konstante Artikulation der Sprechorgane. Die Sprechorgane verharren in der Lage, die für die Artikulation des Vokals notwendig ist, für die gesamte Artikulationsdauer.	Bei der Aussprache der deutschen betonten Vokale von RD-Kindern muss darauf geachtet werden, dass die Sprechorgane nicht gleiten, sondern für die gesamte Artikulationsdauer konstant bleiben. Andernfalls entstehen Übertragungsfehler wie folgt: Motte [mɔte] wird ausgesprochen [m oate].
Auditive Differenzierung der deutschen engen Vokallaute [o:] und [u:]	Der Abstand des russischen [o] zum deutschen engen [o:] in „Mode" ist bedeutend größer als zum deutschen weiten [ɔ] in „flott".		Der Eigenton des deutschen engen [o:] kommt fast dem des russischen [u:] gleich, weshalb RD-Kinder anfangs das deutsche [o:] als [u:] wahrnehmen. Die auditive Differenzierungsfähigkeit kann in solchen Fällen durch Wortpaare wie groß – Gruß, Flora - Flure etc. gefördert werden.
Aussprache von unbetonten Vokalen	Die unbetonten Vokale unterliegen einer quantitativen und qualitativen Reduktion. A-Kanje: z.B. молоко - [malʌk'o] I-Kanje: z.B. меня - [m'in'a]	Alle unbetonten Vokale werden klar und deutlich ausgesprochen.	Mit RD-Kindern ist die deutliche Aussprache von deutschen unbetonten Vokalen zu üben. An Beispielen „monieren-Manieren", „kopieren – kapieren" lässt sich zeigen, dass es sonst leicht zu Missverständnissen kommen kann.
Glottisschlag (Knacklaut) beim Aussprechen von Vokalen im Silbenanlaut	fehlt	Ist ein Merkmal der deutschen Vokale: Der ˀIgel, ein ˀEis, der ˀAufenthalt	RD-Kinder haben Schwierigkeiten, den Knacklaut zu hören und die deutschen Vokale im Silbenanlaut mit Knacklaut auszusprechen, was oft zur falschen Wiedergabe des Gehörten führt: „der Riegel" [de:rˀi:gəl] statt „der ˀIgel" [de:rˀi:gəl]. Der Knacklaut muss bewusst geübt werden.

ZUSAMMENFASSUNG: PHONETISCH-PHONOLOGISCHE FEHLER VON RD-KINDERN, DIE AUF GRUND DER MUTTERSPRACHLICHEN INTERFERENZ ENTSTEHEN UND VON (SPRACHBEHINDERTEN)PÄDAGOGINNEN ALS SOLCHE ERKANNT WERDEN MÜSSEN (S. 2)

MERKMAL	IM RUSSISCHEN	IM DEUTSCHEN	KOMMENTAR
J-Beiklang bei Vokalen	bei jotierten Vokallauten я = j + a; е = j+ э, ё = j+о, ю = j +у, z.B. юбка - [j+upkε]	fehlt, kennt man nur nach j, z.B. Jacht - [jaxt], jagen - [jagən]	RD-Kinder übertragen den J-Beiklang oft ins Deutsche: e wird ausgesprochen [je], z.B. Geld [gjelt], besuchen [bjezu:xən]. Am Anfang kann es hilfreich sein, die RD-Kinder das deutsche [e] als das russische offene [э] – [ε] (wie in „Bär") aussprechen zu lassen.
Kurz-lang-Opposition der Vokale	fehlt; Länge und Kürze der Vokale werden für semantische Zwecke nicht eingesetzt	Länge und Kürze der Vokale haben eine bedeutungsunterscheidende Funktion: z.B. satt – [zat] und (die) Saat – [za:t].	Änderung des Semantik durch Länge bzw. Kürze der deutschen Vokale an Beispielen wie Miete [mi:tə] – Mitte [mitə], (der) Bann [ban] – (die) Bahn [ba:n] verdeutlichen
Aufeinanderfolgen zweier verschiedenen Silben angehörigen Vokale – „Hiatus"	Fehlen von „Hiatus" in russischen Wortstämmen	Kommt bei deutscher Wortbildung in Wörtern wie „Mauer", „Ozean" etc. vor	Die korrekte Aussprache von „Hiatus" in deutschen Wortstämmen muss auf Grund fehlender muttersprachlicher Gewohnheit von RD-Kindern erst gelernt werden.
Umlaute	fehlen, man behilft sich, indem man ü als das russische ю (Düren- Дюрен), ö als das russische ё (Köln – Кёльн) ausspricht	Besonderheit der deutschen Vokale o - ö: Vogel – Vögel u - ü Nuss – Nüsse	RD-Kinder verwechseln oft die deutschen Umlaute mit den ihnen bekannten Vokallauten. Z.B. „müssen" wird ausgesprochen [misən], „Schüler" wird ausgesprochen [ji:lər]. Da die russische Sprache keine entsprechenden Lautäquivalente kennt, muss die Artikulation der deutschen Umlaute erklärt und geübt werden.

ZUSAMMENFASSUNG: PHONETISCH-PHONOLOGISCHE FEHLER VON RD-KINDERN, DIE AUF GRUNG DER MUTTERSPRACHLICHEN INTERFERENZ ENTSTEHEN UND VON (SPRACHBEHINDERTEN)PÄDAGOGINNEN ALS SOLCHE ERKANNT WERDEN MÜSSEN (S. 3)

MERKMAL	IM RUSSISCHEN	IM DEUTSCHEN	KOMMENTAR
Diphthonge	keine, nur Verbindung von Vokalen a, o, e mit й: зайка, мойка, лейка	ei, au, eu, ui: meine, Haus, Eule, pfui	Bereiten den RD-Kindern Schwierigkeiten, da sie aus ihrer Erstsprache kein Aufeinanderfolgen von zwei Vokalen innerhalb einer Silbe kennen und diese mit der Verbindung a, o, e mit й verwechseln. Die Gleitbewegung der Zunge bei der Aussprache von Diphthongen muss bewusst geübt werden.
Aspiration bei der Aussprache der Plosive [p], [t], [k]	Ist dem Russischen völlig fremd	Merkmal des deutschen Konsonantismus	Da RD-Kinder die Aspiration der Plosive aus ihrer Erstsprache nicht kennen, bilden sie auch die deutschen [p], [t], [k] oft ohne Behauchung. Die Aspiration der deutschen Plosive muss erst gelernt werden.
Palatalisierung der Konsonanten	Ist eine Besonderheit der russischen Artikulationsweise	Die deutsche Sprache kennt keine Palatalisierung der Konsonanten.	RD-Kinder müssen lernen, beim Sprechen von deutschen Konsonanten vor Vokalen der vorderen Reihe die Mittelzunge entgegen der muttersprachlichen Gewohnheit nicht zum Palatum anzuheben, andernfalls kommt es zu folgenden Aussprachefehlern: Z.B. „Tinte" wird ausgesprochen [t'inte].
Regressive Stimmassimilation	vor Fortes und vor Lenes, z.B.: ошибка - [olʃpka], женитьба - [ʒen'id'ba]	nur vor Fortes, z.B. Staubtuch [ʃtaoptuːx], radfahren [raːtfaːran] Vor deutschen Lenes liegt keine Assimilation der benachbarten Konsonanten vor: Laubbaum [laopbaum], lösbar [løːsbaːr].	Auf Grund der muttersprachlichen Interferenz können Aussprachefehler wie folgt entstehen: z.B. Fußball [fuːzbal] wird ausgesprochen [fuːzbal], lösbar [løːsbaːr] wird ausgesprochen [løːzbaːr].

ZUSAMMENFASSUNG: PHONETISCH-PHONOLOGISCHE FEHLER VON RD-KINDERN, DIE AUF GRUND DER MUTTERSPRACHLICHEN INTERFERENZ ENTSTEHEN UND VON (SPRACHBEHINDERTEN)PÄDAGOGINNEN ALS SOLCHE ERKANNT WERDEN MÜSSEN (S. 4)

MERKMAL	IM RUSSISCHEN	IM DEUTSCHEN	KOMMENTAR
Velarer Nasal-[ŋ]	fehlt, z.B. im Wort „юнга" (Schiffsjunge) werden die Konsonanten н und г separat ausgesprochen: [jun+ga].	1. Die Konsonantenverbindung ng wird als ein velarer [ŋ]–Laut ausgesprochen: der Junge - [ˈjʊŋə], singen [zɪŋən]; 2. n vor k wird auch als ŋ ausgesprochen: z.B. Bank - [baŋk], links – [lɪŋks].	Fehlerhaft wird von RD-Kindern meist jeder Buchstabe als ein Laut ausgesprochen: z.B.: gesungen - [gɛzʊn+gən], springen – [ʃprin+gən]. Der deutsche velare Nasal [ŋ] muss durch ein bewusstes Heben des Zungenrückens geübt werden.
R-Laut	[p] ручка – Zungenspitzen –r Der russische Vibrant [r] wird durch Schwingungen der Zungenspitze an den Alveolen gebildet. Beim palatalen [rʲ] wird zusätzlich die Mittelzunge zum Palatum gehoben.	1. Im Deutschen ist das das uvulare [R], das durch Schwingungen der Uvula gegen die gehobene Hinterzunge gebildet wird, verbreitet. 2. Aber auch das Reibe-[r] (Reibegeräusch zwischen der angehobenen Hinterzunge und der Uvula) kommt häufig vor. 3. In der Stellung nach Vokalen kann eine Vokalisierung des Vibranten (im Suffix – er und in unbetonten Präfixen) eintreten. 4. Steht das [r] nach ungespanntem [a], so kann es zu einer Ersatzdehnung kommen: scharf [ʃaːf].	Für RD-Kinder entstehen Schwierigkeiten nicht nur beim Aussprechen, sondern auch beim Erkennen der fakultativen r-Varianten im Deutschen. Das vokalisierte [r], z.B. im Wort Sport – [ʃpoɐt], muss zuerst herausgehört und richtig zugeordnet werden, bevor die Aussprache dieses vokalisierten [r] geübt werden kann. Das sogenannte Zäpfen-[R] muss bewusst geübt werden, damit es nicht durch das gewohnte Zungenspitzen-[r] beim Sprechen ersetzt wird.
Laryngallaut [h]	Es gibt im Russischen kein Äquivalent. Wird ins Russische oft mit [g] übersetzt: Hamburg - Гамбург	Bei der Bildung des deutschen Hauch- und Öffnungslautes [h] ist die Glottis geöffnet, der Exspirationsstrom durchstreicht das Ansatzrohr und erzeugt im Pharynx ein Hauch.	Die RD-Kinder müssen lernen, die Stimmlippen zu öffnen, das stimmlose [h] ausströmen zu lassen, ohne dabei die Hinterzunge anzuheben, denn das Anheben der Hinterzunge hat den ach-Laut [x] zur Folge: [xabən] statt [habən].

7.1.3 Interferenzbedingte grammatikalische Fehler von zweisprachigen (russisch–deutsch) Kindern mit Kurzempfehlungen zu deren Überwindung

1) Auslassung von Artikeln (vgl. 6.3.1.1)

Russlanddeutsche Kinder beachten oft die Artikeleinsetzungsregeln nicht, die für das Deutsche obligatorisch sind, da es in ihrer Erstsprache keine Artikel gibt. Dabei entstehen grammatikalische Fehler wie folgt:

z.B.: (Das) Buch ist neu (vgl. книга новая).

2) Einsetzung des falschen Genus bei Substantiven (vgl. 6.3.1.2)

Auf Grund der muttersprachlichen Interferenz wird bei Substantiven oft ein falsches Genus eingesetzt:

z.B. цветок (im Russischen Maskulinum) – **der** Blume statt die Blume.

Während es im Russischen insgesamt vier Methoden gibt, nach denen das Genus der Substantive festgestellt werden kann, ist im Deutschen der Artikel selbst das Merkmal für das Genus. Da im Russischen das Genus für Substantive wie Junge und Mädchen durch das Prinzip des biologischen Geschlechts erklärbar ist (im Russischen: **der** Junge; **die** Mädchen), ist es für russlanddeutsche Kinder völlig unerklärlich, warum z.B. das Substantiv Mädchen im Deutschen sächlich ist – **das** Mädchen. Um die Einsetzung eines falschen Genus auf Grund der muttersprachlichen Interferenz möglichst auszuschließen, ist es für Deutsch lernende Kinder sinnvoll, deutsche Substantive direkt **mit Artikel** zu lernen.

3) Falsche Pluralbildung der Substantive (vgl. 6.3.1.4)

Typische Fehler von zweisprachigen Kindern sind im Zusammenhang mit Zahlwörtern Singularformen, z.B.: zwei Frau(...) oder die ausschließliche Verwendung von –e als Pluralendung: z.B. das Land – die Land**e**. Die vielfältigen Möglichkeiten des deutschen Pluralsystems müssen erst erlernt werden.

4) Umstellungen bei den Zahlwörtern (vgl. 6.3.2)

Da im Russischen bei den Zahlwörtern immer die Zehner vor den Einern stehen, können bei der Übertragung ins Deutsche Umstellungen entstehen:

Z.B. Russ.: 54 (пятьдесят четыре)   wörtlich übersetzt: fünfzig vier.

Bei der Übertragung ins Deutsche können folgende Fehler unterlaufen:
  1) 54 – fünfzig und vier
  2) 54 – fünfundvierzig.

Außerdem verwechseln russlanddeutsche Kinder oft die Endungen –zig und –zehn.

Bei der Altersangabe steht im Russischen das Subjekt im Dativ. Auf Grund muttersprachlicher Interferenz können Fehler wie folgt entstehen:
-**Mir** fünf**zig** Jahre. (statt: **Ich** bin fünf**zehn** Jahre alt.)

5) Falscher Gebrauch der deutschen Pronomen (vgl. 6.4.3)

Dem deutschen Reflexivpronomen, das sich je nach Person ändert, entspricht im Russischen für alle Personen und Numeri „-сь" oder – „ся". Als Übertragungsfehler hört man im Deutschen Sätze wie:
- **Wir** sollten **sich** beeilen.

Die russische Höflichkeitsform (2. Person Plural vom Verb + Pronomen „Вы") wird oft ins Deutsche übertragen:
Was **meint Ihr** damit? (statt: Was **meinen Sie** damit?)

6) Verwechslung von attributivem und prädikativem Gebrauch der Adjektive (s. 6.3.4)

Da bei russischen Adjektiven unabhängig von ihrer Stellung im Satz stets die drei Genera unterschieden werden, bilden russlanddeutsche Kinder den prädikativen Gebrauch der Adjektive im Deutschen oft wie folgt:
Der Mann ist groß**er.**

Der korrekte prädikative Gebrauch der deutschen Adjektive muss erst gelernt werden.

7) Auslassungen von Verben und Hilfsverben (vgl. 6.4.5)

Das Verb „sein" hat im Russischen keine eigene Form für die Gegenwart (Nullkopula). Bei der Übertragung ins Deutsche können folgende grammatikalische Fehler entstehen:

   - Ich (...) Schüler. – Я (...) ученик.

Außerdem lassen russlanddeutsche Kinder oft die deutschen Hilfswerben aus:

   - Ich (habe) ein Heft gekauft. - Я (...)тетрадь купил.

8) Unterlassung der Trennung von Präfixen (s. 6.3.5)

Im Deutschen gibt es nur 6 nicht-trennbare Präfixe: be-, ent-, miss-, ver-, emp-, zer-: z.B. beladen, entwerfen, misstrauen, verkaufen, empfangen, zerreißen. Alle anderen Präfixe werden bei der Flexion von Verben von diesen getrennt:
Z.B.: Er steigt in den Zug ein.

Deutsch lernende russischsprechende Kinder kennen keine trennbaren Präfixe aus ihrer Erstsprache, wodurch folgende grammatikalische Fehler entstehen können:

1) Wir einladen ihn. - Мы приглашаем его. (unterlassene Trennung des Präfixes)
2) Wir laden ihn (ein). (Weglassung des „wandernden" Präfixes)

9) Falsch gebildete Negation (s. 6.3.6.3)

Die Negationspartikel steht im Russischen vor dem negierten Wort. Auf Grund der Übertragung aus der Erstsprache entstehen Sätze wie:
Ich **nicht** schlafe. – Я **не** сплю.

Im Unterschied zum Deutschen gibt es im Russischen die doppelte Verneinung im Satz. Als Übertragungsfehler können Sätze wie folgt entstehen:

Niemand hat ihn **nicht** gesehen. – **Никто** его **не видел.**

10) Verletzung der Verbzweitstellungsregel in deutschen Hauptsätzen (s. 6.3.6.1)

Da es im Russischen bei der Wortstellung im Satz weitgehende Freiheiten gibt, wird von russlanddeutschen Kindern die obligatorische Verbzweitstellung in deutschen Hauptsätzen nicht immer beachtet. Es können Sätze wie folgt entstehen:

Z.B.: Ich ihm **gebe** das Buch. - Я ему **даю** книгу.

Ich das Buch ihm **gebe.** - Я книгу ему **даю.**

11) Verletzung der Verbfinalstellungsregel in deutschen Nebensätzen (s. 6.3.6.1)

Der russische Nebensatz unterscheidet sich in der Wortstellung nicht von dem Hauptsatz, d.h. meist steht das Prädikat direkt nach dem Subjekt. Durch Übertragung der muttersprachlichen Gewohnheit ins Deutsche können Nebensätze wie folgt entstehen:

z.B.: (...), weil ich **war** dort. - (...), потому что я **был** там.

(   ), bevor er **kam** nach Hause. – (...), перед тем как он **пришёл** домой.

7.1.4 Tabellarische Übersicht über erwerbsbedingte grammatikalische Fehler von russlanddeutschen Kindern im Rahmen des Zweitspracherwerbs als praktisches Hilfsmittel für eine differenzialdiagnostische Abgrenzung von einer grammatikalischen Entwicklungsstörung

ZUSAMMENFASSUNG: GRAMMATIKALISCHE FEHLER VON RD-KINDERN, DIE AUF GRUNG DER MUTTERSPRACHLICHEN INTERFERENZ ENTSTEHEN UND VON (SPRACHBEHINDERTEN)PÄDAGOGINNEN ALS SOLCHE ERKANNT WERDEN MÜSSEN (S. 1)

MERKMAL	RUSSISCH	DEUTSCH	KOMMENTAR
Artikel	fehlt	Bestimmter, unbestimmter und kein Artikel	Deutsche Substantive müssen **mit Artikel** gelernt werden.
Substantiv	Kleinschreibung außer Eigennamen, wenige Zusammensetzungen, sechs Kasus und drei Genera, Genus meistens an Endung erkembar	Großschreibung, oft zusammengesetzte Substantive, vier Kasus und drei Genera, Genus wird durch Artikel bezeichnet	RD-Kinder haben Schwierigkeiten mit zusammengesetzten Wörtern. Kasus und Genus sind oft abweichend. Pluralform von Substantiven muss im Deutschen gesondert gelernt werden.
Zahlwörter	Die Reihenfolge innerhalb der Zahlwörter entspricht der Ziffernfolge. Zur Angabe des Alters: Мне ... лет. - **Mir sind** ... Jahre.	Umstellung innerhalb der Zahlwörter Altersangabe im Deutschen: - **Ich bin** ... Jahre.	RD-Kinder benutzen oft die falsche Zahlenstellung: z.B. 27 - „zwanzigundsieben" oder „zweiundsiebzig" und verwechseln „zehn" und „zig": 16 – „sechzig".
Pronomen	Reflexivpronomen bleibt unverändert: Ich wasche **sich**. Als Anredeform 2. Person Plural: - **Вы** голодны? - Habt **Ihr** Hunger?	Reflexivpronomen ändert sich je nach Person: Ich beeile **mich** ja schon! Als Anredeform 3. Person Plural: - Setzten **Sie** sich bitte!	Als Übertragungsfehler entstehen Sätze wie: Ich beeile **sich** ja schon! Oft wird von RD-Kindern die 2. Person Plural als Anredeform ins Deutsche übertragen: Ich höre **Euch** zu.
Präposition	Gebrauch wie im Deutschen mit idiomatischen Abweichungen	Gebrauch wie im Russischen, der Kasus ist aber oft abweichend	RD-Kinder benutzen oft falschen Kasus oder übersetzen die Präposition wörtlich: -Ich wohne **auf** 4. Stock.
Adjektiv	Adjektiv und Substantiv stimmen in der Deklination überein. Keine Unterscheidung nach adjektivem und prädikativem Gebrauch	Bei prädikativem Gebrauch keine Unterscheidung nach Genus: Die Frau ist klug. Der Junge ist klug.	Verwechslungsgefahr von attributivem (ein rotes Auto) und prädikativem Gebrauch (das Auto ist rot) der deutschen Adjektive Z.B. – Das Haus ist schönes.

ZUSAMMENFASSUNG: GRAMMATIKALISCHE FEHLER VON RD-KINDERN, DIE AUF GRUND DER MUTTERSPRACHLICHEN INTERFERENZ ENTSTEHEN UND VON (SPRACHBEHINDERTEN)PÄDAGOGINNEN ALS SOLCHE ERKANNT WERDEN MÜSSEN (S. 2)

MERKMAL	RUSSISCH	DEUTSCH	KOMMENTAR
Verb	Deutliche Personalendungen, daher oft Fehlen des Personalpronomens. Es gibt nur 3 Zeiten: Präs., Präter., Futur, nur einige Modalverben, keine trennbaren Verben. „Sein" hat keine eigene Form für die Gegenwart (Nullkopula).	Personalpronomen sind notwendig. Man benötigt Hilfsverben. Es gibt 6 Zeiten.	Da es im Russischen keine trennbaren Verben gibt, entstehen oft Fehler wie folgt: 1. Sie einsteigt. (unterlassene Trennung des Präfixes) 2. Sie steigt (...). (Weglassung des „wandernden" Präfixes) RD-Kinder haben oft Schwierigkeiten bei der Perfektbildung (Hilfsverben werden ausgelassen: -Ich (...) das gemacht.) Verwechslungsgefahr von „können", „kennen", „wissen" Da „sein" im Russischen keine eigene Form für die Gegenwart hat, können folgende grammatikalische Fehler entstehen: - Ich (...) Schüler.
Wortbildung	Wenige zusammengesetzte Substantive. Adjektive	Es gibt viele Komposita, zusammengesetzte Verben müssen getrennt werden: Er **macht** das Fenster **auf.**	RD- Kinder haben Schwierigkeiten beim Verständnis zusammengesetzter Wörter und Gebrauch von trennbaren Verben im Satz.
Negation	Doppelte Verneinung: Он **ничем** не занимается.	Einfache Verneinung: Er hat **keine** Beschäftigung.	Schwierigkeiten mit der Wortstellung, da die Negationspartikel im Russischen *vor* dem negierten Wort steht; bei der Übertragung dieser Gewohnheit können folgende Fehler entstehen: Er **nicht** schreibt. Oft wird die doppelte Verneinung auch ins Deutsche übertragen: - **Niemand** hat ihn **nicht** gehört.
Satzbau	Subjekt, Prädikat, Objekt (SPO) – Stellung im Satz ist häufig, aber nicht obligatorisch. Fragesatz unterscheidet sich vom Aussagesatz durch die Betonung.	Verbstellung muss je nach Satztyp gelernt werden: obligatorische Verbzweitstellung in Hauptsätzen; obligatorische Verbfinalstellung in Nebensätzen.	Obligatorische Verbzweitstellung in deutschen Hauptsätzen sowie obligatorische Verbfinalstellung in deutschen Nebensätzen werden oft nicht eingehalten. RD-Kinder haben Schwierigkeiten bei der Inversion: Ich **komme**, wenn du rufst. - Wenn du rufst, **komme** ich.

7.2 Anamnese als bedeutende Informationsquelle für die sprachbehindertenpädagogische Diagnostik bei zweisprachigen Kindern

Besonders wenn keine zweisprachigen Diagnostiker für die muttersprachliche Diagnostik eines zweisprachigen Kindes zur Verfügung stehen, bietet eine umfassende Anamnese eine nicht zu unterschätzende Informationsquelle. Die Bezugspersonen eines zweisprachigen Kindes können wichtige Informationen zum Sprachverhalten liefern, insbesondere durch Angaben zur bisherigen Sprachentwicklung des Kindes im Vergleich zu seinen Geschwistern und im Hinblick auf Auffälligkeiten.

In der Anamnese zur Erfassung der sprachlichen und der Gesamtsituation eines zweisprachigen Kindes sollte der Diagnostiker stets die komplexen Bedingungshintergründe des Zweitspracherwerbs beachten und auf Grund der individuell unterschiedlichen Spracherwerbssituation verschiedenen Fragen nachgehen. Diese sollten Aufschluss darüber geben, in wie weit soziokulturelle und familiäre Komponenten den Erst- und Zweitspracherwerb beeinflusst haben könnten.

Angaben u.a. zur Migrationsgeschichte und Lebensperspektive, Einstellung der Eltern zur Zweisprachigkeit, familiärem Sprachverhalten und außerfamiliären Kontakten können zunächst Hinweise über entwicklungsfördernde und entwicklungshemmende Bedingungen beim Zweitspracherwerb geben. So lässt sich durch entsprechende Fragen klären, wie lange sich das Kind im Einwanderungsland befindet, ob die Sprachen im gleichen oder in verschiedenen sozialen Kontexten erworben wurden, welche Sprachmodelle dem Kind zur Verfügung stehen, ob in verschiedenen sozialen Kontexten nur jeweils eine Sprache gesprochen oder häufig von einer zur anderen Sprache im Sinne eines „language mixing" gewechselt wird (vgl. Mertens 1996).

Die Sprachentwicklung in der natürlichen Spracherwerbssituation kann durch solche Sprachmischungen der Bezugspersonen zu einer Verunsicherung des Kindes führen. Es hat kein klares Sprachvorbild und lernt keine eindeutige Trennung der beiden Sprachsysteme. Ist die Erstsprache noch nicht vollständig ausgebildet, kann der zu frühe Kontakt mit der Zweitsprache Konflikte verursachen. Diese können unter Umständen durch die geringe Wertschätzung der Muttersprache des Kindes in deutschen Erziehungs- und Bildungseinrichtungen verstärkt werden.

Ebenso zu klären sind Fragen zur Motivation des Kindes, die Zweitsprache zu erlernen und zu den bisherigen durchgeführten (Sprach-)Fördermaßnahmen, um an diese anzuknüpfen oder eventuell einen neuen Therapieplan zu erstellen. Außer der Beurteilung der Sprachleistung des Kindes ist das Einbeziehen weiterer Variablen aus dem Gesamtverhalten des Kindes, die im Zusammenhang mit einer Sprachbehinderung auftreten können, von grundlegender Notwendigkeit, wie z.b. motorische Auffälligkeiten oder Schwerhörigkeit sowie Informationen zu Sprachstörungen bei anderen Familienmitgliedern.

7.2.1 Erstellung eines in deutscher und russischer Sprache übereinstimmenden Anamnesebogens als praktisches Hilfsmittel für Sprachbehindertenpädagog(inn)en

In einem Anamnesegespräch können durch Verständigungsschwierigkeiten mit zweisprachigen Eltern erschwerte Bedingungen entstehen. In diesem Zusammenhang empfiehlt z.B. Zellerhoff (1989) zur Befragung ausländischer Eltern einen Fragebogen in der Herkunftssprache. Durch einen Anamnesebogen in der Muttersprache kann Verständigungsschwierigkeiten auf Seiten der Eltern auf Grund sprachlicher Barrieren von vornherein vorgebeugt werden. Informationen über die Erstsprachentwicklung des Kindes lassen sich so gezielter erfragen. Um die muttersprachliche Entwicklung des Kindes in einem Anamnesegespräch möglichst genau erfassen zu können, kann es weiterhin sinnvoll sein, eine der deutschen Sprache mächtige Person aus dem weiteren Familienkreis als Übersetzer einzubeziehen.

Als Hilfsmittel für Sprachbehindertenpädagog(inn)en wurde von der Verfasserin während ihrer praktischen Arbeit mit Aussiedlern ein in deutscher und russischer Sprache übereinstimmender Anamnesebogen für zweisprachige (russisch–deutsche) Kinder entwickelt, der die jeweilige individuelle Sozialisationsbiographie, vor allem aber die bilinguale Sprachlernsituation der zweisprachigen Kinder im familiären und soziokulturellen Kontext berücksichtigt. Um der Heterogenität des Phänomens Zweisprachigkeit gerecht zu werden und die zahlreichen wirksamen Faktoren in einem Anamnesebogen erfassen zu können, musste dieser sehr weit gefasst werden.

Der siebenseitige Anamnesebogen enthält drei folgende Teile:

I   Formalitäten und äußere Rahmenbedingungen (3 Seiten)

II   Gesamt- und vorsprachliche Entwicklung des Kindes (1 Seite)

III   Sprachliche Entwicklung des Kindes und derzeitige sprachliche Situation (3 Seiten)

Die Fragen in den ersten beiden Teilen des Anamnesebogens haben nicht primär etwas mit Zweisprachigkeit zu tun, sondern sind ebenso für die Anamnese bei monolingualen Kindern relevant, so enthält der II. Teil z.B. Fragen zu der motorischen Entwicklung des Kindes. Im Teil III dagegen sind zweitspracherwerbsspezifische Fragen zusammengefasst.

Da der Anamnesebogen in beiden Sprachen übereinstimmend konzipiert ist und die meisten Fragen durch Ankreuzen beantwortet werden können, lässt er sich auch im sprachbehindertenpädagogischen Handlungsfeld monolingual deutschsprechender Sprachtherapeuten in Anamnesegesprächen mit russlanddeutschen Familien einsetzen. Die angekreuzte Antwort lässt sich durch den gleichen Aufbau der russischen und deutschen Konzeption direkt herleiten, ohne dass zwingend ein Übersetzer hinzugezogen werden müsste.

In einzelnen Fällen kann die Beantwortung nachfolgender Fragen durch eine bestimmte Beantwortung der vorhergehenden Fragen überflüssig werden. Es sollen dabei für jeden einzelnen Fall nur die tatsächlich relevanten Fragen beantwortet werden. Durch diesen Aufbau des Anamnesebogens (nur die für den Einzelfall relevanten Fragen sollen beantwortet werden) sowie die Art der Beantwortung von Fragen (die meisten Fragen können durch Ankreuzen beantwortet werden) relativiert sich die Länge des Anamnesebogens. Dennoch konnten einige Fragen, die nicht primär zweitspracherwerbsspezifisch sind, z.B. die Frage nach dem Lieblingsspielzeug, in diesem Anamnesebogen nicht berücksichtigt werden.

ANAMNESEBOGEN FÜR ZWEISPRACHIGE
(RUSSISCH-DEUTSCH) KINDER

I   **Formalitäten und äußere Rahmenbedingungen**

Name, Vorname des Kindes

Geburtsdatum

Straße

Plz

Wohnort

Ortsteil

Telefon

Name, Vorname der Mutter

Geburtsdatum

Straße

Plz

Wohnort

Ortsteil

Telefon

---

erlernter Beruf

derzeitige berufliche/private Situation

o   Sprachkurs
o   Umschulung zum _____
o   berufstätig als_____
o   Hausfrau
o   Arbeitslos

Arbeitszeit täglich von____bis____

Name, Vorname des Vaters

Geburtsdatum

Straße

Plz

Wohnort

Ortsteil

Telefon

АНКЕТА СВЕДЕНИЙ О РАЗВИТИИ РЕБЁНКА, ВЫРОСШЕГО В УСЛОВИЯХ ДВУХЯЗЫКОВОЙ РЕЧИ (РУССКОЙ И НЕМЕЦКОЙ)

I Формальности и внешние типовые условия

_____   _____
Фамилия, имя ребёнка   День рождения

_____ _____   _____
Адрес: улица   почт. Индекс   Место проживания

_____   _____
Район   Телефон

_____   _____
Фамилия, имя матери ребёнка   День рождения

_____ _____   _____
Адрес: улица   почт. Индекс   Место проживания

_____   _____
Район   Телефон

_____   Ситуация на настоящий момент
Образование/профессия
                                       ○ курсы немецкого языка
                                       ○ курсы переквалификации
                                       ○ работа/кем _____
                                       ○ домработница
                                       ○ безработная

Часы работы ежедневно с _____ до _____

_____   _____
Фамилия, имя отца ребёнка   День рождения

_____ _____   _____
Адрес: улица   почт. Индекс   Место проживания

_____   _____
Район   Телефон

erlernter Beruf
_____

derzeitige berufliche Situation

- o erlernter Beruf
- o Sprachkurs
- o Umschulung
- o berufstätig als _____
- o arbeitslos

Arbeitszeit täglich von____bis____

Geschwisterreihe:

Name, Vorname   Geburtsdatum

Name, Vorname   Geburtsdatum

Name, Vorname   Geburtsdatum

Eltern leben zusammen seit   Eltern leben getrennt seit

Leben weitere Personen in der häuslichen Gemeinschaft?

Name, Vorname   Geburtsdatum   Verwandtschaftsverhältnis

Name, Vorname   Geburtsdatum   Verwandtschaftsverhältnis

Hat jemand in der Familie Sprachauffälligkeiten?

- o Nein
- o Ja _____

Verwandtschaftsverhältnis   Art der Sprachauffälligkeit

_____
Образование/профессия

Ситуация на настоящий момент

- ○ курсы немецкого языка
- ○ курсы переквалификации
- ○ работа/кем _____
- ○ безработный

Часы работы ежедневно с_____до_____

Братья и сёстры:

_____
Фамилия, имя

_____
День рождения

_____
Фамилия, имя

_____
День рождения

_____
Фамилия, имя

_____
День рождения

_____
Родители живут вместе с …

_____
Родители живут в разводе с ….

Живёт ли ещё кто-нибудь в семье?

_____
Фамилия, имя

_____
День рождения

_____
степень родства

_____
Фамилия, имя

_____
День рождения

_____
степень родства

Имеет ли кто-либо из членов семьи отклонения в речи?

- ○ Нет
- ○ Да_____

    степень родства

_____
Род отклонения

Über wen ist das Kind versichert?

_____   _____   _____
Name, Vorname   Geburtsdatum   Verwandtschaftsverhältnis

_____   _____
Krankenkasse bzw. Krankenversicherung   Versichertennummer

Überweisender Arzt: _____

Letzter Hörtest am _____ bei _____

Befund vom Hörtest
o   unauffällig
o   auffällig_____
              inwiefern?

Wer hat Sprachtherapie empfohlen? _____

Liegen außersprachliche Probleme vor?
o   Nein

o   Ja_____
              Welche?

War oder ist das Kind bereits in therapeutischer Behandlung?
o   Nein
o   Ja, früher _____   _____

                    von – bis   bei

o   Ja, seit _____bei _____

Geht das Kind in den Kindergarten bzw. die Schule?
o   Ja seit_____in_____
o   Nein_____
              weil

Name, Anschrift und Telefonnummer des Kindergartens bzw. der Schule: _____

_____

Name des/der Gruppenleiter(in) bzw. Klassenlehrers(in): _____

_____

Verhalten im Kindergarten bzw. in der Schule
o   unauffällig, kontaktfreudig, nimmt an Spielen etc. Teil
o   problematisch_____
                    weil

Через кого ребёнок застрахован?

_____   _____   _____
Фамилия, имя   День рождения   степень родства

_____   _____
Больничная касса или страховая компания   Номер страховки

Врач, выписавший направление: _____

Последняя проверка слуха когда?_____у какого врача? _____

Данные проверки слуха:
o без отклонений

o отклонения от норм_____
                          в какой мере?

Кто посоветовал посещение логопеда?_____

Есть ли у ребёнка другие проблемы кроме языковых?
o Нет

o Да_____
      Какие?

Посещал ли ребёнок или посещает сейчас логопедические или другие занятия?
o Нет

o Да, раньше_____   _____
              с - до   у кого?

o Да, сейчас _____у_____

Ходит ли ребёнок в десткий сад или школу?
o Да, с _____ в _____
o Нет, _____
         так как

Название, адрес и телефон детского сада или школы: _____
_____

Фамилия воспитателя или классного руководителя: _____
_____

Поведение ребёнка в детском саду или в школе:
o Нормальное, вступает в контакт с другими детьми, участвует в играх и т.д.
o Проблематичное_____
                    так как

II Gesamt- und vorsprachliche Entwicklung des Kindes

Wie war der Schwangerschaftsverlauf?

o Keine Probleme

o Folgende Probleme sind aufgetreten_____

Wie war der Geburtsablauf?

o Spontan

o Zange

o Saugglocke

o Kaiserschnitt

o Sonstiges_____

Wurde das Kind gestillt?

o Ja Wie lange?_____

o Nein Warum nicht?_____

Sitzen im Alter von_____

Krabbeln

o Ja, im Alter von _____

o Nein

Gehen im Alter von_____

Bestehen heute Probleme beim Laufen, Klettern, Fahrrad fahren etc. ?

o Nein
o Ja_____
     Welche?

Längere Krankheiten und/oder Krankenhausaufenthalte

o Nein
o Ja_____
     Wann und welche?

Operationen
o Nein
o Ja_____
     Wann und welche?

II   Общее развитие ребёнка до появления речи

Как протекала беременность матери?

o   Без проблем

o   Со следующими отклонениями: _____

Какими были роды?
o   Без отклонений

o   С применением щипцов

o   С применением отсасывающего колокола

o   Кесерево

o   Другие отклонения_____

Кормила ли мать ребёнка грудью?

o   Да   На протяжении какого периода?_____

o   Нет   Почему?_____

Ребёнок начал сидеть в возрасте_____

Ребёнок ползал?

o   Да, со скольки месяцев _____

o   Нет

Ребёнок начал ходить в возрасте_____

Есть ли у ребёнка сейчас трудности при ходьбе, лазании или езде на велосипеде ?

o   Нет
o   Да_____
         Какие?

Длительные заболевания/пребывания в больнице

o   Нет
o   Да_____
         Когда и в связи с какими заболеваниями?

Перенесённые операции
o   Нет
o   Да_____
         Когда и какие?

III   Sprachliche Entwicklung des Kindes und derzeitige sprachliche Situation

Seit wann leben Sie in Deutschland?_____

In welchem Land wurde Ihr Kind geboren?
o   in Deutschland
o   in Russland
o   in einem anderen Land_____
                    in welchem?

Wie alt war Ihr Kind bei der Ausreise nach Deutschland?_____

Welche Sprache ist für Ihr Kind die Erstsprache?
o   Russisch
o   Deutsch
o   Das Kind ist zweisprachig aufgewachsen

Erste Worte kamen in
o   Russisch   im Alter von_____

o   Deutsch   im Alter von_____

Ganze Sätze konnten gebildet werden in

o   Russisch   im Alter von_____

o   Deutsch   im Alter von_____

Bei der Satzbildung kamen Sprachmischungen (russisch-deutsch) vor

o   Ja_____
         Welcher Art? Beispiele?
o   Nein

Wie verlief die sprachliche Entwicklung bis zum Zeitpunkt der Ausreise?
o   Unauffällig
o   Das Kind besuchte bereits in Russland einen Logopäden, weil _____

_____

Die Familiensprache in Russland untereinander war
o   Russisch
o   Deutsch
o   Russisch und Deutsch

Die Familiensprache in Deutschland untereinander ist
o   Russisch

o   Deutsch

o   Russisch und Deutsch im Wechsel je nach Anlass

o   Mischsprache aus Russisch und Deutsch
    (z.B. Sprachenwechsel mitten im Satz)

III   Языковое развитие ребёнка и разговорная речь в настоящий момент

С какого времени Вы проживаете в Германии?_____

Где родился Ваш ребёнок?
- o   в Германии
- o   в России
- o   в другой стране_____
               в какой ?

В каком возрасте был Ваш ребёнок при переезде в Германию?_____

Какой язык для Вашего ребёнка его первый язык?
- o   русский
- o   немецкий
- o   ребёнок рос в двухязыковой среде

Первые слова ребёнок произнёс
- o   на русском языке   в возрасте_____

- o   на немецком языке   в возрасте_____

Ребёнок начал строить предложения

- o   на русском языке   в возрасте_____
- o   на немецком языке   в возрасте_____

При построении предложений ребёнок смешивал русские и немецкие слова

- o   Да_____
           Какого рода были эти смешивания? Приведите пример

- o   Нет

Как протекало развитие речи ребёнка до выезда в Германию?
- o   Нормально, без отклонений
- o   Ребёнок уже в России посещал логопеда, из-за_____
_____

Члены семьи друг с другом в России говорили
- o   на русском языке
- o   на немецком языке
- o   на русском и немецком языках

Члены семьи друг с другом в Германии говорят
- o   на русском языке

- o   на немецком языке

- o   на русском и немецком языках в зависимости от ситуации

- o   Смешанная речь из русских и немецких слов
     (например переход с одного языка на другой в середине предложения)

Sprach Ihr Kind bereits vor der Ausreise nach Deutschland Deutsch?

o Ja_____
      Mit welchen Personen?

o Nein

Welche Sprache sprechen Sie in Ihrem Bekanntenkreis?
o nur Russisch
o nur Deutsch
o beide Sprachen

Wo und wann spricht Ihr Kind Deutsch?
o überhaupt nicht
o im Kindergarten/in der Schule
o zu Hause _____

        mit wem?

o mit Freunden

o Sonstiges_____

Wo und wann spricht Ihr Kind Russisch?
o überhaupt nicht
o zu Hause _____
        mit wem?

o mit Freunden

o Sonstiges _____

Die Mutter spricht mit dem Kind
o nur Russisch
o nur Deutsch
o beide Sprachen

Der Vater spricht mit dem Kind
o nur Russisch
o nur Deutsch
o beide Sprachen

Die Mutter spricht die deutsche Sprache
o gut
o ausreichend
o gar nicht

Der Vater spricht die deutsche Sprache
o gut
o ausreichend
o gar nicht

Говорил ли Ваш ребёнок до выезда в Германию на немецком языке?
- Да_____

  При разговоре с кем?

- Нет

На каком языке Вы говорите в обществе знакомых?
- На русском
- На немецком
- На обоих языках

Где и когда Ваш ребёнок говорит на немецком языке?
- Не говорит нигде
- В детском саду/в школе
- Дома_____

  С кем?

- С друзьями

- В других местах_____

Где и когда Ваш ребёнок говорит на русском языке?

- Не говорит нигде
- Дома_____
  С кем?

- С друзьями

- В других местах_____

Мать говорит с ребёнком
- только на русском языке
- только на немецком языке
- на обоих языках

Отец говорит с ребёнком
- только на русском языке
- только на немецком языке
- на обоих языках

Знания немецкого языка у матери
- хорошие
- удовлетворительные
- совсем никаких

Знания немецкого языка у отца
- хорошие
- удовлетворительные
- совсем никаких

Welche Sprache spricht Ihr Kind besser?
- o Russisch
- o Deutsch
- o spricht beide Sprachen etwa gleich gut
- o beherrscht keine der Sprachen richtig und vermischt beide

Bestehen bei Ihrem Kind zum jetzigen Zeitpunkt Probleme in der russischen Sprache?
- o Nein
- o Ja_____
  Welcher Art?

Bestehen bei Ihrem Kind zum jetzigen Zeitpunkt Probleme in der deutschen Sprache?
- o Nein
- o Ja_____
  Welcher Art?

Welche Sprache, glauben Sie, spricht Ihr Kind lieber?
- o Russisch

- o Deutsch

- o spricht beide Sprachen gleich gerne

- o spricht keine der Sprachen gerne (Verweigerungsverhalten)

Wie wichtig ist für Sie, dass Ihr Kind Deutsch lernt?

- o wichtig_____
  weil

- o nicht so wichtig_____
  weil

Wie wichtig ist für Sie, dass Ihr Kind Russisch nicht vergisst?

- o wichtig_____
  weil
- o nicht so wichtig_____
  weil

Wie soll die Sprachtherapie erfolgen?

- o nur auf Russisch_____
  weil
- o nur auf Deutsch _____
  weil
- o in beiden Sprachen_____
  weil

Wer wird das Kind zur Therapie bringen? _____

Wer wird zu Hause mit dem Kind üben?_____

На каком языке Ваш ребёнок говорит лучше?
- ○ На русском
- ○ На немецком
- ○ Говорит одинаково хорошо на обоих языках
- ○ Ни на одном языке не говорит хорошо и смешивает их

Есть ли у Вашего ребёнка сейчас проблемы с русским языком?
- ○ Нет
- ○ Да_____
  Какие проблемы?

Есть ли у Вашего ребёнка сейчас проблемы с немецким языком?
- ○ Нет
- ○ Да_____
  Какие проблемы?

Как Вы считаете, на каком языке Ваш ребёнок говорит охотнее?
- ○ На русском языке

- ○ На немецком языке

- ○ Охотно говорит на обоих языках

- ○ Ни на каком языке не говорит охотно (отказывается беседовать)

Как важно для Вас, чтобы Ваш ребёнок овладел немецким языком?
- ○ Важно_____
  так как
- ○ Не очень важно_____
  так как

Как важно для Вас, чтобы Ваш ребёнок не забыл русский язык?
- ○ Важно_____
  так как
- ○ Не очень важно_____
  так как

На каком языке Вы считаете, лучше проводить логопедические занятия с ребёнком?

- ○ Только на русском_____
  так как

- ○ Только на немецком_____
  так как

- ○ На обоих языках_____
  так как

Кто будет приводить ребёнка на занятия? _____

Кто будет дома закреплять упражнения с ребёнком?_____

Der Anamnesebogen wurde von der Verfasserin bisher an 12 russlanddeutschen Familien erprobt, wobei dieser jeweils vor Beginn der sprachtherapeutischen Förderung von den Eltern zu Hause ausgefüllt wurde. Die Einsetzbarkeit des Anamnesebogens lässt sich aber durchaus variieren, so dass es z.b. für monolinguale Sprachtherapeuten sinnvoll sein kann, den Anamnesebogen zusammen mit den Eltern auszufüllen. Auf Seiten der Eltern könnten durch die in der Muttersprache konzipierten Fragen Verständigungsschwierigkeiten weitgehend ausgeschlossen werden, auf Seiten des Sprachtherapeuten lassen sich durch diese Vorgehensweise mögliche begriffliche Unklarheiten in der Beantwortung von Fragen, die nicht durch Ankreuzen beantwortet werden können, direkt vor Ort klären.

Die Anwendbarkeit des von der Verfasserin entwickelten Anamnesebogens in der Praxis monolingualer Sprachtherapeuten wird in der Zukunft von H. Gjakonovski im Rahmen einer empirischen Arbeit einer gründlichen Überprüfung unterzogen, wobei sowohl die Eltern als auch monolinguale Sprachtherapeuten zu der Praktikabilität des Anamnesebogens sowie zu möglichen Verbesserungsvorschlägen befragt werden sollen. Dabei wird der Anamnesebogen in die türkische, polnische und evtl. griechische Sprache übersetzt, um dessen Anwendbarkeit auch bei anderen Migrantengruppen zu testen.

Die durch den Anamnesebogen gewonnenen Basisinformationen zur individuellen Zweitspracherwerbssituation dürfen keinesfalls monokausal in Beziehung gesetzt werden. Vielmehr muss die vielschichtige Verflechtung familiärer, sozialer und gesellschaftlicher Einflussfaktoren sowie die psychosozialen Auswirkungen auf die Identitäts- und Persönlichkeitsentwicklung des bilingual aufwachsenden Kindes berücksichtigt werden.

7.3 Förderung einer bikulturellen Identität im sprachbehindertenpädagogischen Handlungsfeld als Beitrag zur sozialen Integration

„Identität als Begriff ist genau so schwer zu fassen wie das Gefühl der eigenen persönlichen Identität. Aber Identität, was immer sie sonst sein mag, ist verbunden mit den schicksalhaften Einschätzungen seiner selbst – durch sich selbst und durch andere. Jeder präsentiert sich anderen und sich selbst und sieht sich in den Spiegeln ihrer Urteile. Die Masken, die er der Welt und ihren Bürgern zeigt, sind nach seinen Antizipationen ihrer Urteile geformt. Auch die anderen präsentieren sich; sie tragen ihre eigenen Masken und werden ihrerseits eingeschätzt." (Strauss 1974, 7)

Zweisprachige Kinder wachsen meist unter dem Einfluss zweier Kulturen auf, die beide auf die Identitätsentwicklung dieser Kinder einwirken. Aus diesem Grunde spricht man bei der Identitätsentwicklung von Migrantenkindern auch von einer *bikulturellen Identität*, die die Wertvorstellungen und Verhaltensweisen beider Kulturen vereint (vgl. Boos-Nünning 1983). Das Kind entwickelt neben der sozialen auch eine ethnische und kulturelle Identität.

Zweisprachige Kinder müssen versuchen, die unterschiedlichen Erwartungen der beiden Kulturen in Einklang zu bringen und müssen hierbei lernen, die mitgebrachten Wertsysteme gegenüber denen Deutschlands abzugrenzen und zweckmäßig anzuwenden (vgl. Fthenakis/Sonner/Thrul/Walbine 1985). Auernheimer (1995) betont in diesem Zusammenhang, dass sich Migrantenkinder unter identitätsfördernden Lebensbedingungen Elemente aus verschiedenen Kulturen zur *Identitätsarbeit* heranziehen und zu etwas Neuem zusammenfügen können. Ähnlich bemerkt Atabay (1994), dass die Migration durch die Auseinandersetzung mit unterschiedlichen Kulturen, Normen und Sitten eine *kulturelle Um- und Neubildung* zur Folge hat.

In neuerer Zeit betont man in der pädagogischen Forschung zunehmend die *Wechselbeziehung zwischen Integration und Identität*, wobei die bildungspolitische Forderung nach „Wahrung der kulturellen Identität" damit überholt erscheint, da sie der *Prozesshaftigkeit von Identität und Kultur* nicht gerecht wird. Integration und Identität von Migrantenkindern bedingen sich insofern, als Integration eine Persönlichkeit voraussetzt, die sich der nationalen und kulturellen Herkunft bewusst und gleichzeitig den im Aufnahmeland geltenden Orientierungen gegenüber offen ist. Auf diese Weise kann das Individuum die positiv bewerteten Normen beider Kulturen aufnehmen, sich selbst abgrenzen und damit Handlungskompetenz erwerben.

„Der Bewältigungsprozess der neuen Umwelt ist eine Gratwanderung zwischen Adaption und dem Bewahren der eigenen ethnischen Identität. Eine Immigrantenfamilie muss sich also mit einer gewissen Flexibilität zwischen den alten, vertrauten Werten und der Lebensweise der neuen Kultur bewegen können." (Grönke 1998, 19)

Die Meinung der Wissenschaftler und Pädagogen in Bezug auf die Identitätsentwicklung von Migrantenkindern lässt sich in zwei gegensätzliche Positionen teilen. Eine Position geht davon aus, dass Migration bzw. bikulturelle Sozialisation zwangsläufig mit größeren Konflikten und Problemen einhergeht. Die Gegenposition versteht das Leben im multikulturellen Raum eher als Chance und die Begegnung mit dem Fremden als Möglichkeit des persönlichen und gesellschaftlichen Wachstums.

Portera (1996) vertritt die erste Position und geht davon aus, dass bei Kindern mit einer bi- oder multikulturellen Enkulturation die Migration zunächst nur zu einer weiteren Einschränkung der Befriedigung der eigenen Grundbedürfnisse führt. Als häufige Auslöser für Identitätskrisen ergaben sich verschiedene Risikofaktoren, wie z.B.

- unvorbereitete Trennungsverfahren,
- das häufige Pendeln zwischen Aufnahme- und Heimatland,
- ambivalente Verhaltensweisen seitens der Eltern und Lehrer,
- materielle Belastungen und soziale Randständigkeit,
- bikulturelle Orientierung in der Pubertät,
- Diskriminierung und Stigmatisierung durch Gleichaltrige oder Erwachsene und
- Strenge in der Erziehung sowie Isolation und Einsamkeit.

Mögliche Identitätsprobleme können sich auch auf die Sprachentwicklung dieser Kinder auswirken. Die Ablehnung einer Sprache, Überanpassung oder Verleugnung der Herkunftskultur und allgemeine Sprachverunsicherung können die Folge sein (vgl. Fthenakis et al. 1985).

Auf der anderen Seite stellt Portera auch fest, dass für beide Kulturen angemessene Problemlösungsstrategien gefunden und angewandt werden. Unter diesen Voraussetzungen erweise sich die Migrationserfahrung als große Bereicherung und eröffne zusätzliche Möglichkeiten, wie z.b. eine höhere schulische Ausbildung mit verbesserten beruflichen Chancen. Durch das Leben in unterschiedlichen Ländern erhalten die Kinder die Möglichkeit, verschiedene Lebensformen kennen zu lernen. Grundsätzlich stelle es sich für die Identitätsentwicklung als äußerst stabilisierend heraus, wenn den Kindern die Möglichkeit zuteil wird, möglichst viele Anteile der eigenen personalen Identität herauszufinden.

Es wird heute allgemein anerkannt, dass die Zweisprachigkeit nicht zwangsläufig negative Konsequenzen für die Betroffenen haben muss. Schwierigkeiten in der Entwicklung der Identität eines Kindes können nicht nur in der Situation der Zweisprachigkeit gesucht werden, sondern es müssen unbedingt die *individuell soziokulturellen Bedingungen* berücksichtigt werden. Verschiedene Faktoren spielen dabei eine bedeutende Rolle: das Sozialprestige der zu Hause gesprochenen Sprache, Unterstützung durch die Eltern, Aufnahmebereitschaft und Toleranz der „fremden" Kultur seitens der immigrierten Familie sowie der Einfluss von Gleichaltrigen (Aleemi 1991).

Portera (1996) weist Schutzfaktoren auf, die den Grad der Belastung der Migration abschwächen und diese zu einer positiveren und bereichernden Erfahrung werden lassen. Dabei handelt es sich vor allem um die

- Aufnahme einer zuverlässigen Beziehung zu einer Bezugsperson während der ersten Lebensjahre,
- Offenheit der Eltern gegenüber der deutschen Mitwelt,
- Verständnis und Vertrauen auf Seiten der Eltern,
- Vorbereitung auf die Trennung,
- kein Druck auf Assimilation in Schule und Freizeit und
- wichtige Rolle der Freunde als Brückenfunktion zwischen den beiden Kulturen.

Aus unterschiedlichen Gründen kann das Aufwachsen in einer mehrsprachigen Umgebung eine große Chance bedeuten. So besitzen wir aus der Spracherwerbsforschung Hinweise darauf, dass zweisprachiges Aufwachsen eine außerordentlich günstige Voraussetzung für die Entwicklung allgemeiner sprachlicher und geistiger Leistungen eines Kindes darstellt. Dies hängt damit zusammen, dass den Kindern ihre sprachliche Umwelt nicht umstandslos für die Aneignung sprachlicher Mittel zur Verfügung steht. Sie sind permanent vor besondere Aufgaben gestellt.

Zweisprachige lernen sehr früh zu unterscheiden, dass sie es mit mehreren Sprachen zu tun haben. Weil sie auch im Kontakt mit Personen sind, die nicht wie sie selbst zweisprachig sind, müssen sie differenzieren lernen, wann und mit wem sie auf welche ihrer Sprachen zurückgreifen können. Sie sind auch stärker als monolinguale Kinder gefordert, Strategien zu entwickeln, die ihnen helfen, sich über Verstehens- oder Ausdrucksnot hinwegzusetzen. Die „metasprachlichen Fähigkeiten", die sprachübergreifender Art sind, lernen zweisprachige Kinder damit früher und intensiver kennen als einsprachige. Die frühe Entfaltung solcher Fähigkeiten ist eine besonders förderliche Voraussetzung für jeden weiteren Spracherwerb (vgl. Gogolin 1999).

Die Herstellung einer positiven Einstellung zur Muttersprache und zur Zweisprachigkeit - und zwar sowohl auf Seiten des Kindes selber als auch auf Seiten seiner Eltern - stellt somit den wichtigsten Inhalt im (sprachbehinderten-)pädagogischen Handlungsfeld dar. Die Sprachtherapie sollte sich dabei als eine Institution innerhalb eines interdisziplinären Netzwerkes verstehen. Nur in Zusammenarbeit mit weiteren Einrichtungen, in denen Migrantenkinder leben und erzogen werden, lassen sich die Ziele einer individuellen Förderung einer bikulturellen und bilingualen Identität verwirklichen.

In diesem Zusammenhang ist es für Sprachbehindertenpädagog(inn)en wichtig, mit alltäglichen Kommunikationspartnern von Migrantenkindern in Interaktion zu treten, um Einblick in die jeweilige Kultur zu bekommen und Strukturen der jeweiligen Muttersprache erfassen zu können. Die Alternative zu einem Leben *zwischen* zwei Sprachen ist ein Leben *mit* zwei Sprachen. Eine solche Zielsetzung kann erreicht werden, wenn Sprachbehindertenpädagog(inn)en für Kulturkontakte offen sind. Interkulturelle Handlungskompetenz und Einfühlungsvermögen sind in diesem Zusammenhang wichtige Voraussetzungen.

Die Aufwertung der Minderheitssprachen ist die Voraussetzung für die Aufwertung der Zweisprachigkeit:

Zwei Sprachen sind wie zwei Lanschaften
unvergleichbar in ihrer Art,
vergleichbar in ihren Charakteristiken.
Man muss sich in sie einleben,
um das Faszinierende an beiden zu erkennen,
um doppelt reich zu werden.
(Ackermann 1983, 228)

Schlussbetrachtung und Ausblick

„Hoffnungsvoll zieht unsere Jugend

in das Land der Zukunft ein:

deutsche Sprache, deutsche Tugend

sollen ihnen heilig sein".

Lied der Deutschen aus Russland

(Landsmannschaft der Deutschen aus Russland e.V. 2000, Teil I, 267)

Das „Lied der Deutschen aus Russland", das vom Strophenbau der deutschen Nationalhymne gleicht, ist ein hohes Bekenntnis deutscher Seele und deutschen Geistes zum Deutschtum, inhaltlich geprägt von der Erinnerung an das in zwei Jahrhunderten erlittene Leid, von der Sehnsucht nach Deutschland, dem Land der Ahnen, von der Überzeugung einer besseren Zukunft für die Jugend in Deutschland.

Seit 1988 sind mehr als 2 Millionen Russlanddeutsche allein aus der ehemaligen Sowjetunion nach Deutschland eingereist. Die Eingliederung der Aussiedler ging zunächst auf Grund guter Deutschkenntnisse weitgehend reibungslos. In den letzten Jahren ist ein Rückgang der Deutschkenntnisse bei den mitreisenden Familienmitgliedern und Angehörigen beim Spätaussiedlerzuzug erkennbar. Während Anfang der 90er Jahre überwiegend rein deutsche Familien nach Deutschland kamen, verstärkt sich seit Mitte der 90er Jahre der Zuzug von gemischtnationalen Familien. Feststellbar sind die geringeren deutschen Sprachkenntnisse besonders bei jungen Menschen, da sie mit der russischen Sprache als Erstsprache aufgewachsen sind, was nicht zuletzt mit dem starken Assimilierungsdruck der Nachkriegszeit verbunden ist.

Neben den Sprachschwierigkeiten werden die jungen Aussiedler in ihrer historischen Heimat Deutschland vielfältigen Spannungen ausgesetzt, die sich durch den wesentlichen Unterschied zwischen zwei politisch-ökonomischen Systemen noch verschärfen. Das Denken und Handeln dieser Migrantengruppe ist anders: sie sind gewöhnt an eine Führung von oben, haben Angst, kritische Fragen zu stellen. Sie sind unerfahren im Umgang mit Demokratie und Freiheit und sind irritiert durch die pluralistische Meinungsverschiedenheit.

Studien über die Integration von jungen Aussiedlern, wie z.B. die der Universität von Tübingen (Landsmannschaft der Deutschen aus Russland e.V. 6/2000a) zeigen, dass sie in einer neuen Gesellschaft nach der Feststellung dessen, dass sie „anders sind", häufig eine Identitätskrise (oft als „Kulturschock" bezeichnet) durchmachen. Während sich ihre Eltern eher als „Deutsche in Russland" verstanden haben, empfinden sich viele der jugendlichen Aussiedler als „Russen in Deutschland". Diese Selbstdefinitionsmomente werden durch die Konzentration der neu eingereisten Aussiedler in Wohnheimen und die z.T. lange Verweildauer in diesen verstärkt. Während zunächst die Sprache als Hindernis im Kontakt zu den einheimischen Jugendlichen erlebt wird, sind es schließlich auch das Selbstverständnis der Aussiedlerjugendlichen und ihre Formen des Umgangs miteinander, die erhebliche Unterschiede aufweisen.

Die Verfasserin hofft, dass sie durch einen Exkurs in die Geschichte der Russlanddeutschen dem Leser den Leidensweg dieser Migrantengruppe nahe bringen und somit ihn zum Nachdenken anregen konnte, wie jeder Einzelne zu einer besseren Verständigung und schnelleren Integration von Russlanddeutschen beitragen kann. Da die Integration ein zweigleisiger Prozess ist, der sowohl die Aussiedler als auch die Einheimischen einbezieht, ist es für die deutsche Zivilbevölkerung wichtig, den kulturellen und historischen Hintergrund dieser Migrantengruppe kennen zu lernen.

Anhand von Beispielen wurde gezeigt, dass einige Gemeinden den neuen Weg zur Integration gefunden haben, der die Aufhebung der Isolationsstrukturen der jugendlichen Aussiedler unter expliziter Einbeziehung der Einheimischen beinhaltet. Es wäre wünschenswert, dass alle Betreuungsorganisationen von Aussiedlern bei der Planung von integrativen Maßnahmen die Interessen beider Seiten wahrnehmen und berücksichtigen würden. In ihrer Arbeit stellte die Verfasserin mehrere Integrationsmaßnahmen dar, wobei die wichtigsten als Förderung der Eigeninitiative der Aussiedler, aktive Einbeziehung der Aussiedler in das gesellschaftliche Leben und Förderung der Deutschkenntnisse im Hinblick auf die zukünftigen berufsorientierten Maßnahmen zusammengefasst werden können.

Die Integrationsproblematik der Russlanddeutschen verschärft sich zusätzlich bei Aussiedlerkindern und –jugendlichen mit Sprachauffälligkeiten, die nicht mehr durch die zweitspracherwerbsspezifische Situation erklärbar sind. In diesem Zusammenhang kann die bestehende Abgrenzungsproblematik zwischen erwerbsbedingten Sprachschwierigkeiten im Zuge eines Zweitspracherwerbs und einer pathologischen Sprachentwicklung durch eine konfrontierende Sprachanalyse entschärft werden. So konnten durch den kontrastiven Sprachvergleich Russisch-Deutsch auf der phonetisch-phonologischen und der morphologisch-syntaktischen Ebene erwerbsbedingte Fehler von russlanddeutschen Kindern im Zuge des Zweitspracherwerbs in all ihrer Vielfalt aufgezeigt werden, die zwingend von einer pathologischen Sprachentwicklung abzugrenzen sind. Weitere sprachkontrastive Analysen können in diesem Zusammenhang einen wertvollen Beitrag zur Klärung der Abgrenzungsproblematik bei zweisprachigen Kindern leisten.

Obwohl im Rahmen der Zweitspracherwerbsforschung bereits auf die Beachtung der Interdependenz zwischen Erst- und Zweitsprache hingewiesen und vor allem die Bedeutung der Muttersprache für einen erfolgreichen Zweitspracherwerb herausgestellt wurde, muss festgestellt werden, dass es gegenwärtig kaum Verfahren gibt, die eine Diagnose der Erst- und Zweitsprachentwicklung ermöglichen. Die Grenzen einer zweitspracherwerbstheoretisch fundierten Diagnostik liegen darin, dass ein monolingualer Sprachtherapeut die muttersprachlichen Kompetenzen eines zweisprachigen Kindes nicht beurteilen kann und somit auf eine interdisziplinäre Zusammenarbeit mit einem muttersprachlichen Diagnostiker angewiesen ist. Dass solche zweisprachigen Diagnostiker nicht für alle Migrantengruppen zur Verfügung stehen, liegt auf der Hand. Laut der empirischen Untersuchung von Drorit Lengyel sind nur 16,5 Prozent der in Nordrhein-Westfalen praktisch tätigen Sprachheilpädagog(inn)en zweisprachig (vgl. Lengyel 2001, 97). An dem bestehenden Mangel an muttersprachlichen Therapeut(inn)en müsste u.U. auf berufspolitischer Ebene gearbeitet werden.

Besonders wenn keine muttersprachliche Diagnostik möglich ist, kann eine umfassende Anamnese wichtige Informationen über die Erstsprachentwicklung des Kindes liefern. Mit einem Fragebogen in der Herkunftssprache eines zweisprachigen Kindes lassen sich Verständigungsschwierigkeiten auf Seiten der Eltern weitestgehend ausschließen. Ein in der deutschen und der Herkunftssprache übereinstimmend konzipierter Anamnesebogen kann im sprachbehindertenpädagogischen Handlungsfeld von monolingual deutschsprechenden Sprachtherapeut(inn)en sinnvoll eingesetzt werden, ohne dass zwingend ein Übersetzer hinzugezogen werden müsste.

In diesem Zusammenhang wird in der Zukunft der von der Verfasserin in deutscher und russischer Sprache übereinstimmend konzipierter und bisher an zwölf russlanddeutschen Familien erprobter Anamnesebogen von H. Gjakonovski im Rahmen einer empirischen Arbeit im Hinblick auf seine praktische Anwendbarkeit im sprachbehindertenpädagogischen Handlungsfeld überprüft. Sowohl die zweisprachigen Eltern als auch monolinguale Sprachbehindertenpädagog(inn)en sollen die Praktikabilität des Anamnesebogens beurteilen sowie Verbesserungsvorschläge äußern. Um die Anwendbarkeit des Anamnesebogens auch bei anderen Migrantengruppen zu testen, soll der Anamnesebogen auch in die türkische und polnische Sprache übersetzt werden, womit die beiden in sprachtherapeutischen Praxen am meisten vertretenen Migrantengruppen erfasst werden (vgl. die Ergebnisse der empirischen Untersuchung von Drorit Lengyel 2001, 116). Eine bearbeitete und optimierte Fassung des Anamnesebogens lässt sich in weitere Sprachen übersetzen. So ist eine spätere Übersetzung in die griechische und englische Sprache geplant.

Bei der Bewertung der durch den Anamnesebogen gewonnenen Basisinformationen über die Erstsprachentwicklung des Kindes dürfen keine monolingual ausgerichteten Spracherwerbsmodelle und Sprachstandstests angewandt werden, sondern es müssen Zweitspracherwerbstheorien zum Tragen kommen. Eine umfassende Diagnose unter Berücksichtigung der soziokulturellen Aspekte im Leben der Kinder ist wichtig, damit Fehleinschätzungen vermieden werden können. Diese können unterschiedlich aussehen: Auf der einen Seite besteht die Gefahr, dass regelgeleitete Entwicklungsprozesse als pathologisch im Sinne einer Behinderung diagnostiziert werden mit den negativen Folgeerscheinungen wie falsche Beschulung und Stigmatisierung. Andererseits kann es passieren, dass ein pathologisch verlaufender Sprachprozess nicht als solcher erkannt wird und die notwendige Förderung unterbleibt. Damit eine geeignete Förderung und Therapie erreicht werden kann, ist die Situation zweisprachig aufwachsender Kinder sowohl aus dem Blickwinkel der Sprache als auch aus dem Blickwinkel des sozialen und somit kulturspezifischen Kontextes zu betrachten. In jedem Fall sollte der Sprachtherapeut eine interdisziplinäre Zusammenarbeit mit anderen am Erziehungsprozess des Kindes beteiligten Instanzen pflegen.

Es lässt sich festhalten, dass die diagnostischen und therapeutischen Möglichkeiten für zweisprachige Kinder bis heute nicht voll ausgeschöpft worden sind. Einerseits ist die Forschung gefordert, Perspektiven zu entwickeln, die der gegenwärtig noch sehr widersprüchlichen Diskussion um die zweisprachige Entwicklung neue Impulse geben könnten. Auf der anderen Seite sollte sie jedoch auch das vorhandene zweitspracherwerbstheoretische Wissen für die Entwicklung von Diagnostik- und Therapiematerial nutzen, um eine adäquate Förderung von zweisprachigen Kindern zu gewährleisten.

So ist der Einsatz von sprachkontrastiven Analysen über die differenzialdiagnostische Klärung hinaus auch bei der Bestimmung des Phoneminventars bei zweisprachigen Kindern im Rahmen der Eingangsdiagnostik denkbar. Z.B. ließen sich die Laute und Lautgruppen, die in beiden Sprachen vorhanden sind, auch von einem monolingual Deutsch sprechenden Diagnostiker in der Herkunftssprache des Kindes überprüfen, wenn die fremdsprachigen Zielwörter im Internationalen Phonetischen Alphabet transkribiert würden. Für die Entwicklung eines muttersprachlichen Diagnostikmaterials wären vor allem zweisprachige Sprachbehindertenpädagog(inn)en prädestiniert.

Eine der wirksamsten und gezieltesten Methoden einer erfolgreichen Therapie bei zweisprachigen Kindern ist Elternarbeit. Auf Grund sprachlicher und kultureller Barrieren gestaltet es sich für Sprachbehindertenpädagog(inn)en oftmals als schwierig, Elternarbeit für beide Parteien zufriedenstellend durchzuführen. Die in der Praxis aufgetretenen Probleme bei der Zusammenarbeit mit russlanddeutschen Eltern wurden im Rahmen dieser Arbeit ausführlich dargestellt. Um über die Therapie aufzuklären und diese transparent zu machen, wurde von der Verfasserin ein Infoblatt erstellt sowie Informationsmaterial in die russische Sprache übersetzt. Die übersetzten Informationsbroschüren über das Phänomen Stottern sowie der Elternratgeber für Eltern stotternder Kinder können von Sprachbehindertenpädagog(inn)en, Logopäd(inn)en, Lehrer(inne)n und Betroffenen bei der Bundesvereinigung Stotterer

Selbsthilfe e.V. angefordert werden. Auch für andere Migrantengruppen wäre es sinnvoll, Informationsmaterial in der Herkunftssprache des Kindes zu erstellen.

Die Verfasserin sieht ihre Arbeit im Rahmen des Forschungsprojektes als einen kleinen Beitrag zur sozialen Integration von Russlanddeutschen im Rahmen eines interdisziplinären Aufgabenfeldes, der jedoch durch weitere Forschungsergebnisse vervollständigt werden muss sowie auf weitere Migrantengruppen ausgedehnt werden sollte, damit die sprachlichen sowie soziokulturellen Barrieren auf Seiten der Migrantenfamilien langfristig abgebaut werden können.

Die Anlaufschwierigkeiten des Projekts (siehe Erfassung des Klientenkreises) sind überwunden, sodass immer mehr russlanddeutsche Kinder zwecks sprachtherapeutischer Fördermaßnahmen angemeldet werden. Da das Forschungsinstitut für Sprachtherapie und Rehabilitation seit dem 01.06.2000 an die Ludwig-Maximilians-Universität München angegliedert ist, fehlt aber an der Universität zu Köln der institutionelle Rahmen für sprachtherapeutische Interventionen. Um den Bedarf an sprachtherapeutischer Förderung für russlanddeutsche therapiebedürftige Kinder weitestgehend zu decken, müssen zukünftig nicht nur an der Universität zu Köln, sondern auch in anderen Städten bundesweit zusätzliche Beratungsstellen eingerichtet werden.

Literaturverzeichnis

Ackermann, I. (Hrsg.): In zwei Sprachen leben. Berichte, Erzählungen, Gedichte von Ausländern. München: dtv 1983.

Ahrbeck, B./Schuck, K.D./Welling, A.: Integrative Pädagogik und Therapie. In: Die Sprachheilarbeit 35(1990)4, 165-172.

Ahrbeck, B./Schuck, K.D./Welling, A.: Aspekte einer sprachbehindertenpädagogischen Professionalisierung integrativer Praxis. In: Die Sprachheilarbeit 37(1992)6, 287-302.

Aktion Gemeinsinn e.V. (Hrsg.): Die geteilte Heimat. Neuanfang für die Deutschen im Osten oder Aussiedlung zu uns. Bonn 1994.

Aleemi, J.: Zur sozialen und psychischen Situation von Bilingualen. Frankfurt/Main/Bern/New York/Paris 1991.

Antos, G. (Hrsg.): ‚Ich kann ja Deutsch'. Studien zum ‚fortgeschrittenen' Zweitsprach-erwerb von Kindern ausländischer Arbeiter. Tübingen 1988.

Appel, P./Blömer, D./Engelhardt, F./Kracht, A./Meyer-Willner, A.: Bezugssysteme einer pädagogischen Sprachförderkonzeption für zweisprachige Kinder aus zugewanderten Familien. In: Die Sprachheilarbeit 42(1997)6, 289-294.

Arbeitsgemeinschaft der Ostumsiedler e.V. (Hrsg.): Heimatbuch der Ostumsiedler. Stuttgart 1954.

Arbeitskreis zur Erforschung des europäischen und außereuropäischen Russland-deutschtums (AER) (Hrsg.): Volk auf dem Weg. Deutsche in Russland und in der Sow-jetunion 1763-1981. Eine kurze Übersicht. Stuttgart 1981.

Atabay, I.: Ist dies mein Land? Identitätsentwicklung türkischer Migrantenkinder und -jugendlicher in der Bundesrepublik. Münchner Studien zur Kultur- und Sozialpsychologie, Band 4. Pfaffenweiler 1994.

Auernheimer, G.: Der sogenannte Kulturkonflikt. Orientierungsprobleme ausländischer Jugendlicher. Campus Verlag Frankfurt/New York 1988.

Auernheimer, G.: Einführung in die Interkulturelle Erziehung. Die Erziehungswissenschaft. Darmstadt ²1995.

Auernheimer, G.: Interkulturelle Pädagogik. In: Bernhard, A./Rothermel, L. (Hrsg.): Handbuch Kritische Pädagogik. Eine Einführung in die Erziehungs- und Bildungswissenschaft. Weinheim 1997, 344-356.

Bade, K.J. (Hrsg.): Deutsche im Ausland – Fremde in Deutschland: Migration in Geschichte und Gegenwart. München 1992.

Bade, K.J. (Hrsg.): Homo Migrans. Wanderungen aus und nach Deutschland. Erfahrungen und Fragen. Essen 1994.

Bade, K.J. (Hrsg.): Aussiedler: deutsche Einwanderer aus Osteuropa. Osnabrück: Univ.-Verlag Rasch 1999.

Balke, F./Habermas, R./Nanz, P./Sillem, P.: Schwierige Fremdheit. Über Integration und Ausgrenzung in Einwanderungsländern. Frankfurt/Main 1993.

Bausch, K.R.: Zwei- und Mehrsprachigkeit. In: Bausch, K.R./Christ, H./Krumm, H.J. (Hrsg.): Handbuch Fremdsprachenunterricht. Francke Verlag Tübingen & Basel ³1995, 81-87.

Becker, K.–C.: Einstellungen deutscher Schüler gegenüber Franzosen, Polen und Russen. Ein Beitrag zum theoretischen Problem des West-Ost-Gefälles der Vorurteile. Kölner Zeitschrift für Soziologie und Sozialpsychologie. 22. Jg. 1970, Heft 4, 737-775.

Beljakova, L.I./Djakova, E.A.=Белякова, Л.И./Дьякова, Е.А.: Заикание. Учебное пособие для студентов педагогических институтов по специальности «Логопедия». Москва 1998.

Belke, G.: Deutsch als Muttersprache, Zweitsprache oder Fremdsprache? Probleme des Schrifterwerbs und des Grammatikunterrichts in mehrsprachigen Klassen. In: Diskussion Deutsch 20(1989), 174-182.

Beobachter vom 28.03.2000. Artikel: Vorurteile abbauen, die Begegnung fördern und Unterstützung leisten, 4-5.

Blocher, E.: Zweisprachigkeit. Nachteile und Vorteile. In: Swift, J. (Hrsg.): Bilinguale und multikulturelle Erziehung. Interkulturelle Pädagogik, Bd. 5. Würzburg 1982, 117-132.

Boldyreva, L.M./Pankova, O.T./Telnova, A.G.=Болдырева, Л.М./Панкова, О.Т./Тельнова, А.Г.: Самоучитель немецкого языка. Издательство «Международные отношения». Москва 1978.

Boos-Nünning, U.: Kulturelle Identität und Organisation des muttersprachlichen Unterrichts für Kinder ausländischer Arbeitnehmer. In: Deutsch lernen 3(1983), 3-14.

Boos-Nünning, U./Gogolin, I.: Sprachdiagnose bei ausländischen Schulanfängern. Resultate der empirischen Prüfung eines „Sprachtests". In: Deutsch lernen 13(1988)3/4, 3-71.

Borowsky, V.: Muttersprachliche Interferenz bei der Ausspracheschulung im Russischunterricht. In: Nowikowa, I. (Hrsg.): Hamburger Beiträge für Russischlehrer. Russisch in kontrastiver Sicht, Bd. 7. Helmut Buske Verlag Hamburg 1974, 5-16.

Braun, O./Füssenich, I./Hansen, D./Homburg, G./Motsch, H.J.: Leitlinien zur spezifisch pädagogischen Förderung von Menschen mit Sprachbehinderungen. In: Die Sprachheilarbeit 40(1995)3, 315-319.

Brunner, G./Kagedan, A.: Die Minderheiten in der Sowjetunion und das Völkerrecht. Nationalitäten- und Regionalprobleme in Osteuropa, Bd. 2. Markus Verlag Köln 1988.

Bryzgunova, E.A.=Брызгунова, Е.А.: Звуки и интонация русской речи. Лингафонный курс для иностранцев. Москва ³1977.

Buchkremer, H.J./Emmerich, M.: Ausländerkinder. Sonder- und sozialpädagogische Fragestellungen. Rissen/Hamburg 1987.

Bukow, W.D.: Leben in der multikulturellen Gesellschaft. Die Entstehung kleiner Unternehmer und die Schwierigkeiten im Umgang mit ethnischen Minderheiten. Opladen 1993.

Bukow, W.D./Llaryora, R.: Mitbürger aus der Fremde. Opladen ²1993.

Bundesarbeitsgemeinschaft der Immigrantenverbände in der Bundesrepublik Deutschland und Berlin/West (BAGIV) (Hrsg.): BAGIV 1985-1988: Drei Jahre Selbstvertretung von Immigranteninteressen in der Bundesrepublik Deutschland. Bonn 1989.

Bundesministerium des Innern (BMI) (Hrsg.): 10 Jahre Aussiedlerpolitik der Bundesregierung 1988-1998. Potsdam 1999.

Burkhardt-Montanari, E.: Wie Kinder mehrsprachig aufwachsen können. Ein Ratgeber. Brandes & Apsel 2000.

Chambers, I.: Migration, Kultur, Identität. Tübingen 1996.

Clahsen, H./Meisel, J./Pienemann, M.: Deutsch als Zweitsprache. Der Spracherwerb ausländischer Arbeiter. Tübingen 1983.

Clahsen, H./Rothweiler, M./Woest, A.: Lexikalische Ebenen und morphologische Entwicklung: Eine Untersuchung zum Erwerb des deutschen Pluralsystems im Rahmen der lexikalischen Morphologie. In: Linguistische Berichte 135(1991), 105-126.

Cummins, J.: Die Schwellenniveau- und die Interdependenzhypothese. Erklärungen zum Erfolg zweisprachiger Erziehung. In: Swift, J. (Hrsg.): Bilinguale und multikulturelle Erziehung. Würzburg 1982, 34-43.

Dannenbauer, F.M.: Techniken des Modellierens in einer entwicklungsproximalen Therapie für dysgrammatisch sprechende Vorschulkinder. In: Der Sprachheilpädagoge 16(1984)2, 35-49.

Dannenbauer, F.M.: Grammatik. In: Baumgartner, S./Füssenich, I. (Hrsg.): Sprachtherapie mit Kindern. Ernst Reinhardt Verlag München/Basel [4]1999, 105-161.

Däs, N.: Wölfe und Sonnenblumen. Der Zug in die Freiheit. Waiblingen 1999.

Defektologie=Дефектология 1973-2001.

Demirel, Ö.: Sprachstörungen bei Ausländerkindern. Anmerkungen zu einem Buch von Wolfgang Wendlandt. In: Die Sprachheilarbeit 40(1995), 482-484.

Denninghaus, F./Subik, B./Vjatjutnev, M.N.: Begegnungen. 1. Lehrbuch der russischen Sprache für die Sekundarstufe. Brücken Verlag Düsseldorf 1987.

Der Spiegel 6/1999. Artikel: Alles ist besser als Kasachstan, 42-44.

Die Zeit, Nr. 14 vom 30.03.2000. Artikel: Deutsch, aber nicht ganz,17-20.

Die Zeit, Nr. 14 vom 30.03.2000. Artikel: Rückzug in die eigene Gruppe. Barbara Dietz vom Osteuropa-Institut in München über die Integration von Aussiedlern, 18.

Dietrich, R.: Erstsprache – Zweitsprache – Muttersprache – Fremdsprache. In: Ammon, U./Dittmar, N./Mattheier, K.J.: Soziolinguistik. Ein internationales Handbuch zur Wissenschaft von Sprache und Gesellschaft, Bd. 1. Berlin 1987/88, 352-359.

Dietz, B./Greiner, J./Roll, H.: Jugendliche Aussiedler. In: Beiträge, Berichte und Informationen der Bundesarbeitsgemeinschaft Jugendsozialarbeit, Beratungs- und Betreuungsarbeit für junge AussiedlerInnen, 34. Sozialanalyse. Bonn 1996, 26-31.

Dirim, I.: Kinder verschiedener Sprachen und Kulturen lernen gemeinsam. In: Die Sprachheilarbeit 40(1995)1, 67-74.

Eggers, C.: Fremdsprachige Kinder in der Grundschule. In: Grundschule (1993)1, 46-48.

Ehlich, K.: Kommunikationsbrücke – vom Nachteil und Nutzen des Sprachkontakts. In: Zielsprache Deutsch 2(1992), 64-74.

Eisfeld, A.: Deutsche Kolonien an der Wolga 1917-1919 und das Deutsche Reich (Veröffentlichungen des Osteuropa–Institutes München). Reihe: Geschichte, Bd. 53. Wiesbaden 1985.

Eisfeld, A.: Die Deutschen in Russland und in der Sowjetunion. Österreichische Landsmannschaft. Wien 1986.

Eisfeld, A.: Russland/Sowjetunion. Informationen zur politischen Bildung 222(1989).

Eisfeld, A.: Die Russlanddeutschen. München 1992.

Felix, S.W.: Linguistische Untersuchungen zum natürlichen Zweitsprachenerwerb. München 1978.

Felix, S.W.: Psycholinguistische Aspekte des Zweitspracherwerbs. Language Development. Gunther Narr Verlag 1982.

Fleischhauer, I.: Die Deutschen im Zarenreich. Zwei Jahrhunderte deutsch-russische Kulturgemeinschaft. Stuttgart 1986.

Fliegner, J./Gogolin, I.: Sprachstandsmessung bei Schulanfängern. Teil 5 des Projektes „Ausländische Kinder an unseren Schulen. Integration, Beratung, Unterricht". Düsseldorf 1980.

Frantzioch, M.: Die Vertriebenen - Hemmnisse, Antriebskräfte und Wege ihrer Integration in der Bundesrepublik Deutschland. Schriften zur Kultursoziologie, 9. Berlin: Dietrich Reimer Verlag 1987.

Freie und Hansestadt Hamburg (Hrsg.): Deutsch als Zweitsprache, Richtlinien, Grundschule, Sekundarstufen. Amt für Schule 1992.

Freie und Hansestadt Hamburg (Hrsg.): Deutsch als Zweitsprache, deutsch-dänisches Kooperationsprojekt der Europäischen Union. Handreichung für die Grundschule und die Sekundarstufe. Amt für Schule 1995.

Frey, S.: Mehrsprachigkeit im Klassenzimmer. In: Gogolin, I./Neumann, I. (Hrsg.): Großstadt-Grundschule. Eine Fallstudie über sprachliche und kulturelle Pluralität als Bedingung der Grundschularbeit. Münster/New York/München/Berlin 1997, 148-175.

Frick, J./Wagner, G.: Zur sozio-ökonomischen Lage von Zuwanderern in West-Deutschland. DIW, Diskussionspapier Nr. 140. Berlin 1996.

Fried, L.: Zur Diagnose des sprachlichen Entwicklungsstandes unter Berücksichtigung des Ausländerkindes. In: Ingenkamp, K./Horn, R./Jäger, R. (Hrsg.): Tests und Trends. Jahrbuch der Pädagogischen Diagnostik, Bd. 5. Weinheim: Beltz 1986, 63-91.

Friedrich, G./Bigenzahn, W.: Phoniatrie: Einführung in die medizinischen, psychologischen und linguistischen Grundlagen von Stimme und Sprache. Bern: Huber 1995.

Fthenakis, W./Sonner, A./Thrul, R./Walbine, W.: Bilingual-bikulturelle Entwicklung des Kindes. Ein Handbuch für Psychologen, Pädagogen und Linguisten. München 1985.

Gabka, K.: Einführung in das Studium der russischen Sprache. In: Gabka, K. (Hrsg.): Die russische Sprache der Gegenwart, Bd 1. Leipzig ^{4}1984, 1-23.

General Anzeiger vom 31.01.2001. Artikel: „Sprache ist der Schlüssel zur Integration", 3.

Georgogiannis, P.: Identität und Zweisprachigkeit. Studienverlag Brockmeyer Bochum 1985.

Glumpler, E./Apeltauer, E.: Ausländische Kinder lernen Deutsch. Lernvoraussetzungen, methodische Entscheidungen, Projekte. Berlin: Cornelsen 1997.

Goffman, E.: Stigma. Über Techniken der Bewältigung beschädigter Identität. Suhrkampp Taschenbuch Wissenschaft 1977.

Gogolin, I.: ‚Muttersprache': Zweisprachigkeit. Sprachliche Bildungsvoraussetzungen der Kinder aus ethnischen Minderheiten. In: Pädagogische Beiträge 39(1987)12, 26-30.

Gogolin, I.: Erziehungsziel Zweisprachigkeit. Konturen eines sprachpädagogischen Konzepts für die multikulturelle Schule. Bergmann & Helbig Verlag Hamburg [1]1988.

Gogolin, I.: Theorien sprachlicher Sozialisation und sprachliche Pluralität. Einige Überlegungen in provokativer Absicht. In: Deutsch Lernen 1(1993), 14-25.

Gogolin, I.: Fremdsprachen im Vorschul- und Primarbereich. In: Bausch, K.R./Christ, H./Krumm, H.J. (Hrsg.): Handbuch Fremdsprachenunterricht. Francke Verlag Tübingen und Basel [3]1995, 104-109.

Gogolin, I.: Sprachen rein halten – eine Obsession. In: Gogolin, I./Graap, S./List, G. (Hrsg.): Über Mehrsprachigkeit. Tübingen: Stauffenburg 1998, 71-98.

Gogolin, I.: Mehrsprachigkeit. In: Grundschule 5(1999), 40-42.

Gogolin, I./Graap, S./List, G. (Hrsg.): Über Mehrsprachigkeit. Tübingen: Stauffenburg 1998.

Gogolin, I./Neumann, U.: Spracherwerb und Sprachentwicklung in einer zweisprachigen Lebenssituation bei monolingualer Grundorientierung der Gesellschaft. Unveröffentlichtes Gutachten für den Arbeitskreis Neue Erziehung. Hamburg 1997.

Gorschkova, K.W.=Горшкова, К.В.: Проблемы теории и истории русского языка. Издательство Московского университета 1980.

Graf, P.: Frühe Zweisprachigkeit und Schule. Empirische Grundlagen zur Erziehung von Minderheitenkindern. München 1987.

Graf, P.: Sprachentwicklung und interkulturelle Pädagogik: Bilinguale Schullaufbahnen als interkulturelles Lernen. In: Eichelberger, H./Furch, E. (Hrsg.): Kulturen, Sprachen, Welten. Innsbruck/Wien 1998, 281-305.

Grohnfeldt, M.: Merkmale der pädagogischen Sprachtherapie. In: Grohnfeldt, M. (Hrsg.): Grundlagen der Sprachtherapie. Handbuch der Sprachtherapie, Bd. 1. Berlin 1989, 13-31.

Grohnfeldt, M.: Zur Abgrenzung „normaler" und gestörter Spracherwerbsprozesse. Probleme und Ansätze zur Verwirklichung im Rahmen von Reihenuntersuchungen und der Vorsorgeuntersuchung U8. Die Sprachheilarbeit 34(1989a)5, 209-217.

Grohnfeldt, M.: Störungen der Sprachentwicklung. Berlin [6]1993.

Grohnfeldt, M.: Sprachheilpädagogische Förderung als interdisziplinäres Aufgabengebiet: schulische und außerschulische Handlungsfelder im Kontext. In: Deutsche Gesellschaft für Sprachheilpädagogik e.V. (Hrsg.): Interdisziplinäre Zusammenarbeit: Illusion oder Vision? Herausforderung und Chance in der Rehabilitation Sprachbehinderter, Kongressbericht. Münster 1996, 767-782.

Grohnfeldt, M. (Hrsg.): Lehrbuch der Sprachheilpädagogik und Logopädie, Bd. 1. Selbstverständnis und theoretische Grundlagen. Verlag W. Kohlhammer Stuttgart/Berlin/Köln 2000.

Grohnfeldt, M.: Notwendigkeiten und Probleme der Einteilung von Störungsbildern und ihrer Bedingungshintergründe. In: Grohnfeldt, M. (Hrsg.): Lehrbuch der Sprachheilpädagogik und Logopädie, Bd. 2. Erscheinungsformen und Störungsbilder. Verlag W. Kohlhammer Stuttgart/Berlin/Köln 2001, 17-24.

Grohnfeldt, M. (Hrsg.): Lehrbuch der Sprachheilpädagogik und Logopädie, Bd. 2. Erscheinungsformen und Störungsbilder. Verlag W. Kohlhammer Stuttgart/Berlin/Köln 2001.

Grönke, C.: Interkultureller Dialog mit türkischen Migrantenfamilien in logopädischen Praxen. In: Forum Logopädie 5(1998), 17-20.

Hacker, D.: Phonologie. In: Baumgartner, S./Füssenich, I. (Hrsg.): Sprachtherapie mit Kindern. Ernst Reinhardt Verlag München/Basel [4]1999, 13-62.

Hacker, D./Wilgermein, H.: Phonologie. In: Grohnfeldt, M. (Hrsg.): Lehrbuch der Sprachheilpädagogik und Logopädie, Bd. 2. Erscheinungsformen und Störungsbilder. Verlag W. Kohlhammer Stuttgart/Berlin/Köln 2001, 37-48.

Haffner, U.: „Gut reden kann ich." Das Enwicklungsproximale Konzept in der Praxis – eine Falldarstellung. Verlag Modernes Lernen Dortmund 1995.

Häring, M./Schakib-Ekbatan, K./Schöler, H.: Zur Diagnostik und Differenzialdiagnostik von Sprachentwicklungsauffälligkeiten. In: Die Sprachheilarbeit 42(1997)5, 221-229.

Hecker, H.: Die Deutschen im Russischen Reich, in der Sowjetunion und ihren Nachfolgestaaten. Köln 1994.

Hegele, I.: Muttersprachenunterricht und Deutschunterricht im Kontext einer Interkulturellen Erziehung. In: Borrelli, M. (Hrsg.): Interkulturelle Pädagogik. Positionen – Kontroversen – Perspektiven. Baltmannsweiler: Pädagogischer Verlag 1986, 158-173.

Hegele, I./Pommerin, G.: Gemeinsam Deutsch lernen. Interkulturelle Spracharbeit mit ausländischen und deutschen Schülern. Heidelberg 1983.

Heidtmann, H.: Ausländer als Zielgruppe der Sprachbehindertenpädagogik. In: Heese, G./Reinartz, H. (Hrsg.): Aktuelle Beiträge der Sprachbehindertenpädagogik. Berlin 1981, 224-240.

Heidtmann, H.: Sprachdiagnostik. Eine kritische Reflexion. In: Die Sprachheilarbeit 26(1981a)6, 341-348.

Helmmann, M./Eisfeld, A.: Tausend Jahre Nachbarschaft. Russland und die Deutschen. (Hrsg.: Ostdeutscher Kulturrat). München 1988.

Heuchert, L.: Zweisprachigkeit. Materialien zur interkulturellen Erziehung im Kindergarten, Bd. III. Verlag für Wissenschaft und Bildung. Berlin 1989.

Horn, D.: Sprachstandsbestimmung bei ausländischen Schülern: ein Überblick über einige Testverfahren. In: Tumat, A.: Zweitsprache Deutsch. Schwellenwortschatz. Anregungen zur praxisbezogenen Spracharbeit. Baltmannsweiler 1986, 113-130.

Ihssen, W.B.: Probleme der Sprachentwicklungsdiagnose bei Ausländerkindern. In: Praxis Deutsch (Sonderheft 1980), 40-42.

Info-Dienst Deutsche Aussiedler, Nr. 82: Zahlen, Daten, Fakten. Bonn 1996, 2-5.

Ingenhorst, H.: Die Russlanddeutschen. Aussiedler zwischen Tradition und Moderne. Frankfurt/Main 1997.

Ivo, H. (Hrsg.): Muttersprache, Identität, Nation. Sprachliche Bildung im Spannungsfeld zwischen Einheimisch und Fremd. Opladen 1994.

Jaede, W.: Diskontinuitäten als Risikofaktoren bei ausländischen Kindern. In: Jaede, W./Portera, A. (Hrsg.): Begegnung mit dem Fremden. Interkulturelle Beratung, Therapie und Pädagogik. Freiburg i. Breisgau 1997, 85-108.

Jaede, W./Portera, A.: Ausländerberatung. Kulturspezifische Zugänge in Diagnostik und Therapie. Lambertus/Freiburg 1986.

Jaede, W./Portera, A.: Begegnung mit dem Fremden. Interkulturelle Beratung, Therapie und Pädagogik in der Praxis. Köln 1993.

Jaksche, H.: Zum Ausdruck der Definitheit/Indefinitheit im Deutschen und Russischen. In: Nowikowa, I. (Hrsg.): Hamburger Beiträge für Russischlehrer. Russisch in kontrastiver Sicht, Bd. 7. Helmut Buske Verlag Hamburg 1974, 66-81.

Jakubeit, G.: Bilder von Fremden. Unveröffentlichtes Gutachten für das Projekt „Interkulturelle Elternarbeit" vom Arbeitskreis Neue Erziehung. Berlin 1997.

Jedik, L.: Zweisprachigkeit und Migration. In: Grohnfeldt, M. (Hrsg.): Lehrbuch der Sprachheilpädagogik und Logopädie, Bd. 2. Erscheinungsformen und Störungsbilder. Verlag W. Kohlhammer Stuttgart/Berlin/Köln 2001, 138-150.

Jenny, C.: Diagnostik und Elternberatung bei zweisprachigen Kindern. In: Forum Logopädie 1(1997), 20-22.

Johannsen, H.S.: Konzeptionelle Darstellung der idiographischen Sichtweise des kindlichen Stotterns und ihre Begründung. In: Johannsen, H.S./Schulze, H. (Hrsg.): Praxis der Beratung und Therapie bei kindlichem Stottern. Werkstattbericht. Verlag Phoniatrische Ambulanz der Universität Ulm 1993, 4-15.

Johannsen, H.S.: Stottern bei Kindern. In: Grohnfeldt, M. (Hrsg.): Lehrbuch der Sprachheilpädagogik und Logopädie, Bd. 2. Erscheinungsformen und Störungsbilder. Verlag W. Kohlhammer Stuttgart/Berlin/Köln 2001, 150-160.

Johannsen, H.S./Schulze, H.: Diagnostik und Therapie des kindlichen Stotterns im Rahmen einer Phoniatrischen Ambulanz: Konzeptionelle Darstellung im Überblick. In: Johannsen, H.S./Schulze, H. (Hrsg.): Praxis der Beratung und Therapie bei kindlichem Stottern. Werkstattbericht. Verlag Phoniatrische Ambulanz der Universität Ulm 1993, 15-28.

Johannsen, H.S./Schulze, H. (Hrsg.): Praxis der Beratung und Therapie bei kindlichem Stottern. Werkstattbericht. Verlag Phoniatrische Ambulanz der Universität Ulm 1993.

Juhász, J.: Probleme der Interferenz. Budapest 1970.

Karajoli, E./Nehr, M.: Schriftspracherwerb unter Bedingungen der Mehrsprachigkeit. In: Günther, H./Ludwig, O. (Hrsg.): Schrift und Schriftlichkeit. Ein interdisziplinäres Handbuch internationaler Forschung, 2. Halbband. Berlin/New York 1996, 1191-1205.

Karpov, K.B./Monigetti, V.S.=Карпов, К.Б./Монигетти, В.С.: Вводный курс немецкого языка. Издательство литературы на иностранных языках. Москва 1962.

Keilmann, A./Zickgraf, M.: Erhöht eine zweisprachige Erziehung die Wahrscheinlichkeit einer Sprachentwicklungsverzögerung? In: Sprache–Stimme–Gehör 16(1992), 154-155.

Kielhöfer, B./Jonekeit, S.: Zweisprachige Kindererziehung. Tübingen [8]1993.

Klein, W.: Zweitspracherwerb - eine Einführung. Frankfurt/Main [3]1992.

Klotz, P./Sieber, P. (Hrsg.): Vielerlei Deutsch. Umgang mit Sprachvarietäten in der Schule. Stuttgart/Düsseldorf/Berlin/Leipzig 1993.

Knapp, W.: Sprachschwierigkeiten bei Kindern aus Sprachminderheiten. In: Logos interdisziplinär 6(1998), 116-123.

278

Kölner Stadt Anzeiger, Nr. 251 vom 28./29. Oktober 2000. Artikel: „Über Zuwanderung und Integration bald diskutieren". Kölner CDU-Abgeordnete Ursula Heinen im Gespräch, 5.

Kornmann, R.: Förderdiagnostik bei ausländischen Kindern. In: Psychologie, Erziehung, Unterricht 38(1991), 133-151.

Kornmann, R./Meister, H./Schlee, J.: Förderdiagnostik. Konzept und Realisierungsmöglichkeiten. Heidelberg 1994.

Kracht, A.: Förderung kindlicher Zweisprachigkeit als eine sprachbehindertenpädagogische Herausforderung. In: Die Sprachheilarbeit 41(1996)6, 356-365.

Kracht, A.: Förderung kindlicher Zweisprachigkeit in der Perspektive der „bedeutungsvollen Sprachhandlung" – eine sprach(behinderten)pädagogische Skizze. In: Griese, H./Wojtasik, G. (Hrsg.): Konstrukte oder Realität? – Perspektiven Interkultureller Bildung. Hannover 1996a, 56-82.

Kracht, A.: Einführende Gedanken in die Thematik der Zweisprachigkeit. Unveröffentlichtes Skript zu einer Fortbildungsveranstaltung des DGS in Köln 1999.

Kracht, A.: Migration und kindliche Zweisprachigkeit: Interdisziplinarität und Professionalität sprachpädagogischer und sprachbehindertenpädagogischer Praxis. Münster: Waxmann 2000.

Kracht, A./Möller, K./Obst, C./Polat, H.: Migration und kindliche Zweisprachigkeit in sprachbehindertenpädagogischen Praxisfeldern – ein Arbeitsbericht. In: Die Sprachheilarbeit 42(1997)5, 238-242.

Kracht, A./Schümann, H.: Kommunikationsprobleme zweisprachiger Kinder unter den Bedingungen der Immigration - ein Fall von „elektivem Mutismus"? In: Die Sprachheilarbeit 39(1994)5, 280-287.

Kracht, A./Welling, A.: Migration und kindliche Zweisprachigkeit. Probleme und Perspektiven der Sprachbehindertenpädagogik. In: Grohnfeldt, M. (Hrsg.): Sprachstörungen im sonderpädagogischen Bezugssystem. Handbuch der Sprachtherapie, Band 8. Berlin 1995, 365-404.

Kracht, A./Welling, A.: Migration und Zweisprachigkeit. Skizzierung eines sprachtherapeutischen Aufgabenfeldes. In: Die Sprachheilarbeit 40(1995a)1, 75-85.

Kracht, A./Welling, A.: Aussiedlung und Einwanderung: Probleme der Einsprachigkeit – Wege zur Mehrsprachigkeit. In: Die Sprachheilarbeit 45(2000)2, 57-63.

Krech, E.M.: Perzeptionsuntersuchungen zur Relevanz des coup de glotte im Deutschen. Prag 1967.

Kuhs, K.: Sozialpsychologische Faktoren im Zweitspracherwerb. In: Unterrichtswissenschaft 17(1989)3, 243-250.

Kuhs, K.: Sozialpsychologische Faktoren im Zweitspracherwerb. Eine Untersuchung bei griechischen Migrantenkindern in der Bundesrepublik Deutschland. Tübingen 1989a.

Lajios, K./Kiotsoukis, S.: Ausländische Jugendliche. Probleme der Pubertät und der bikulturellen Erziehung. Opladen: Leske & Budrich 1984.

Lambeck, K.: Kritische Anmerkungen zur Bilingualismusforschung. Tübingen: Narr 1984.

Lambert, W.: Die zwei Gesichter zweisprachiger Erziehung. In: Swift, J. (Hrsg.): Bilinguale und multikulturelle Erziehung. Würzburg 1982, 44-50.

Landsmannschaft der Deutschen aus Russland e.V. (Hrsg.): Heimatbuch der Deutschen aus Russland. Stuttgart 1954; 1957; 1966; 1967/1968; 1973-1981; 1990/1991; 1992-1994; 1995/1996; 1997/1998; 2000 (Teil I&II).

Landsmannschaft der Deutschen aus Russland e.V. (Hrsg.): Volk auf dem Weg. Stuttgart 1-12(1997); 1-12(1998); 1-12(1999); 1-12(2000a); 1-9(2001).

Landsmannschaft der Deutschen aus Russland e.V. (Hrsg.): Volk auf dem Weg. Deutsche in Russland und in der Sowjetunion 1763-1981. Stuttgart 1981.

Landsmannschaft der Deutschen aus Russland e.V. (Hrsg.): Volk auf dem Weg. Deutsche in Russland und in der GUS 1763-1993. Stuttgart 1993.

Landsmannschaft der Deutschen aus Russland e.V. (Hrsg.): Volk auf dem Weg. Deutsche in Russland und in der GUS 1763-1997. Stuttgart [5]1997a.

Lanfranchi, A.: Immigranten: Lern- und Leistungsstörungen der Kinder, der Schule und der Heilpädagogik. In: Lanfranchi, A./Hagmann, T. (Hrsg.): Immigrantenkinder: Plädoyer für eine integrative Pädagogik. Luzern 1992, 35-60.

Langenscheidts Praktisches Lehrbuch Russisch. Berlin/München/Wien/Zürich 1980.

Längin, B. (Hrsg.): Die Deutschen in der UdSSR – einst und jetzt. Globus spezial. Bonn 1991.

Längin, B.: Die Russlanddeutschen unter Doppeladler und Sowjetstern. Städte, Landschaften und Menschen auf alten Fotos. Augsburg: Weltbildverlag 1991a.

Lehmann, V./Schlegel, H.: Russisch. In: Bausch, K.R./Christ, H./Krumm, H.J. (Hrsg.): Handbuch Fremdsprachenunterricht. Francke Verlag Tübingen und Basel ³1995, 399-404.

Lengyel, Drorit: Kindliche Zweisprachigkeit und Sprachbehindertenpädagogik. Eine empirische Untersuchung des Aufgabenfeldes innerhalb der sprachheiltherapeutischen Praxis. (Hrsg.: Landesarbeitsgemeinschaft der kommunalen Migrantenvertretungen - LAGA). Köln 2001.

Leyer, E.M.: Migration, Kulturkonflikt und Krankheit. Beiträge zur psychologischen Forschung 24. Westdeutscher Verlag Opladen 1991.

Lin, M.A.: ‚Kulturelle Behinderung'? Sprach-, Lern- und Verhaltensschwierigkeiten aufgrund kultureller Interferenzen. In: Sturny-Bossarat, G./Büchner, C. (Hrsg.): Behindert und fremd. Eine doppelte Herausforderung für das Schweizer Bildungswesen. Luzern 1998, 15-122.

Lin-Huber, M.A.: Kulturspezifischer Spracherwerb. Sprachliche Sozialisation und Kommunikationsverhalten im Kulturvergleich. Huber ¹1998.

List, G.: Sprachpsychologie. Stuttgart/Berlin/Köln/Mainz 1981.

List, G.: Zur Entwicklung metasprachlicher Fähigkeiten. Aus der Sicht der Sprachpsychologie. In: Deutschunterricht 44(1992)4, 15-23.

List, G.: Psycholinguistik und Sprachpsychologie. In: Bausch, K.R./Christ, H./Krumm, H.J. (Hrsg.): Handbuch Fremdsprachenunterricht. Francke Verlag Tübingen und Basel ³1995, 31-38.

List, G.: Beweggründe zur Mehrsprachigkeit: Der psychische Prozess ist das Produkt. In: Wendt, M./Zydatiß, W. (Hrsg.): Fremdsprachliches Handeln im Spannungsfeld von Prozess und Inhalt. Dokumentation des 16. Kongresses für Fremdsprachendidaktik, veranstaltet von der Deutschen Gesellschaft für Fremdsprachenforschung (DGFF), 4.– 6. Oktober 1995. In: Beiträge zur Fremdsprachenforschung, Bd. 4. Universitätsverlag Dr.N. Brockmeyer Bochum 1997, 35-48.

Lokalanzeiger Waldbröl vom 30.09.1998. Artikel: Totschlag nach Wodkaexzess bringt Täter acht Jahre Haft, 28.

Lokalanzeiger Waldbröl vom 10.03.1999. Artikel: Attacke auf Jugendliche, 14.

Lokalanzeiger Waldbröl vom 24.02.2000.

Lokalanzeiger Waldbröl vom 10.03.2000. Artikel: Offener Brief des IB zum Thema Integration jugendlicher Aussiedler,17-18.

Luchtenberg, S.: Zu Zweisprachigkeit und Bikulturalität ausländischer Kinder. In: Lajios, K. (Hrsg.): Die zweite und dritte Ausländergeneration. Ihre Situation und Zukunft in der Bundesrepublik Deutschland. Opladen: Leske & Budrich 1991, 55-91.

Luchtenberg, S.: Zweisprachigkeit und interkultureller Unterricht. In: Oomen-Welke, I. (Hrsg.): Brückenschlag. Von anderen lernen – miteinander handeln. Stuttgart 1994, 206-212.

Luchtenberg, S.: Interkulturelle sprachliche Bildung: Zur Bedeutung von Zwei- und Mehrsprachigkeit für Schule und Unterricht. Münster: Waxmann 1995.

Mattheier, K.A.: Sprachkonflikt. Terminologische und begriffsgeschichtliche Überlegungen. In: Oksaar, E. (Hrsg.): Soziokulturelle Perspektiven von Mehrsprachigkeit und Spracherwerb. Tübingen 1987, 276-288.

Matusevitsch, M.I.=Матусевич, М.И.: Введение в общую фонетику. Учпедгиз 1948.

Mehlig, H.R.: Die sogenannten „perfektiven" und „imperfektiven" Verben im Deutschen und ihre Beziehung zum Verbalaspekt im Russischen. In: Nowikowa, I. (Hrsg.): Hamburger Beiträge für Russischlehrer. Russisch in kontrastiver Sicht, Bd. 7. Helmut Buske Verlag Hamburg 1974, 89-99.

Merkens, H./Nauck, B.: Ausländerkinder. In: Markefka, M./Nauck, B. (Hrsg.): Handbuch der Kindheitsforschung. Neuwied/Kriftel/Berlin 1993, 447-457.

Mertens, A.: Diagnose von Sprachbehinderung bei Zweisprachigkeit. Böhlau Verlag Köln/Weimar/Wien 1996.

Militzer, R./Bourgeois, S.: Aussiedlerkinder im Kindergarten – Projektbericht. (Hrsg.: Sozialpädagogisches Institut für Kleinkind- und Außerschulische Erziehung des Landes Nordrhein-Westfalen). Köln 1994.

Müller, A.: Das Lernen zweier Sprachen im Kindesalter. In: Deutsch lernen 22(1997), 109-16.

Münz, R./Seifert, W./Ulrich, R.: Zuwanderung nach Deutschland. Strukturen, Wirkungen, Perspektiven. Frankfurt/Main 1997.

Narr, B./Wittje, H. (Hrsg.): Spracherwerb und Mehrsprachigkeit. Festschrift für Els Oksaar zum 60. Geburtstag. Tübingen 1986.

National-Zeitung vom 12.11.1999. Artikel: 438 Aussiedler-Anträge auf Halde, 13.

Nauck, B.: Zwanzig Jahre Migrantenfamilien in der Bundesrepublik. Familiärer Wandel zwischen Situationsanpassung, Akkulturation und Segregation. In: Nave-Herz, R. (Hrsg.): Wandel und Kontinuität der Familie in der Bundesrepublik Deutschland. Stuttgart 1988, 279-297.

Netschajewa, V. (Hrsg.): Schwierigkeiten der russischen Sprache. Aus dem Russ. Übers. v. Letnewa, N./Iwastschenko, L. Düsseldorf [5]1988.

Neubauer, W.: Identitätsentwicklung. In: Markefka, M./Nauck, B. (Hrsg.): Handbuch der Kindheitsforschung. Neuwied/Kriftel/Berlin 1993, 303-315.

Neuland, E.: Sprachbewusstsein und Sprachvariation. Zur Entwicklung und Förderung eines Sprachdifferenzbewusstseins. In: Klotz, P./Sieber, P. (Hrsg.): Vielerlei Deutsch. Umgang mit Sprachvarietäten in der Schule. Stuttgart/Düsseldorf/Berlin/Leipzig 1993, 173-191.

Neumann, U.: Zweitsprachenunterricht Deutsch. In: Bausch, K.R./Christ, H./Krumm, H.J. (Hrsg.): Handbuch Fremdsprachenunterricht. Francke Verlag Tübingen & Basel [3]1995, 95-99.

Oksaar, E.: Zweitspracherwerb als kulturelles Lernen. In: Ausländerkinder 7(1981), 58-66.

Oksaar, E. (Hrsg.): Spracherwerb – Sprachkontakt – Sprachkonflikt. Berlin/New York 1984.

Oksaar, E. (Hrsg.): Soziokulturelle Perspektiven von Mehrsprachigkeit und Spracherwerb. Gunther Narr Verlag Tübingen 1987.

Oksaar, E.: Problematik im interkulturellen Verstehen. In: Müller, B.D.: Interkulturelle Wirtschaftskommunikation. München 1991, 13-26.

Oksaar, E.: Mehrsprachigkeit. In: Sprachreport (1992)3, 23-26.

Oksaar, E.: Vom Verstehen und Missverstehen im Kulturkontakt – Babylon in Europa. In: Bade, K.J. (Hrsg.): Die multikulturelle Herausforderung. Menschen über Grenzen – Grenzen über Menschen. München 1996, 206-229.

Oldenburger Volkszeitung vom 24.03.1999.

Ost-Express 3(109), 7.-20.02.2001. Artikel: Замок к «воротам в Германию», 1.

Otkupschtschikov, J.W.=Откупщиков, Ю.В.: К истокам слова. Рассказы о науке этимологии. Книга для учащихся. Изд. 2-е. Москва Просвещение 1973.

Panov, M.W.=Панов, М.В.: Современный русский язык. Фонетика 1979.

Penner, Z.: Intervention bei spezifischen sprachlichen Defiziten der fremdsprachigen Kinder. In: Verein Berner Logopädinnen und Logopäden Bulletin (1996)1, 19-28.

Petursson, M./Neppert, J.: Elementarbuch der Phonetik. Helmut Buske Verlag Hamburg 1991.

Pfeifer, Chr./Brettfeld, K./Stelzer, I.: Kriminalität in Niedersachsen – 1985-1996. (Hrsg.: Kriminologisches Forschungsinstitut Niedersachsen e.V.). Hannover 1997.

Pinkus, B./Fleischhauer, I./Ruffmann, K.–H. (Hrsg.): Die Deutschen in der Sowjetunion. Geschichte einer nationalen Minderheit im 20. Jahrhundert. Baden-Baden [1]1987.

Portera, A.: Probleme der Identitätsfindung im multikulturellen Raum. In: Zeitschrift für Migration und soziale Arbeit 2(1996), 54-57.

Presse- und Informationsamt der Bundesregierung (Hrsg.): Politik. Informationen aus Bonn 8(1988).

Ramers, K.H. (Hrsg.): Einführung in die Phonologie. Kölner Linguistische Arbeiten – Germanistik. Gabel Verlag 1995.

Raupach, M.: Zwei- und Mehrsprachigkeit. In: Bausch, K.R./Christ, H./Krumm, H.J. (Hrsg.): Handbuch Fremdsprachenunterricht. Francke Verlag Tübingen & Basel [3]1995, 470-475.

Rausch, R./Rausch, I.: Deutsche Phonetik für Ausländer. Leipzig 1988.

Rehbein, J./Grießhaber, W.: L2-Erwerb versus L1-Erwerb: Methodologische Aspekte ihrer Forschung. In: Ehlich, K. (Hrsg.): Kindliche Sprachentwicklung. Konzepte und Empirie. Westdeutscher Verlag 1996, 67-121.

Reich, H.H.: Zum Unterricht in Deutsch als Fremdsprache. In: Hohmann, M. (Hrsg.): Unterricht mit ausländischen Kindern. Düsseldorf: Schwann [3]1980.

Röhr-Sendlmeier, U.M.: Sprachstandserhebung zur Förderung ausländischer Grund-schüler. In: Unterrichtswissenschaft 15/2(1985), 224-249.

Röhr-Sendlmeier, U.M.: Verfahren zur Messung der Deutschkenntnisse bei ausländi-schen Kindern und Jugendlichen. In: Ausländerkinder. Forum für Schule und Sozialpä-dagogik 23(1985a), 18-32.

Röhr-Sendlmeier, U.M.: Zweitsprachenerwerb und Sozialisationsbedingungen. Frank-furt/Main 1985b.

Röhr-Sendlmeier, U.M.: Lernbedingungen ausländischer Kinder für Deutsch als Zweitsprache. In: Zeitschrift für Entwicklungspsychologie und Pädagogische Psychologie, Bd. XVIII (1986)2, 176-187.

Röhr-Sendlmeier, U.M.: Pädagogisch sinnvolle Sprachdiagnose bei Migrantenkindern. Probleme - Forschung - Lösungsansätze. In: Deutsch lernen (1988)3/4, 89-97.

Röhr-Sendlmeier, U.M.: Zweitspracherwerb und personale Entwicklung. In: Psychologie, Erziehung, Unterricht 37(1990), 163-171.

Ruffmann, K.–H.: Die Russlanddeutschen. Funktion und Gewicht im Zarenreich und in der Sowjetunion. Lüneberger Vorträge zur Geschichte Ostdeutschlands und der Deutschen in Osteuropa. Baden-Baden 1987.

Ruhloff, J. (Hrsg.): Aufwachsen im fremden Land: Probleme und Perspektiven der ,Ausländerpädagogik'. Frankfurt/Main 1982.

Scherzinger, A.: Kinder und Jugendliche, deren Erstsprache nicht Deutsch ist: Aspekte der Sprachförderung. In: Die Sprachheilarbeit 40(1995)6, 466-474.

Schneider, H./Hollenweger, J. (Hrsg.): Mehrsprachigkeit und Fremdsprachigkeit. Arbeit für die Sonderpädagogik? Luzern 1996.

Scholz, F.: Kontrastive Phonologie und Phonetik im russischen Sprachunterricht. In: Nowikowa, I. (Hrsg.): Hamburger Beiträge für Russischlehrer. Russistik in den deutschsprachigen Ländern, Bd. 19. Helmut Buske Verlag Hamburg 1979, 141-159.

Schulze, H./Johannsen, H.S.: Differenzialdiagnose der Sprechunflüssigkeiten im Vorschulalter: Entwicklungsunflüssigkeit oder Stottern? In: Sprache-Stimme-Gehör 11(1987), 54-60.

Silbereisen, R.K. (Hrsg.): Aussiedler in Deutschland. Akkulturation von Persönlichkeit und Verhalten. Opladen: Leske & Budrich 1999.

Skutnabb-Kangas, T.: Mehrsprachigkeit und die Erziehung von Minderheitenkindern. In: Deutsch Lernen (1992)1, 38-67.

Slembek, E.: Lehrbuch der Fehleranalyse und Fehlertherapie. Dieck 1984.

Spiegel Reporter: Fremd und Deutsch. Warum die Integration von Ausländern Unsinn ist 2(2000).

Stalder, K.: Behinderter Zweitspracherwerb. Logopädische Therapie für fremdsprachige Kinder. In: Schneider, H./Hollenweger, J. (Hrsg.): Mehrsprachigkeit und Fremdsprachigkeit. Arbeit für die Sonderpädagogik? Luzern 1996, 91-118.

Stalder, K.: Stottern fremdsprachiger Kinder – diagnostische und therapeutische Wege. In: Forum Logopädie 2(1998), 9-14.

Steenberg, S.: Die Russland-Deutschen. Langen Müller Verlag München 1989.

Steinig, W.: Fremde Sprachen – Zweisprachigkeit – sprachliche Minderheiten. In: Oomen-Welke, I. (Hrsg.): Brückenschlag. Von anderen lernen – miteinander handeln. Stuttgart 1994, 193-205.

Strauss, A.: Spiegel und Masken. Die Suche nach Identität. Aus dem Amerikanischen übersetzt von Munscheid, H.: mirrors and masks. The search for identity. Frankfurt/Main 1974 (amerikanisches Original 1959).

Stricker, G. (Hrsg.): Deutsche Geschichte im Osten Europas. Siedler Verlag 1997.

Stumpp, K.: Die Russlanddeutschen. Zweihundert Jahre unterwegs. Pannonia Verlag Freilassing 1964.

Trommsdorf, G.: Kulturvergleichende Sozialisationsforschung. In: Trommsdorf, G. (Hrsg.): Sozialisation im Kulturvergleich. Stuttgart 1989, 6-24.

Ünsal, F.: Der Knoten in der doppelten Zunge. Zweisprachigkeit von Migrantenkindern in Deutschland. Forum Logopädie 6(1997), 11-14.

Vogel, K.: Lernersprache. Linguistische und psycholinguistische Grundfragen zu ihrer Erforschung. Tübingen 1990.

Wahrlich, H.: Wortlose Sprache – Verständnis und Missverständnis im Kulturkontakt. In: Thomas, A. (Hrsg.): Kulturstandards in der internationalen Begegnung. Saarbrücken 1991, 13-39.

Walth, R.: Strandgut der Weltgeschichte. Die Russlanddeutschen zwischen Stalin und Hitler. Essen 1994.

Wandruszka, M.: Die Mehrsprachigkeit des Menschen. Piper Verlag München 1979.

Wängler, H.H.: Atlas deutscher Sprachlaute. Akademie Verlag Berlin 1961.

Weber, C.: Selbstkonzept, Identität und Integration. Berlin 1989.

Wehr, S.: Theorien und Forschungsergebnisse zur metasprachlichen Entwicklung. In: Die Sprachheilarbeit 39(1994)5, 288-296.

Welling, A.: Mehrsprachigkeit und Sprachheilpädagogik – die verhängnisvolle Geschichte einer Pathologisierung. In: Gogolin, I./Graap, S./List, G. (Hrsg.): Über Mehrsprachigkeit. Tübingen: Stauffenberg 1998, 21-42.

Welling, A.: Sprachbehinderungen. In: Borchert, J. (Hrsg.): Handbuch der Sonderpädagogischen Psychologie. Göttingen 2000, 463-474.

Wendlandt, W.: Kommunikationsstörungen in der Migration. Zum Problem des Stotterns
und seiner Behandlung bei ausländischen Mitbürgern. In: Die Sprachheilarbeit
33(1988), 193-196.

Wendlandt, W.: Stadtteilbezogene Projektarbeit mit sprachgestörten ausländischen Mitbürgern. In: Soziale Arbeit 40(1991), 151-156.

Wendlandt, W.: Grundkenntnisse und Handlungshilfen für den Umgang mit
zweisprachig aufwachsenden Kindern in der sprachtherapeutischen Praxis. In:
Sprache-Stimme-Gehör 16(1992), 43-47.

Wendlandt, W.: Störungen des Sprechens und der Sprache. (K)ein Thema für die Sozi-
alarbeit/Sozialpädagogik? In: Soziale Arbeit 8(1993), 265-271.

Wendlandt, W.: Sprachstörungen im Kindesalter. Materialien zur Früherkennung und
Beratung. Stutgart ³1998.

Wendlandt, W./Möller, C./Reschke, B.: Störungen des Sprechens und der Sprache bei
ausländischen Kindern in Berlin (West). Forschungsbericht: Fachhochschule für Sozialarbeit und Sozialpädagogik. Berlin 1990.

Wendlandt, W./Möller, C./Reschke, B.: Ausländische Kinder und Jugendliche mit Störungen des Sprechens und der Sprache in Berlin (ehem. West) – Eine empirische Untersuchung. In: Sprache–Stimme–Gehör 2(1993), 68-76.

Wiede, E.: Phonologie und Artikulationsweise im Russischen und Deutschen. VEB Verlag Enzyklopädie Leipzig 1981.

Wiede, E.: Phonetik und Phonologie. In: Gabka, K. (Hrsg.): Die russische Sprache der Gegenwart, Bd 1. Leipzig [4]1984, 23-199.

Wilms, H.: Deutsch als Zweitsprache – Grenzen des Sprachunterrichts. In: Deutsch lernen 4(1984), 10-25.

Wirtschafts- und sozialpolitisches Forschungs- und Beratungszentrum der Friedrich-Ebert-Stifung, Abt. Arbeit und Sozialpolitik (Hrsg.): Neue Wege der Aussiedlerintegration: Vom politischen Konzept zur Praxis. Bonn 2000.

Wode, H.: Psycholinguistik. Eine Einführung in die Lehr- und Lernbarkeit von Sprachen. Theorien, Methoden, Ergebnisse. Ismaning 1988.

Wode, H.: Erziehung zu Mehrsprachigkeit. Pro und Contra. In: Lernen in Deutschland (1993)2, 106-122.

Wwedjenskaja, L.A.=Введенская, Л.А.: Что ни звук, то и подарок. Рассказы о звучащей речи. Москва. Новая школа 1996.

Zellerhoff, R.: Sprachstörungen bei Mehrsprachigkeit. In: Die Sprachheilarbeit 42(1989), 181-183.

Zellerhoff, R.: Sprachliche Abweichungen bei mehrsprachigen Schülern – erwartbare Schwierigkeiten oder Störungen? In: Vorderwülbecke, K. (Hrsg.): Phonetik, Ausspracheschulung und Sprecherziehung im Bereich Deutsch als Fremdsprache. Regensburg: Roderer 1992, 157-163.

Zimmer, D.E.: Deutsch und anders. Die Sprache im Modernisierungsfieber. Rohwolt Verlag 1997.

Anhang

INFORMATION FÜR BESUCHER DES FORSCHUNGSINSTITUTS FÜR SPRACHTHERAPIE UND REHABILITATION

Sehr geehrte Damen und Herren!

Sehr geehrte Eltern!

Wir freuen uns, Sie im Forschungsinstitut für Sprachtherapie und Rehabilitation begrüßen zu dürfen und hoffen auf eine gute und erfolgreiche Zusammenarbeit.

Die Zahl der Klienten, die die Dienste unseres Institutes in Anspruch nehmen, wächst ständig, was neue und vor allem höhere Forderungen an die Organisation der Arbeit unserer Mitarbeiter stellt.

Um unsere Zusammenarbeit mit Ihnen effizienter und erfolgreicher gestalten zu können, möchten wir Sie höflichst auf die Einhaltung folgender Regeln aufmerksam machen:

Der Therapietag im Forschungsinstitut für Sprachtherapie und Rehabilitation ist **Donnerstag**. An diesem Tag müssen alle hilfsbedürftige Kinder aufgenommen werden.

Ihrem Kind wird eine bestimmte Therapiestunde von 45 Minuten wöchentlich eingeräumt. Verständlicherweise kann der eingeplante Termin nicht kurzfristig geändert oder auf einen anderen Tag verlegt werden.

Da auf den Erfolg gezielte Therapie von Sprachauffälligkeiten eine regelmäßige Teilnahme an allen Ihnen eingeräumten Therapiestunden voraussetzt, bedeutet der Ausfall jeder einzelnen Stunde für Ihr Kind eine Rückkehr zum alten Problem. Therapieausfälle rauben nicht nur umsonst Ihre und unsere Zeit, sondern begrenzen zusätzlich unsere Möglichkeit, anderen hilfsbedürftigen Klienten in dieser Zeit therapeutische Hilfe anzubieten.

Sollte es aus wichtigen Gründen keine Möglichkeit geben, den Ausfall der Therapie zu vermeiden, bitten wir Sie, uns rechtzeitig, spätestens jedoch am Dienstag, darüber in Kenntnis zu setzen. Als Ausnahme wird nur eine plötzliche Erkrankung des Kindes bei Vorlage eines ärztlichen Attestes akzeptiert.

Im voraus bedanken wir uns bei Ihnen für Ihr Verständnis und kooperative Zusammenarbeit.

Mit besten Wünschen von allen MitarbeiterInnen des Instituts

----
i.A. Lilli Jedik

ИНФОРМАЦИЯ ДЛЯ ПОСЕТИТЕЛЕЙ ИНСТИТУТА КОРРЕКЦИИ НАРУШЕНИЙ РЕЧИ И РЕАБИЛИТАЦИИ

Уважаемые Дамы и Господа!
Уважаемые родители!

Мы рады приветствовать Вас в Институте коррекции нарушений речи и реабилитации (Forschungsinstitut für Sprachtherapie und Rehabilitation - FSR) и надеемся на успешную совместную работу с Вами!

Количество клиентов, пользующихся услугами нашего Института, непрерывно растёт, что предъявляет всё более высокие требования к организации работы наших сотрудников.

Для того, чтобы наша работа, наше сотрудничество с Вами как можно скорее приносили необходимые результаты, мы хотим ещё раз обратить Ваше внимание на соблюдение правил:

Приемный день в Институте – **четверг**. В этот день мы должны принять всех наших клиентов.

Для работы с Вашим ребёнком устанавливается определённое время – один учебный час (45 минут) в неделю. По понятным причинам это время не может быть краткосрочно передвинуто или изменено.

Так как главным условием устранения нарушений речи является регулярность занятий, то пропуск каждого занятия – это путь возвращения Вашего ребёнка к старой проблеме. Пропуски занятий не только впустую отнимают Ваше и наше время, но и ограничивают возможность посещения занятий для других, нуждающихся в помощи детей.

Если избежать пропуска следующего занятия не представляется возможным, пожалуйста, сообщите об этом как можно раньше, не позже однако, чем во вторник! Исключение возможно лишь для внезапно заболевшего ребёнка с предоставлением врачебной справки.

Мы заранее благодарим Вас за понимание и содействие.

С наилучшими пожеланиями от коллектива Института

Лилия Едик

Stottern – was kann ich tun?

Mit dem folgenden Text möchte die Bundesvereinigung Stotterer-Selbsthilfe e.V. allen stotternden Menschen und allen, die Stotternden helfen wollen, Anregungen, Hilfen und Tips an die Hand geben, die es dem Betroffenen ermöglichen, an seinem Stottern zu arbeiten.

Stottern Sie selber? Kennen Sie jemanden, der stottert? Möchten Sie etwas gegen Ihr Stottern tun, oder möchten Sie jemandem helfen? Wissen Sie nicht, an wen Sie sich wenden sollen, um Hilfe zu bekommen? Haben Sie schon alles mögliche ausprobiert und resigniert? – "Mir kann sowieso keiner helfen!" – Stehen sie vor einem Wirrwarr von Therapieangeboten? Wissen Sie nicht, für welche Therapie Sie sich entscheiden sollen? Sind Sie darüber informiert, welche Möglichkeiten es für Sie gibt, etwas am Stottern zu verändern? Haben Sie Fragen, aber kaum Antworten?

Herausgeber Bundesvereinigung Stotterer-Selbsthilfe e.V.

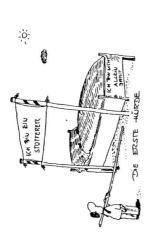

Informationen über Therapieangebote, Therapeuten, Selbsthilfe etc. erhalten Sie hier.

Eine Kontakt- und Beratungsstelle für Eltern stotternder Kinder gibt es in Dortmund, Mainz und Düsseldorf.

• Seminare

Informationen erhalten Sie bei der Bundesvereinigung Stotterer-Selbsthilfe e.V. und bei den Landesverbänden, deren Adressen Sie über die Bundesvereinigung erfahren können.

Was ist das Beste für Sie?

Das müssen Sie selber herausfinden und entscheiden. Jeder muß seinen eigenen Weg gehen. Aber wenn Sie sich informieren und mit anderen Menschen über Ihre Probleme sprechen, werden Sie es leichter haben.

Adressen:

– Bundesvereinigung Stotterer-Selbsthilfe e.V.
  Gereonswall 112, 50670 Köln,
  Tel.: 0221/139 1106/07 Fax: 0221/139 1370
  Internet: http://www.hsp.de/bvss

– Kontakt- und Beratungsstelle für Stotternde, ihre Angehörigen und Freunde (Einzelberatung)
  Kasparstr. 4, 50670 Köln, Tel.: 0221/724375
  Beratungszeiten: Mittwoch 16.30 - 18.30 Uhr

– Kontakt- und Beratungsstelle für Eltern stotternder Kinder im Sprachtherap. Ambulatorium der Uni Dortmund (Campus Süd),
  August-Schmidt-Str. 8
  Zwischenbau B
  44227 Dortmund
  Tel.: 0231/755 52 12

– Kontakt- und Beratungsstelle "Rund um's Stottern" im Sozialen Zentrum St. Rochus
  Backmuhlstr. 4
  55120 Mainz
  Tel.: 06131/626748

Nähere Auskünfte erteilt:

Bundesvereinigung Stotterer-Selbsthilfe e.V.
Koordinations- und Beratungsstelle
Gereonswall 112
50670 Köln

Telefon: (0221) 139 11-06 oder -07
Fax: (0221) 139 1370
e-mail: info@bvss.de
Internet: www.bvss.de

Spendenkonto: Bank für Sozialwirtschaft, Nr. 7103400, BLZ 370 205 00
Spenden sind steuerlich absetzbar.

Eine Stotterer-Selbsthilfegruppe ist auch in Ihrer Nähe:

Ort		Um
Am		
Ansprechpartner		Telefon

Dieses Faltblatt wurde gefördert durch den Arbeiter Ersatzkassenverband e.V.

Was ist Stottern?

Stottern zeigt sich in Unterbrechungen und/oder Verzögerungen des Redeflusses. Das weiß jeder, doch was ist Stottern genau?

Stottern ist eine ganz individuelle Störung, bei jedem anders ausgeprägt. Jeder empfindet sie anders. Was Stottern für Sie genau bedeutet, wissen Sie am besten. "Stottern ist das, was man tut, wenn man versucht, nicht wieder zu stottern", schreibt Wendel Johnson, ein bekannter amerikanischer Stottertherapeut, der selber stottert.

Was können Sie tun?

Das wichtigste, was Sie tun können, ist, sich zu informieren und sich zu überlegen, was Sie möchten. Es gibt verschiedene Möglichkeiten:

· Therapie
bei einem Sprachtherapeuten, Logopäden, Psychologen etc., also bei jemandem, der professionell Stottertherapie anbietet.

· Stotterer-Selbsthilfegruppen
Hier können Sie mit anderen Betroffenen über Probleme sprechen, gemeinsam überlegen, was man tun kann und vieles mehr.

· Beratung
über die Möglichkeiten, die Ihnen zur Verfügung stehen, bei einer der Kontakt- und Beratungsstellen der Stotterer-Selbsthilfe.

· Seminare
Bei der Bundesvereinigung Stotterer-Selbsthilfe e.V. und den Landesverbänden. Hier werden Seminare zu einem speziellen Thema über das Stottern angeboten. So ist ein intensiver Erfahrungsaustausch mit anderen Betroffenen und auch mit Therapeutinnen möglich.

Wenn sich an Ihrem Problem etwas ändern soll, dann müssen Sie es selber in die Hand nehmen.

Was für Sie am besten ist, können nur Sie entscheiden. Manchmal ist es auch gut, verschiedene Dinge auszuprobieren und sich nicht so schnell für einen Schritt zu entscheiden. Deshalb ist es wichtig, daß Sie sich über Ihre Möglichkeiten informieren. Nur wenn Sie das machen, können Sie sich entscheiden.

Wo finden Sie Hilfe?

· Therapeuten
Telefonbuch, Krankenkassen, mit anderen Stotternden über Therapeutinnen und Therapiemöglichkeiten sprechen, sich in einer Kontakt- und Beratungsstelle der Stotterer-Selbsthilfe über das vorhandene Therapieangebot informieren.

· Stotterer-Selbsthilfegruppen
gibt es in über 80 Städten in Deutschland. Auskunft gibt die Bundesvereinigung Stotterer-Selbsthilfe e.V.

· Kontakt- und Beratungsstellen
der Stotterer-Selbsthilfe gibt es in Köln, Dortmund, Mainz und Düsseldorf. Hier können stotternde Menschen zu auftretenden Fragen und Problemen Einzelberatung in Anspruch nehmen.

Заикание – что я могу предпринять?

В этой брошюре зарегистрированное федеральное общество «самопомощь заикающихся» даёт информацию, предложения и советы всем заикающимся людям, а также близким, которые хотят им помочь, о путях и возможностях работы над заиканием.

Вы сами заикаетесь? Знакомы Вы с кем-то, кто заикается? Хотите Вы найти пути решения проблемы заикания для себя или хотите кому-то помочь? Может Вы не знаете к кому Вам обратиться за помощью? Или быть может Вы испробовали уже всевозможные методы лечения и потеряли надежду? - «Мне всё равно никто не может помочь» - пасуете Вы перед неразберихой различных предложений по преодолению заикания?

Может Вы не знаете, какому из предлагаемых методов преодоления заикания отдать предпочтение? Проинформировались ли Вы о всех возможностях, которые предоставляются заикающимся для решения их речевой проблемы? Или Вы стоите перед многочисленными вопросами, на которые не находите ответы?

Издатель : Федеральное зарегистрированное общество «самопомощь заикающихся»

Консультационное бюро для заикающихся, их родителей, близких и друзей (индивидуальные беседы) Геренсвалл 112, 50670 Кёльн, Тел.: 0221/139 11-06/07

Дни и время приёма:
Понед.- с 9:00 до 12:00
Среда с 14:00 до 19:00 *и по договорённости*

Консультационное бюро для родителей заикающихся детей
Креуцштр.155, 44137 Дортмунд,
Тел.: 0231/124071.

Почту просим посылать по адресу:
Kontakt- und Beratungsstelle für Eltern stotternder Kinder, im sprachtherap. Ambulatorium der Uni Dortmund
Postfach 500500, 44137 Dortmund

Дни и время приёма:
Вторник   с 9:00 до 13:00
Четверг   с 12:00 до 16:00

Более подробную информацию Вы получите через ....

федеральное зарегистрированное   Геренсвалл 112
общество «самопомощь заикающихся»   50670 Кёльн
Координационный- и консультацион-   Тел.: (0221) -
ный центр   139 11 06/07

....

банковский счет: Bank für Sozialwirtschaft , Köln
Konto-Nr. 710 34 00, BLZ 370 205 00
Взносы и пожертвования учитываются при годовом перерасчёте налогов

Группа самопомощи заикающихся в вашем районе:

Адрес:

Руководитель: Телефон   штамп

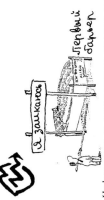

Информацию о предлагаемом лечении для заикающихся, о специалистах-логопедах, об обществах самопомощи заикающихся Вы можете получить здесь.

Консультационное бюро для родителей детей с заиканием находится в г. Дортмунде.

- **Семинары**

Информацию о них Вы можете получить у федерального зарегистрированного общества «самопомощь заикающихся» и у земельных организаций для заикающихся, адрес которых Вам охотно сообщит федеральный союз заикающихся.

Какое решение наилучшее для Вас ?

Это Вы сами должны выяснить и решить. Каждый должен идти своим путём. Но если Вы сможете получить нужную Вам информацию и поговорить со специалистами о Вашей проблеме, то легче определите, какие меры Вы хотите предпринять для преодоления заикания.

Адреса:

- федеральное зарегистрированное общество «самопомощь заикающихся»
Геренсвалл 112, 50670 Кёльн, Тел.:0221/
139 11 06 /07 факс 0221/139 13 70

Дни и время приёма:
Понед.- Четверг с 9:00 до 16:00
Пятница с 9:00 до 15:00

Что такое заикание ?

Заикание проявляется в виде прерывания и/или замедления потока речи. Это знает каждый, но всё-же подробнее, что представляет собой заикание? Заикание – это абсолютно индивидуальное нарушение речи, которое проявляется у каждого особо, и на которое каждый по своему реагирует. Что для Вас лично означает заикание, Вы знаете лучше других.

«Заикание – это нарушение речи, которое происходит, когда пытаешься говорить плавно, не заикаясь», пишет Вендель Джонсон, знаменитый американский терапевт по заиканию, который сам заикается.

Что Вы можете предпринять ?

Самое главное, что Вы можете предпринять, это получить информацию о возможной помощи и подумать, какой путь Вы для себя хотите выбрать. У Вас есть различные возможности получить помощь:

- ### Лечение

У терапевта, логопеда, психолога и т.д., у лиц, которые могут оказать профессиональное лечение заикания.

Нет, на долго это не выход, так ходить одному, только потому что некто в фильме был таким потрясающим героем – одиночкой – а я трясусь от страха перед отвратительным заиканием.

- Группы самопомощи заикающихся

Здесь Вы можете поговорить с другими заикающимися и совместно обсудить, что можно предпринять, как и многое другое.

- Консультации

на тему о возможностях, которые могут помочь заикающимся преодолеть из проблему. Их Вам дадут в консультационном бюро самопомощи заикающихся.

- Семинары

организуемые федеральным союзом самопомощи заикающихся и земельными организациями для заикающихся. Здесь Вам предлагаются семинары специально посвящённые теме заикания. На семинарах Вы можете обменяться опытом с другими заикающимися и обсудить проблемы с логопедами.

Если Вы хотите решить проблему заикания, то Вы должны взять это в свои руки. Что для Вас лучше всего, можете решить только Вы. Иногда даже лучше испробовать различные варианты до принятия окончательного решения о предпринимаемых шагах.

Поэтому так важно, чтобы Вы получили полную информацию о всех имеющихся возможностях. Только имея полную информацию Вы сумеете принять правильное для Вас решение.

Нипоо...

Не бойся заикания...

1.

2.
Возьми всё в свои руки!!

3.

- Где Вам могут оказать помощь?

- ### у логопеда или терапевта

Телефон Вы можете найти в телефонной книге, получить через больничные кассы, через информацию от других заикающихся о лечащихся их логопедах. Кроме того Вам помогут специалистов в консультативных пунктах для заикающихся.

- Группы самопомощи заикающихся

имеются в 60 городах Германии. Информацию Вы можете получить через зарегистрированное федеральное общество «самопомощь заикающихся».

- Консультационное бюро

Пункт самопомощи заикающихся имеется в Кёльне. Здесь заикающиеся могут получить ответы на все интересующие их вопросы и узнать о возможных путях решения их проблем из личной беседе со специалистами.

Wie begegne ich einem stotternden Menschen?

Zuerst: Stottern, was ist das?

Stottern ist eine Unterbrechung des natürlichen Redeflusses. Sie kann sich in Wiederholung oder Langziehen von Wörtern oder Silben äußern oder in der Blockierung der Sprechwerkzeuge.

Manche Stotternde zeigen auch Mitbewegungen der Augen, der Beine oder anderer Körperteile. Stottern ist in verschiedenen Situationen verschieden stark ausgeprägt. Die Störung tritt so individuell in Erscheinung wie die Menschen verschieden sind.

Stottern und Leidensdruck

Stotternde – besonders diejenigen, die noch nicht an ihrem Stottern gearbeitet haben und/oder noch keine

Herausgeber Bundesvereinigung Stotterer-Selbsthilfe e. V.

---

abzubauen, indem Sie folgendes beachten:

– Versuchen Sie, sich in die Situation eines stotternden Menschen hineinzudenken. Verständnis ist eine Voraussetzung, stotternde Menschen zu verstehen.

– Stotternde Menschen sind keine Witzfiguren. Lachen Sie nicht über sie, sondern nur mit ihnen.

Lieber Stottern statt Schweigen

– Vergessen Sie die Ihnen bekannten Vorurteile. Qualifizieren Sie den Stotternden gedanklich nicht ab, nur weil er oder sie stottert.

– Nehmen Sie Stotternde als Gesprächspartner ernst und hören Sie ruhig zu.

– Halten Sie Blickkontakt. Es ist ein Zeichen Ihrer Aufmerksamkeit.

– Unterbrechen Sie den Stotternden nicht, sprechen Sie nicht für ihn weiter. Es ist eine Mißachtung und Entmündigung des Stotternden.

– Reagieren Sie nicht peinlich berührt, wenn jemand stottert. Reagieren Sie nichts Peinliches, nur eine andere Art des Sprechens.

– Wenn Sie das Gefühl haben, daß der/die Betroffene dazu bereit ist, ist es kein Zeichen von Taktlosigkeit, das Problem des anderen zur Kenntnis zu nehmen und darüber zu reden.

Mit einem Wort:

Behandeln Sie stotternde Menschen so, wie Sie von anderen behandelt werden wollen: zuhörend, respektierend, mit Geduld und Achtung.

Nähere Auskünfte erteilt:

Bundesvereinigung Stotterer-Selbsthilfe e. V.
Koordinations- und Beratungsstelle
Gereonswall 112
50670 Köln

Telefon: (0221) 139 11-06 oder -07
Fax: (0221) 139 1370
e-mail: info@bvss.de
Internet: www.bvss.de

Spendenkonto: Bank für Sozialwirtschaft, Nr. 710 34 00, BLZ 370 205 00
Spenden sind steuerlich absetzbar.

Eine Stotterer-Selbsthilfegruppe ist auch in Ihrer Nähe:

Ort _____

Am _____ Um _____

Ansprechpartner _____ Telefon _____

Dieses Faltblatt wurde gefördert durch die AOK

mehr oder weniger erfolgreiche Therapie hinter sich haben – können ihre Symptomatik meist nicht willentlich beeinflussen. Sie fühlen sich der Störung hilflos ausgesetzt und von ihr beherrscht. Sie versuchen, gegen die Störung anzukämpfen, geraten in zunehmende Verspannung und stottern dadurch verstärkt. Sie haben Angst vor dem Stottern und schämen sich. Viele Betroffene möchten sich am liebsten vor der Öffentlichkeit "verstecken" und sprechen nur noch, wenn es unumgänglich ist.

Nicht das eigentliche Stottern ist dann häufig für sie das schlimmste, sondern die es begleitenden, sie peinigenden Gefühle.

Stottern im Alltag

Wie empfindlich Stotternde auf tatsächliche oder vermeintliche Erwartungen, Urteile und Verhaltensweisen ihrer Umwelt reagieren, zeigen folgende Erlebnisberichte:

"Im Büro fühlte ich mich ganz unwohl. Keiner akzeptierte mich. Eine Kollegin nahm mir das Telefonieren ab, weil sich ein Versicherter beschwert hatte. Hinter meinem Rücken wurde über mein Stottern gelacht. Ich wurde immer ängstlicher, bekam mehr und mehr Schweißausbrüche, worüber selbst in meiner Gegenwart, auch von Vorgesetzten, äußerst blöde Bemerkungen gemacht wurden."

(aus: Entmachtung des Stotterns, 89, S. 158)

"Nach dem Sprechen hatte ich oft Minderwertigkeitsgefühle, weil ich ja nicht 'richtig' sprechen konnte und meine Gesprächspartner mit meinem Stottern plagte. Sie waren meist sehr rücksichtsvoll zu mir, aber ich spürte auch, daß es für sie anstrengend und zum Teil peinlich war, mir zuzuhören."

(a.a.O., S. 54)

Das können Sie tun

Das Schlimmste am Stottern ist die Angst davor und die Angst vor der Reaktion der Mitmenschen.

Viele stotternde Menschen können in einer angstfreien Umgebung völlig flüssig sprechen, z.B. wenn sie sich allein in einem Raum aufhalten.

Sie können stotternden Menschen helfen, diese Angst

Как мне вести себя при встрече с заикающимся?

Сначала: Заикание, что это такое?

Заикание - это прерывание нормального потока речи. Заикание может протекать в форме повторения отдельных слов или в форме растягивания отдельных слов или слогов как и в форме блокирования речевых органов.

У некоторых заикающихся заикание сопровождается совместным движением глаз, рук или других органов тела. Заикание проявляется в различных ситуациях с различной интенсивностью. Заикание у каждого имеет индивидуальную форму, как и сами заикающиеся отличаются друг от друга.

Заикание и переживание

Заикающиеся – особенно те, которые ещё не работали над своей проблемой и/или не перенесли более или менее успешного лечения – не могут оказывать волевое влияние на симптоматику заикания.

Издатель : Федеральное зарегистрированное общество «самопомощь заикающихся»

- Если Вы чувствуете, что заикающийся – он или она- готовы к разговору, то это не проявление нетактичности, если Вы с ним обсудите эту проблему.

Одним словом:

Относитесь к заикающимся так, как Вы бы хотели, чтобы другие отнеслись к Вам: прислушиваясь, почтительно, с терпением и с уважением.

Более подробную информацию Вы получите через:

Федеральное зарегистрированное общество «самопомощь заикающихся» Координационный- и консультационный центр

Геронсвалл 112
50670 Кёльн
Тел.: (0221) -139 11 06/07

Банковский счёт: Bank für Sozialwirtschaft, Köln
Konto-Nr. 710 34 00, BLZ 370 205 00

Взносы и пожертвования учитываются при годовом перерасчёте налогов.

Группа самопомощи заикающихся в вашем районе:

Адрес:

Руководитель: Телефон штамп

Этот информационный лист издан с помощью материальной поддержки
Techniker Krankenkasse

Вы можете помочь заикающимся преодолеть их страх перед заиканием, если Вы будете соблюдать нижеследующие правила:

- Мысленно попытайтесь поставить себя в ситуацию заикающегося. Понимание – это предпосылка взаимопонимания с заикающимися людьми.

- Заикающиеся люди - это не шуты. Смейтесь только с ними, а не над ними.

- Забудьте известные Вам предрассудки. Не деградируйте мысленно заикающегося только за то, что он или она заикаются.

- Серьёзно относитесь к заикающемуся как к собеседнику и слушайте его спокойно.

- При разговоре смотрите на заикающегося, это признак Вашего внимания.

- Не прерывайте речь заикающегося и не договаривайте за него предложение. Это неуважение и лишение самостоятельности заикающегося.

- Не испытывайте неловкость, если кто-то вдруг заикается. Реагируйте нормально. Заикание не что-то такое, от чего должно быть неловко, это только другая форма речи.

Они чувствуют себя беспомощными и обречёнными, в плену у заикания. Пытаясь бороться с заиканием, они прилагают чрезмерные усилия и через это начинают заикаться ещё сильнее.

Они боятся заикания и стесняются говорить. Многие заикающиеся пытаются «скрываться» от общественности и говорят только в тех случаях, когда это неизбежно.

Больше всего в тебе я люблю твоё лёгкое посвистывание, когда ты, заикаясь, пытаешься выговорить ещё звук [с].

При этом не сам факт заикания для них чаще всего само тяжёлое, а сопровождающие и мучащие их чувства, которые они испытывают при заикании.

Это стран...но: хотя я сильно заикался, был неуверенным и в сущности ожидал получить в ответ от неё «нет», она ответила согласием на моё предложение пойти в кино.

«Я очень рад ... СТРАН....НО»

Заикание в каждодневной жизни

Насколько чувствительно заикающиеся реагируют на фактические или мнимые ожидания, суждения и поведение окружающих их людей, можно судить из следующих рассказов заикающихся:

«В бюро я чувствовал себя очень плохо. Никто меня не признавал. Одна из коллег стала перенимать мои телефонные разговоры только потому, что один из клиентов пожаловался. За моей спиной смеялись над моим заиканием. Я становился всё боязливее и всё чаще начинал сильно потеть от волнения, о чём даже в моём присутствии и при начальстве отпускались глупые шутки.» (aus: Entmachtung des Stotterns, 89, S. 158 = из :Лишение власти заикания 1989, стр. 158)

«После разговора у меня часто было чувство неполноценности, потому что я ведь не мог «хорошо» говорить и мучил моих слушателей своим заиканием. Они зачастую были очень деликатны ко мне, но я всё-таки чувствовал, что для них утомительно и отчасти неловко выслушивать меня.» (см. выше стр. 54)

Это Вы можете предпринять

Самое скверное в заикании - это страх перед самим заиканием и страх перед реакцией близких людей на твоё заикание.

Многие заикающиеся люди могут в ситуациях свободных от страха, например в свободном помещении, говорить плавно, не заикаясь.

Перевод на русский язык: диплом - терапевт со специализацией нарушение речи Лилия Едик, научная сотрудница Кёльнского университета

Stottern im Vorschulalter –

Früherkennung

Prävention

Hilfen

Mit dem folgenden Text wendet sich die Bundesvereinigung Stotterer-Selbsthilfe e. V. an alle Fachleute (Kinderärzte, Allgemeinmediziner, Erzieher), die mit Vorschulkindern Kontakt haben.

Wir möchten Sie für die Fragestellung sensibilisieren, ob die beobachtbaren Sprechunflüssigkeiten eines Kindes Stottern anzeigen. Prävention und Frühbehandlung können zur Bewältigung beitragen.

Herausgeber Bundesvereinigung Stotterer-Selbsthilfe e. V.

Adressen von sprachtherapeutischen Fachkräften und weitere Informationen können über die Bundesvereinigung Stotterer-Selbsthilfe erfragt werden.

Hilfen, die wir Ihnen anbieten können sind:

◆ Seminare für Eltern stotternder Kinder

◆ Therapieratgeber Stottern

◆ Wenn mein Kind stottert – Ein Elternratgeber

◆ Videofilme zum Thema Stottern – daraus vor allem: „Was ist Stottern?" und „Was tun, wenn mein Kind stottert?"

◆ Kostenlose Faltblätter

Wir bieten auch Fortbildungsveranstaltungen für Fachleute an.

Nähere Auskünfte erteilt:
Bundesvereinigung Stotterer-Selbsthilfe e. V.
Koordinations- und Beratungsstelle
Gereonswall 112
50670 Köln   Telefon: (0221) 139 11-06 oder -07
Fax: (0221) 139 1370
e-mail: info@bvss.de
Internet: www.bvss.de

Spendenkonto:
Bank für Sozialwirtschaft, Köln
Konto-Nr. 710 34 00, BLZ 370 205 00
Spenden sind steuerlich absetzbar.

Dieses Faltblatt wurde gefördert durch die
Barmer Ersatzkasse

---

nelle Beratung der Eltern und in manchen Fällen auch eine Stotter-Therapie, die dem Entwicklungsstand und der ganz individuellen Sprechproblematik des Kindes Rechnung tragen, verhindern das Leiden am Stottern und erhöhen die Chance, zu einem flüssigen Sprechfluß zurückzukehren.

Diese einzelfallorientierte Beratung und Behandlung können nur Fachleute leisten, die mit der Besonderheit des kindlichen Stotterns vertraut sind. Das sind in der Regel Sprachtherapeuten und Logopäden.

Wie können Sie Eltern und ihre stotternden Kinder unterstützen?

◆ Nehmen Sie besorgte Äußerungen der Eltern hinsichtlich der Sprechunflüssigkeiten ihres Kindes sehr ernst.

◆ Lassen Sie ihnen eine ausführliche, professionelle Beratung zukommen (durch sich selbst oder eine sprachtherapeutische Fachkraft).

◆ Tröstende Worte wie: „Sorgen Sie sich nicht, da wächst ihr Kind schon heraus" – verringern nicht das Leiden der Eltern an den Sprechunflüssigkeiten ihres Kindes.

◆ Stottern ist nicht gleich Stottern: Akzeptanz von angstfreiem und flüssigem Stottern ist eine gute Ausgangsbasis für eine gelungene Bewältigung. Ermutigen Sie die Eltern – sie brauchen Unterstützung bei diesem Lernprozeß.

Frühkindliches Stottern

Das frühkindliche Stottern ist eine Entwicklungsstörung, die bei den Eltern aber auch bei vielen Fachleuten eine große Bewertungsunsicherheit hervorruft.

Zwischen dem zweiten und sechsten Lebensjahr lernt das Kind sprechen. In der Zeit sind Sprechunflüssigkeiten ein ganz normaler Bestandteil dieser Entwicklungsphase. Es ist bekannt, daß circa achtzig Prozent aller Kinder solche Phasen der Sprechunflüssigkeiten durchlaufen. Das kommt daher, daß sich die Fähigkeit zum flüssigen Sprechen erst allmählich entwickelt.

Fünf Prozent der Kinder gehen durch eine längere Phase des Stotterns. Bei dreiviertel dieser Kinder zeigen sich im weiteren Kindes- und Jugendalter keine Stottersymptome mehr.

Für ein Prozent bleibt Stottern langfristig bestehen.

Was ist Stottern?

Stottern kennzeichnet sich zu Beginn durch Unterbrechungen des Sprechablaufes

1. Teil-Wort Wiederholungen (fa-fa-fahren)
2. Verlängerungen (iiiiiich)
3. Blockierungen („————ich")

Die Blockierungen äußern sich dadurch, daß vor einem Wort, einer Silbe und/oder einem Laut der Redefluß plötzlich stockt.

Wann ist das Stottern chronisch?

Der Phoniater Prof. Dr. Helge Johannsen und der Psychologe Dr. Hartmut Schulze haben als Entscheidungshilfe für Kinderärzte und Allgemeinmediziner folgenden Merkmalskatalog von Risikofaktoren erstellt:

◆ Dauer

Die Unflüssigkeiten des Kindes dauern länger als sechs Monate an.

◆ Verlauf

Das Stottern des Kindes hat sich von zunächst spannungsfreien Wiederholungen zu Blockierungen weiterentwickelt. Es treten Mitbewegungen des Gesichts, des Rumpfes oder der Extremitäten auf.

◆ Art der Symptomatik

In der Untersuchungssituation treten Dehnungen mit Tonhöhen- oder Lautstärkeanstieg und Blockierungen mit sichtbarer Anstrengung auf. Die Eltern bestätigen diese Symptomatik als charakteristisch und häufig beobachtbar.

◆ Reaktionen des Kindes

Das Kind selbst zeigt deutliche Reaktionen auf seine Redeunflüssigkeiten, z.B. verbal oder durch Abbruch einer Äußerung im Symptom (Blick abwenden, Kopfnicken), oder läßt ein Vermeiden bestimmter Laute, Wörter oder Sprechsituationen erkennen.

◆ Sprachentwicklung und Mundmotorik

Das Kind hat deutliche Defizite in der Sprachentwicklung oder zeigt Auffälligkeiten in der Mundmotorik.

◆ Einstellungen der Eltern

Die Eltern äußern die Überzeugung, daß das Stottern sich gefestigt hat und sich nicht mehr von allein zurückbilden wird.

◆ Familiäre Belastung

Mindestens ein weiteres Familienmitglied stottert ebenfalls.

Muß eine dieser Fragen bejaht werden, sollte unbedingt eine sprachtherapeutische Fachkraft hinzugezogen werden.

Warum sollte eine sprach-therapeutische Fachkraft hinzugezogen werden?

Stottern ist ein multifaktorielles, vielschichtiges und individuell geprägtes Phänomen.

An der Entstehung sind drei Faktorenbündel beteiligt: psycholinguistische, psychosoziale und physiologische.

Jedes Kind hat sein individuelles Set von Faktoren, die an der Entstehung und Aufrechterhaltung des Stotterns beteiligt sind.

Das Stottern eines Kindes muß deshalb immer im Einzelfall beurteilt und behandelt werden. Professio-

Заикание в раннем детстве

Заикание в раннем детстве – это нарушение в развитии, которое вызывает как у родителей, так и у многих специалистов большую неуверенность в его оценке.

В возрасте от двух до шести лет ребёнок учится говорить. В это время нарушение плавности речи является естественной составной частью данного этапа развития ребёнка. Известно, что примерно восемьдесят процентов всех детей проходят этот этап нарушения плавности речи. Это происходит оттого, что навык плавной речи формируется постепенно.

У пяти процентов детей процесс заикания длится дольше. У трёх четвёртых из этих детей в дальнейшем школьном и юношеском возрасте не появляются больше симптомов заикания. Но у одного процента детей заикание остаётся на длительное время.

Что такое заикание?

Заикание на начальном этапе проявляется в форме прерывания потока речи:
1) Повторы части слова (но-но-ноша)
2) Удлинения гласных (ииииии)
3) Блокировки («___ или»)

Блокировка выражается в том, что перед определённым словом, слогом и/или звуком поток речи вдруг прерывается.

Когда заикание является хроническим?

Фониатор проф. др. Хельге Ёханзен и психолог др. Хартмут Шульце выработали каталог признаков факторов риска, который должен помочь детским врачам и логопедам опознать хроническое заикание:

◆ Длительность

Нарушение плавности в речи ребёнка длится более шести месяцев.

◆ Протекание

Заикание ребёнка началось с повтора слов, слогов без напряжения и развилось до форм блокировки. Появились сопроводительные движения лица, корпуса или конечностей.

◆ Род симптоматики

В процессе проверки при видимом напряжении возникают удлинения гласных в сопровождении повышения тона или силы произносимого звука и блокировки. Родители подтверждают, что эти симптомы для их ребёнка характерны и часто наблюдались.

◆ Реакция ребёнка

Ребёнок однозначно показывает реакцию на своё нарушение речи, напр. словами или через прерывание своего высказывания при симптоме (прячет взгляд, кивает головой), или избегает произносить определённые звуки и слова или саму речевую ситуацию.

◆ Развитие речи и моторных функций речевых органов

У ребёнка явно наблюдаются недостаток в развитии речи или нарушение моторных функций органов речи.

◆ Точка зрения родителей

Родители придерживаются мнения, что заикание укоренилось и само-собой не пройдёт.

◆ Семейная нагрузка

Ещё хотя бы один член семьи заикается.

При положительном ответе хотя бы на один из приведённых выше факторов необходимо непременно привлечь специалиста.

Почему необходимо непременно привлечь специалиста?

Заикание – это феномен, зависящий от многих факторов, имеющий многообразные формы и индивидуальную окраску. Появление заикания может быть связано с тремя группами факторов: психо-лингвистических, психо-социальных и физиологических.

У каждого ребёнка своё индивидуальное стечение факторов, которое послужило причиной появления и протекания заикания. Каждый заикающийся ребёнок поэтому должен рассматриваться как единичный случай и получать индивидуальную форму лечения. Профессиональная консультация родителей и в некоторых случаях индивидуальное лечение заикающегося у специалистов в соответствии с его уровнем развития и его личной проблемой речи способствуют тому, что прекращается страдание заикающегося и становится возможным его возвращение к плавной речи.

Консультацию, целенаправленную на индивидуальное нарушение речи, как и соответствующее лечение, Вы можете получить только у специалистов, которые знают особенности детского заикания. Как правило это терапевты со специализацией нарушение речи или логопеды.

Как Вы можете помочь заикающимся и их родителям?

◆ Серьёзно относитесь к озабоченности родителей нарушением речи их ребёнка.

◆ Дайте родителям профессиональную консультацию (сами или порекомендуйте логопеда).

◆ Утешения типа «Не беспокойтесь, Ваш ребёнок это нарушение перерастёт» не уменьшат страдания родителей из-за нарушения речи у их ребёнка.

◆ Заикание не равно заиканию: Признание безобоязненного заикания уже хороший исходный пункт для его преодоления. Вооружите родителей – им нужна Ваша поддержка в этом процессе обучения.

◆ Адреса логопедов и подробную информацию Вы можете получить в зарегистрированном федеральном обществе «самопомощь заикающихся».

Помощь, которую мы можем Вам предложить:

◆ Семинары для родителей заикающихся детей

◆ Сборник :Советы заикающимся

◆ Мой ребёнок заикается – советы родителям

◆ Видеофильмы на немецком языке: «Was ist Stottern?», „Was tun, wenn mein Kind stottert?"

◆ Бесплатные информационные листы

Мы предлагаем также для специалистов мероприятия по повышению квалификации.

Более подробную информацию Вы получите через:

Федеральное зарегистрированное общество «самопомощь заикающихся»
Координационный- и консультационный центр
Гереонсвалл 112, 50670 Кёльн
Тел.: (0221) - 139 11 06/07, Факс: (0221) 139 1370

....
Банковский счёт: Bank für Sozialwirtschaft, Köln
Конто- Nr. 710 34 00, BLZ 370 205 00
Взносы и пожертвования учитываются при годовом перерасчёте налогов.
....
Этот информационный лист издан с помощью материальной поддержки
Barmer Krankenkasse

Заикание в дошкольном возрасте

Раннее диагносцирование

Предупреждение

Помощь

....

Нижеследующим текстом Федеральное зарегистрированное общество «Самопомощь заикающихся» обращается ко всем специалистам (детским врачам, всем медицинским работникам, воспитателям), которые имеют контакт с детьми дошкольного возраста.

Мы хотим заострить Ваше внимание на том вопросе, считаете ли Вы, что наблюдаемое нарушение плавности речи ребёнка является предвестником заикания. Предупреждение и раннее лечение могут помочь его преодолению.

....

Издатель : Федеральное зарегистрированное общество «самопомощь заикающихся»

....

Перевод на русский язык: диплом - терапевт со специализацией нарушение речи Лииия Боик, научная сотрудница Кёльского университета

Dr. Stephan Baumgartner, Manfred Krifka, M.A.

Заикание
Stottern

Dieser Ratgeber wurde gefördert
durch die
STIFTUNG MITARBEIT

Сотрудники общества содействовали
выпуску этого советчика

Russisch-deutsche Beratungsmaterialien
Заикание – Stottern

Herausgeber: Bundesvereinigung Stotterer-Selbsthilfe e.V.
(Издатель):   Gereonswall 112
                      50670 Köln
                      1. Auflage, Köln 2001

Der deutsche Text entstammt:
(немецкий текст взят из):
                      Wenn Ihr Kind stottert... Ein Elternratgeber.
                      14. Auflage, Köln 1994

Autoren: Dr. Stephan Baumgartner, Manfred Krifka, M.A.
(авторы)
Hrsg.:   Bundesvereinigung Stotterer-Selbsthilfe e.V.

Russische
Übersetzung: Dipl. Päd. Lilli Jedik,
                      Wissenschaftliche Mitarbeiterin der Universität zu Köln

Gesamtredaktion: Prof. Dr. Wolfgang Wendlandt, Berlin
                      KOMI (Projekt „Kommunikationsstörungen in der Migration")

Что такое заикание?

Вашему ребёнку более двух лет; может он уже посещает начальные классы в школе. У него трудности с речью, он повторяет некоторые слоги и слова, иногда не может ничего выговорить, и поэтому его может быть уже дразнили. Вы, родители, обеспокоены этим явлением. Вас мучает вопрос, не начнёт ли Ваш ребёнок заикаться, и что можно предпринять, чтобы это предотвратить.

Отсутствие плавности речи: ещё не причина для обеспокоенности
Последите-ка как Вы сами говорите! Вы очень быстро заметите, что Вы часто медлите, язык Ваш заплетается, Вы повторяете слог или слово. И Вы прийдёте к выводу , что это случается с Вами зачастую тогда, когда Вы несосредоточены или чем-то расстроены.

Нарушения плавности речи встречаются зачастую у маленьких детей. В процессе речи принимают участие более ста различных мышц. Ребёнок должен сначала научиться координировать их друг с другом. Кроме того ребёнок зачастую ещё не в состоянии выразить в словах или предложениях всё то, что он воспринимает и хочет передать. Особенно если ребёнок взволнован, он может начать путаться и запинаться.

Эти возрастные нарушения плавности речи не являются заиканием. Они происходят без особого видимого напряжения. Возрастные нарушения плавности речи встречаются у многих детей, и, как правило исчезают, когда ребёнок овладевает родным языком – за исключением тех остаточных , которые Вы отметили и у себя.

Was ist Stottern?

Ihr Kind ist über zwei Jahre alt; vielleicht geht es schon in die ersten Schulklassen. Es hat Schwierigkeiten mit dem Sprechen: wiederholt einzelne Silben und Wörter, bringt manchmal gar nichts heraus, wurde deswegen vielleicht schon gehänselt. Sie, die Eltern, machen sich Sorgen. Sie fragen sich, ob Ihr Kind sich zum Stotterer entwickeln wird, und ob man etwas dagegen tun kann. Darauf will diese Schrift eine Antwort geben.

Kein Grund zur Sorge: Sprechunflüssigkeiten
Achten Sie einmal darauf, wie Sie selbst sprechen! Sie werden bald merken, wie oft Sie zögern, sich verhaspeln, ein Wort oder eine Silbe wiederholen. Und Sie werden feststellen, dass dies häufig dann passiert, wenn Sie unkonzentriert oder aufgeregt sind.

Solche „Sprechunflüssigkeiten" treten besonders häufig bei jüngeren Kindern auf. Am Sprechen sind weit über hundert Muskeln beteiligt. Ein Kind muss erst einmal lernen, sie alle aufeinander abzustimmen. Außerdem ist es oft noch nicht in der Lage, alles, was es wahrnimmt und mitteilen will, rechtzeitig in Worte und Sätze zu fassen. Gerade wenn es aufgeregt ist, kann es sich verheddern und ins Stocken kommen.

Diese altersbedingten Sprechunflüssigkeiten sind kein Stottern. Sie geschehen ohne besondere sichtbare Anstrengung. Altersgemäße Unflüssigkeiten kommen bei vielen Kindern vor und verschwinden in der Regel wieder, wenn das Kind seine Muttersprache beherrscht – bis auf jene Reste, die Sie an sich selber kennen.

Что же такое заикание? Из возрастных нарушений плавности речи однако может развиться и настоящее заикание. Как это происходит, об этом у различных учёных существуют различные точки зрения. Однако все едины в том, что причины возникновения настоящего заикания могут лежать как в особенностях развития речи так и в душевной области и в отношении близких людей (родителей, бабушки с дедушкой, братьев и сесёр и т.д.) к ребёнку. Очень часто трудно отличить возрастное нарушение плавности речи от настоящего заикания.

Признаки настоящего заикания:

- Ваш ребёнок часто повторяет, может быть даже уже в течение длительного времени, звуки, слоги или отдельные слова с напряжением;

- Ваш ребёнок тянет звуки в начале слов («Мммммама»);

- Слог, который Ваш ребёнок повторяет, зачастую кончается на приглушённое [э] («бэ... бэ.. битва» вместо «би.. би... битва»).

- У Вашего ребёнка часто трясутся подбородок или губы, в то время как он не может произнести ни единого звука;

- Ваш ребёнок прилагает видимое усилие, чтобы произнести слово, например напрягает мышцы лица или непроизвольно строит гримассы.

- Ваш ребёнок стесняется своего заикания и прячет взгляд, когда начинает заикаться, боится произносить определённые слова и заменяет их другими. Он боится ситуаций, когда речь играет главную роль, и пытается таких ситуаций избегать.

Und was ist Stottern? Aus den altersbedingten Sprechunflüssigkeiten kann allerdings auch ein richtiges Stottern entstehen. Wie dies geschieht, darüber gibt es unter den Wissenschaftlern verschiedene Ansichten. Man ist sich weitgehend darüber einig, dass die Ursachen des eigentlichen Stotterns in den Besonderheiten der sprachlichen Entwicklung als auch im seelischen Bereich und im Verhalten der Bezugspersonen des Kindes (Eltern, Großeltern, Geschwister usw.) liegen können. Oft ist es schwierig, zwischen den altersbedingten Sprechunflüssigkeiten und dem Stottern im eigentlichen Sinn zu unterscheiden.

Anzeichen für echtes Stottern sind:

- Ihr Kind wiederholt häufig, vielleicht auch schon seit längerer Zeit, Laute, Silben oder Wörter mit Anstrengung;

- Ihr Kind verlängert die Laute an den Wortanfängen („Mmmmama");

- Die Silbe, die Ihr Kind wiederholt, endet häufig auf einem dumpfen [e] wie in „behalten" („Be...be... bilderbuch" statt „Bi... bi... bilderbuch");

- Ihr Kind zittert häufig mit Unterkiefer oder Lippen, ohne einen Laut herauszubekommen;

- Ihr Kind hat sichtbare Mühe, ein Wort auszusprechen, spannt beispielsweise seine Gesichtsmuskeln an oder zieht unfreiwillig Grimassen;

- Ihr Kind schämt sich seines Stotterns. Es blickt zu Boden, wenn „es" passiert, hat vor bestimmten Wörtern Angst und ersetzt sie durch andere. Es fürchtet sich vor Situationen, in denen es aufs Sprechen ankommt, und versucht sie zu umgehen.

Как развивается заикание?

Если мы до сих пор ещё не очень много знаем о природе возникновения заикания, то дальнейшее развитие заикания доступно нашему пониманию. Поставьте себя на место Вашего ребёнка! До сих пор у Вашего ребёнка время от времени возникали осложнения при разговоре, но это его не беспокоило. Постепенно Ваш ребёнок начинает замечать, что с ним что-то происходит. Может его друзья уже начали его подразнивать. Или Вы, его родители, сказали ему, что пора бы ему начать говорить нормально. Ребёнок также замечает, что другие дети могут лучше его говорить. То есть: Ваш ребёнок начинает осознавать нарушение речи. Это осознанное понимание нарушения своей речи является первым шагом к усилению заикания.

С этого момента Ваш ребёнок начнёт осознанно следить за своей речью. Он, например, заметит, что некоторые звуки ему трудно произносить и он будет пытаться путём усилий преодолеть это препятствие. Он может начать заменять «сложные» слова в своей речи простыми словами. Или Ваш ребёнок при закупке в одном магазине начал сильно заикаться и теперь он больше не хочет ходить закупаться. Теперь он также боится телефона. Ваши доброжелательные советы – «Говори медленнее!», «Старайся» - не принесут ожидаемых плодов, а разовьют в Вашем ребёнке чувство вины. Ваш ребёнок очень быстро чувствует, если Вы обеспокоены его речью или даже стесняетесь этого. Он старается «хорошо» говорить и при этом всё больше напрягается, что ведёт к усилению заикания. Иногда ему помогали слова вставки как «это», или движения, как например запрокидывание головы, освобождая Вашего ребёнка от запинки. Такие трюки ребёнок всё чаще начинает применять, скоро они однако превращаются в автоматизм, теряют своё действие, усложняя речь ребёнка.

Wie entwickelt sich Stottern?

Wenn wir auch nicht viel über die Entstehung des Stotterns wissen – seine Weiterentwicklung können wir gut nachvollziehen. Versetzen Sie sich doch einmal in die Lage Ihres Kindes! Bisher hatte Ihr Kind zwar dann und wann mit dem Sprechen Schwierigkeiten, doch das hat es nicht weiter gestört. Allmählich merkt Ihr Kind aber, dass da mit ihm etwas los ist. Vielleicht wurde es von seinen Spielkameraden gehänselt. Oder Sie, seine Eltern, haben gesagt, es soll jetzt einmal ordentlich sprechen. Es beobachtet auch, dass andere Kinder besser reden können. Kurz: die Sprechstörung wird Ihrem Kind bewusst. Dieses „Störungsbewusstsein" ist der erste Schritt zur Verstärkung des Stotterns.

Von nun an wird Ihr Kind auf sein Sprechen mehr achten. Es wird zum Beispiel merken, dass gewisse Laute besonders große Schwierigkeiten machen und wird versuchen, über diese Hürde mit mehr Anstrengung hinwegzukommen. Es könnte versuchen, «schwierige» Wörter durch leichtere zu ersetzen. Oder es hat mal in einem Geschäft stark gestottert und will jetzt nicht mehr einkaufen gehen. Auch das Telefon macht ihm zunehmend Angst. Ihre gutgemeinten Ratschläge – «Sprich langsamer!», «Streng dich an!» . werden wenig fruchten, bei Ihrem Kind aber Schuldgefühle zurücklassen. Ihr Kind spürt nämlich sehr schnell, wenn Sie sich über sein Sprechen Sorgen machen oder sich gar schämen. Es bemüht sich «gut» zu sprechen und strengt sich dabei immer mehr an. Dadurch wird das Stottern stärker. Manchmal hat ein Füllwort wie «also» geholfen, oder eine Bewegung, zum Beispiel ein Zurückwerfen des Kopfes, hat Ihr Kind aus einer Stockung befreit. Solche Tricks setzt es immer öfter ein, bald aber werden sie automatisch angewendet, verlieren ihre Wirkung und machen das Sprechen nur noch umständlicher.

Может быть Ваш ребёнок начнёт всё чаще падать духом – даже в тех областях, где он мог бы чего-нибудь добиться.

Vielleicht wird Ihr Kind immer unsicherer werden, immer mutloser – auch auf Gebieten, wo es eigentlich etwas leisten könnte.

Но этот процесс не является неизбежным. Чем раньше делается попытка его приостановить, тем лучше.

Doch diese Entwicklung ist nicht unvermeidlich. Je eher sie aufgehalten werden kann, desto besser.

Эта брошюра выпускается Федеральным зарегистрированным обществом «самопомощь заикающихся». Это общество было основано в 1979 году и представляет собой союз заикающихся, специалистов и других заинтересованных лиц. Целью общества является улучшение диагностики и лечения заикания как и привлечение внимания общественности через публикацию новейшей информации по этой теме, с перспективой добиться более толерантного отношения к заикающимся в обществе. Проведение консультаций и семинаров для родителей заикающихся детей и их учителей также входит в задачи общества.

Федеральное зарегистрированное общество «самопомощь заикающихся» является членом федерального союза «Помощь инвалидам» (Bundesarbeitsgemeinschaft „Hilfe für Behinderte" - BAGH), а так же Немецкого паритетного благотворительного общества (DPWV) и признано как общественно полезное общество (пожертвования могут быть учтены при налогоперерасчёте).

Наш счёт № 710 34 00 в банке « Bank für Sozialwirtschaft Köln »BLZ 370205 00

Diese Schrift wird von der Bundesvereinigung Stotterer-Selbsthilfe e.V. veröffentlicht. Der 1979 gegründete Verband ist ein Zusammenschluss von Stotternden, Fachleuten und anderen Interessierten. Ziel der Verbandarbeit ist es, die Möglichkeiten der Behandlung und Prävention des Stotterns zu verbessern und die Öffentlichkeit besser über diesen Themenkreis zu informieren, um eine tolerantere Einstellung zu bewirken. Die Beratung für Eltern stotternder Kinder und Lehrer, die Durchführung von Elternseminaren u.v.a. zählt ebenfalls zu seinen Aufgaben.

Die Bundesvereinigung ist Mitglied der Bundesarbeitsgemeinschaft „Hilfe für Behinderte" (BAGH) und des Deutschen Paritätischen Wohlfahrtsverbandes (DPWV) und ist als gemeinnützig anerkannt (Spenden sind steuerlich abzugsfähig).

Unser Konto: Bank für Sozialwirtschaft Köln BLZ 370 205 00   Konto 710 34 00

Чем заикание не является.

1

Заикание не является вредной привычкой, которую можно искоренить путём увещевания или тем более наказания. Заикание не поддаётся преднамеренному волевому влиянию. Поэтому бессмысленны все советы заикающемуся типа: «Дыши глубже!», «Старайся!», все угрозы, все указания, повторить предложение ещё раз или тренировать произношение определённых слов. Более того, они даже вредны, так как они зарождают у ребёнка страх произнести опять слово неправильно.

2

Заикание не является также переносной болезнью. Любопытство, которое характерно для детей, может послужить поводом того, что они начинают подражать заикающемуся и испытывают, как это говорить заикаясь. Если они заметят, что Вы ни коим образом на это не реагируете, то они быстро бросят это занятие: не заикающиеся образцы речи в их окружении преобладают и на протяжении продолжительного времени они становятся для ребёнка привлекательнее.

3

Заикание также не является признаком глупости. Заикание – это нарушение речи, которое появляется в результате взаимодействия различных факторов, как: определённая предрасположенность, несформированность речевых навыков, напряжённое старание ребёнка и чрезмерное давление окружающей среды на него.

Was Stottern nicht ist.

1

Stottern ist keine schlechte Angewohnheit, die man mit Ermahnung oder gar Strafe ausmerzen könnte. Es ist nicht unmittelbar willentlich zu beeinflussen. Deshalb sind alle Tips von der Art „Atme tief durch", „Gib dir doch Mühe!", alle Drohungen, alle Anweisungen, einen Satz zu wiederholen oder bestimmte Wörter zu üben, sinnlos. Sie sind sogar schädlich, da sie dem Kind Angst vor neuem Versagen machen.

2

Stottern ist auch nicht ansteckend. Neugierig, wie Kinder sind, ahmen sie das Stottern eines anderen vielleicht nach und probieren aus, wie es ist, so zu sprechen. Wenn Sie darauf in keiner Weise reagieren, lassen sie es bald wieder bleiben: die nichtstotternden Sprachvorbilder überwiegen und sind auf Dauer attraktiver.

3

Stottern ist schließlich kein Zeichen von Dummheit. Stottern ist eine Sprechstörung, bei der eine gewisse Veranlagung, sprachliche Unfertigkeiten, die Anstrengungsbereitschaft des Kindes und überfordernder Umweltdruck zusammenwirken.

Как я могу помочь моему ребёнку?

Нижеследующих советов и предложений Вы можете придерживаться, если у Вашего ребёнка отсутствует плавность речи. Может этим Вы сумеете предотвратить её переход в заикание.

В кругу семьи Вы должны попытаться создать ребёнку такие условия, чтобы он смело и с радостью не только говорил, но и занимался другими делами. Понаблюдайте за Вашим ребёнком несколько дней подряд. В каких ситуациях он плавно говорит? Такие ситуации Вы можете ему как можно чаще создавать. Уделяйте Вашему ребёнку много времени и слушайте его внимательно, с пониманием относитесь к его вопросам – желательно чтобы телевизор при этом оставался выключенным. Дайте ему возможность высказаться, даже если иногда это займёт много времени и даже если слова и предложения не совсем правильны. Намного важнее содержание и чувства, которые хочет выразить Ваш ребёнок – а не то как он это делает.

Исправляйте только самое необходимое и в такой форме, чтобы Ваш ребёнок не воспринял это как критику. Лучше говорите сами так, чтобы Ваша речь была ему хорошим примером, говорите выразительнее и медленнее, чем обычно. Создайте спокойную атмосферу. Вы можете показать Вашему ребёнку, что Вы его поняли и исправить выразительность его речи, повторив его предложение чётко и правильно. («Мммама, помоги мне ммма!» «Да, я помогу тебе убрать комнату»). Но Ваш ребёнок всегда должен сам говорить за себя, а не просить братьев и сестёр сделать это за него.
Если Вы в течение определённого времени понаблюдали за Вашим ребёнком и научились понимать причины возникновения нарушений его речи, то у Вас само собой появится соответствующее отношение к его нарушениям речи.

Wie kann ich meinem Kind helfen?

Die folgenden Vorschläge können Sie bereits beherzigen, wenn Ihr Kind zu Sprechunflüssigkeiten neigt. Vielleicht verhindern Sie damit, dass überhaupt ein Stottern entsteht.

In der Familie sollten Sie versuchen, den Mut und die Freude ihres Kindes am Sprechen wie an anderen Tätigkeiten zu entwickeln. Beobachten Sie Ihr Kind einmal über ein paar Tage hinweg. In welchen Situationen spricht es flüssig? Solche Situationen können Sie möglichst häufig herbeiführen. Nehmen Sie sich viel Zeit für Ihr Kind und hören Sie ihm gut zu, gehen Sie auf seine Fragen ein - der Fernseher kann dabei ruhig mal ausgeschaltet werden. Lassen Sie Ihr Kind zu Wort kommen und ausreden, auch wenn es manchmal etwas länger dauert oder die Wörter und Sätze nicht ganz stimmen. Viel wichtiger ist der Inhalt und das Gefühl, das Ihr Kind ausdrücken möchte – nicht so sehr, wie es das tut.

Verbessern Sie nicht mehr als nötig, und dann nicht so, dass Ihr Kind es als Kritik auffasst. Seien Sie lieber ein gutes sprachliches Vorbild, indem Sie etwas deutlicher und langsamer als sonst sprechen. Lassen sie selbst „locker". Sie können Ihrem Kind zeigen, dass es verstanden worden ist, und seine Ausdrucksfähigkeit verbessern, wenn Sie Äußerungen des Kindes klar nachsprechen oder ausformulieren („Mmmama, hilf mir mmmama!" – „Ja, ich helfe dir beim Aufräumen"). Ihr Kind soll aber immer für sich selber sprechen und sich nicht durch andere, z. B. durch Geschwister, vertreten lassen.

Wenn Sie Ihr Kind eine Zeitlang beobachtet haben und verstehen lernen, wie seine Sprechschwierigkeiten zustande-kommen, kommen Sie ganz von selbst zu einer angemessenen Einstellung dazu.

Не беспокойтесь чрезмерно, лучше радуйтесь, что Ваш ребёнок такой жизнерадостный и заинтересованый и так много хочет Вам рассказать. Дайте ему почувствовать, что ничего страшного в том, что он при рассказе вдруг останавливается и не знает дальше. При разговоре с ребёнком смотрите на него и не отводите взгляд, если у него возникают сложности с речью. Вам лично нарушения речи Вашего ребёнка не должны быть неприятнее, чем ему самому, т.к. именно через озабоченные лица, увещевающие указания и признаки досадного нетерпения у слушателя он познаёт, что внезапные остановки и т.п. серьёзное нарушение плавности речи.

Немаловажно, чтобы Вы, родители ребёнка, обсудили Ваши личные проблемы. Дети очень быстро замечают, когда семейные дела плохи. И на данный момент это также может стать одной из причин, послуживших толчком к появлению у Вашего ребёнка заикания.

Других людей из окружения Вашего ребёнка – старших братьев и сёстёр, бабушек и дедушек, родственников, соседей - Вы можете проинформировать об этих правилах поведения с Вашим ребёнком. Если Ваш ребёнок уже посещает школу и заикается, Вам обязательно надо об этом поговорить с учителями, так как не исключена возможность, что Вашему ребёнку из-за заикания несправедливо ставят отметки или ему в особых ситуациях нужна дополнительная помощь.

Beunruhigen Sie sich nicht zu sehr, freuen Sie sich lieber über Ihr lebendiges und interessiertes Kind, das Ihnen so viel erzählen will. Geben Sie ihm das Gefühl, dass es nichts ausmacht, wenn es mal beim Sprechen hängenbleibt. Schauen Sie es beim Sprechen an und blicken Sie nicht weg, wenn es Sprechschwierigkeiten hat. Ihnen selbst brauchen die Sprechschwierigkeiten nie unangenehmer zu sein als Ihrem Kind: schließlich lernt es erst durch besorgte Gesichter, ermahnende Hinweise und Anzeichen von ärgerlicher Ungeduld des Zuhörers, dass Hängenbleiben etwas Schlimmes ist.

Vielleicht ist es auch wichtig, dass Sie, die Eltern, sich über Ihre privaten Sorgen miteinander aussprechen. Kinder merken es sehr schnell, wenn der Haussegen schief hängt. Und das kann momentan mit ein Auslöser für Stottern sein.

Auch andere Personen, mit denen Ihr Kind Umgang hat – ältere Geschwister, Großeltern, Verwandte, Nachbarn – kann man über diese Verhaltensregel informieren. Wenn Ihr Kind bereits in die Schule geht und richtig stottert, sollten Sie auf jeden Fall mit seinen Lehrern darüber sprechen. Es besteht die Möglichkeit, dass die Leistungen Ihres Kindes wegen des Stotterns nicht gerecht bewertet werden, oder dass es in bestimmten Situationen eine besondere Hilfe benötigt.

Что не поможет Вашему ребёнку?

Наказания и доброжелательные советы, как ребёнок должен говорить, ему абсолютно не помогают справиться с нарушением плавности речи или заиканием. Но и баловство не поможет ему. Если Ваш ребёнок заметит, что его балуют, когда он заикается, у него появится средство в руках, чтобы добиваться преимуществ для себя: ему хочется привлекать внимание и добиться того, чтобы ему отдавали предпочтение перед другими братьями и сёстрами и получить новую игрушку – и он знает, что он этого добьётся, если начнёт заикаться. Так заикание может как роковая ошибка отшлифовываться в рефлекс. А Ваш ребёнок к тому же привыкнет избегать сложностей.

У Вас нет абсолютно никаких причин, устранять проблемы за Вашего ребёнка. Лучше помогайте ему справиться с этими проблемами. Если он например боится один ходить закупаться, то сходите несколько раз с ним вместе в магазин и при этом старайтесь, чтобы всё чаще говорил Ваш ребёнок. Неправильно было бы в этой ситуации просто дать ему список необходимых продуктов, который ему достаточно молча передать продавцу. Несомненно и Вам могут прийти в голову подобные вспомогательные действия при решении других проблем. Не забывайте и в дальнейшем хвалить Вашего ребёнка и радоваться с ним, когда ему удаётся справиться со сложной речевой ситуацией.

Was Ihrem Kind nicht hilft?

Bestrafungen und gutgemeinte Ratschläge, wie es sprechen soll, nutzen Ihrem Kind überhaupt nicht, um über seine Sprechunflüssigkeiten oder sein Stottern hinwegzukommen. Aber auch Verwöhnung hilft ihm nicht weiter. Wenn Ihr Kind merkt, dass es verwöhnt wird, wenn es stottert, hat es ein Mittel in der Hand, um sich Vorteile zu verschaffen: es will Beachtung haben, Bevorzugung vor anderen Geschwistern, ein neues Spielzeug – und es weiß, dass es dies erhält, wenn es stottert. So kann sich das Stottern verhängnisvoll weiter einschleifen. Und Ihr Kind gewöhnt sich obendrein daran, Schwierigkeiten aus dem Weg zu gehen.

Es gibt keinen Grund, Ihrem Kind die Probleme aus dem Weg zu räumen. Helfen Sie ihm, sie zu bewältigen. Hat es zum Beispiel Angst davor, alleine Einkaufen zu gehen, dann können Sie ein paarmal mit ihm zusammen ins Geschäft gehen und immer mehr das Sprechen Ihrem Kind überlassen. Falsch wäre es hingegen, ihm einen Einkaufszettel mitzugeben, den es nur vorzulegen braucht. Sicher fallen Ihnen ähnliche Hilfestellungen bei anderen Problemen ein. Und loben Sie Ihr Kind auch weiterhin und freuen sich mit ihm, wenn es eine schwierige Situation gemeistert hat.

Надо ли мне говорить с моим ребёнком о заикании ?

Нет, если речь идёт о простом нарушении плавности речи или Вы считаете, что Ваш ребёнок ещё не осознаёт это нарушение. В таком случае было бы неверным, заострять его внимание на его манере говорения, так как как раз через это обострённое внимание речь станет для него проблемой.

Если же однако Ваш ребёнок боится говорить, если он смущается своей речи, или если он сам начинает об этом с Вами говорить: тогда на самом деле настал момент, спокойно с ним эти проблемы обсудить. Ваш ребёнок должен знать, что он со всеми вопросами может обращаться к Вам.

Вероятно Ваш ребёнок спросит Вас почему он заикается. Вы можете ему сказать, что некоторые люди говорят лучше, а другие хуже, точно также как есть люди большие и маленькие. Объясните ребёнку, что его заикание уменьшается, когда он не так сильно напрягается при речи. Приведите ему несколько примеров, когда он говорил плавно, свяжите это с тем, что тогда он говорил без напряжения и взял себе больше времени, чтобы выразить свои мысли. Кроме того обязательно упомяните, что Ваш ребёнок не только заикается, что у него много похвальных способностей и сильных сторон.

Soll ich mit meinem Kind über das Stottern sprechen?

Nein, wenn es sich um bloße Sprechunflüssigkeiten handelt oder Sie das Gefühl haben, dass Ihr Kind noch kein Störungsbewusstsein hat. Da wäre es falsch, die Aufmerksamkeit des Kindes auf seine Sprechweise zu lenken, denn dadurch wird sie ja erst zu einem Problem.

Wenn Ihr Kind Angst hat vor dem Sprechen, wenn es bei Unflüssigkeiten verlegen wird, oder wenn es selbst darüber zu sprechen beginnt: dann ist es an der Zeit, sich mal ruhig über seine Probleme zu unterhalten. Ihr Kind soll wissen, dass es mit Ihnen über alles sprechen kann.

Wahrscheinlich wird Ihr Kind Sie fragen, warum es stottert. Sie können ihm sagen, dass die einen Menschen besser sprechen und die anderen nicht so gut, so wie es auch große und kleine Menschen gibt. Sagen Sie Ihrem Kind, dass das Stottern abnimmt, wenn es sich beim Sprechen nicht so anstrengt. Weisen Sie auf die vielen kleinen Beispiele hin, wo es mit weniger Kraft gesprochen und sich Zeit für seine Äußerung genommen hat. Außerdem stottert Ihr Kind nicht nur, sondern hat viele Stärken und lobenswerte Fähigkeiten!

Если Вашего ребёнка дразнят из-за заикания и он этим опечален, то Вам надо его утешить, отвлечь, и быть может обратить его внимание на слабости других детей. Вы можете с Вашим ребёнком выработать нормы поведения в ситуациях, когда его дразнят и проиграть их, чтобы он был подготовлен к таким ситуациям. Может Вам даже сделать попытку решить конфликт путём спокойного разговора с другими детьми.

Вам, между прочим, не надо бояться, недостаток речи назвать словом «заикание», даже несмотря на то, что это слово употребляется с негативным оттенком и для подразнивания. Как раз этим Вы поможете Вашему ребёнку смягчить остроту этого слова.

Wenn Ihr Kind gehänselt wird und deshalb traurig ist, sollten Sie es trösten, ablenken, vielleicht auch auf die Schwächen von anderen Kindern aufmerksam machen. Sie können sich mit Ihrem Kind Verhaltensweisen ausdenken und durchspielen, wie es künftigen Hänseleien besser begegnen kann. Vielleicht wäre es auch einen Versuch wert, den Konflikt im ruhigen Gespräch zusammen mit anderen Kindern zu lösen.

Sie brauchen sich übrigens nicht davor zu scheuen, die Sache auch mal «Stottern» zu nennen, selbst wenn dieses Wort einen negativen Beigeschmack hat und zum Spott verwendet wird. Gerade dadurch helfen Sie, das Wort für Ihr Kind zu entschärfen.

312

Кто может помочь мне и моему ребёнку?

Когда Вам надо посетить специалиста?

1. Если Вы серьёзно обеспокоены нарушением плавности речи Вашего ребёнка! Иногда достаточно одной консультации или нескольких визитов у специалиста, чтобы рассеять Вашу озабоченность или решить небольшие очередные проблемы.

2. Если Вы считаете, что Ваш ребёнок на самом деле заикается. Выше мы назвали Вам некоторые признаки заикания. Тогда Вы несомненно должны обратиться за специализированной помощью, и это как можно скорее: т.к. тем больше шансов на излечение.

Адреса компетентных специалистов (логопедов, терапевтов, частично психотерапевтов, врачей со специализацией: артикуляционные органы и голосовые связки) можно получить через домашнего (участкового) врача или лучше всего через детского врача или врача ухо-горло-нос, а также специалистов из области неврологии и психиатрии, кроме того через больничные кассы или отделы здравоохранения. Спрашивайте при этом целенаправленно о специалистах, которые действительно имеют опыт с заикающимися детьми, или ещё лучше которые специализированы на заикании. Консультации Вы можете также получить в логопедических школах (школах по развитию речи), при которых зачастую имеются также дошкольные учреждения и амбулаторные отделения. Рекомендуется ли Вашему ребёнку действительно посещение спецшколы, необходимо однако проверить в Вашем единичном конкретном случае.

Wer kann mir und meinem Kind helfen?

Wann sollten Sie einen Fachmann aufsuchen?

1.Wenn Sie sich über die Sprechunflüssigkeiten Ihres Kindes ernsthaft Sorgen machen! Manchmal genügen schon eine einmalige Beratung oder wenige Beratungsstunden, um Ihre Sorgen zu zerstreuen oder anstehende kleinere Probleme zu lösen.

2. Wenn Sie meinen, dass Ihr Kind richtig stottert. Wir haben oben hierfür einige Anhaltspunkte genannt. Dann sollten Sie auf jeden Fall fachliche Hilfe beanspruchen, und zwar möglichst bald: desto besser sind die Heilungsaussichten.

Die Adressen der zuständigen Fachleute (Logopäden, Sprachtherapeuten, Sprachheilpädagogen, teilweise Psychotherapeuten und Sprach- und Stimmärzte) kann man über den Hausarzt oder vorteilhafter über Kinder- und HNO-Ärzte sowie Fachärzte für Neurologie und Psychiatrie, ferner über die Krankenkassen oder das Gesundheitsamt erfahren. Fragen Sie dabei nach Fachleuten, die tatsächlich Erfahrung mit stotternden Kindern besitzen, oder die besser noch darauf spezialisiert sind. Beratung kann man ferner an Sprachheilschulen (Schulen zur Sprachförderung) bekommen, die häufig auch Vorschuleinrichtungen und Ambulanzen unterhalten. Ob ein Besuch der Sonderschule für Ihr Kind tatsächlich empfehlenswert ist, sollte allerdings im Einzelfall geprüft werden.

Как проходит курс лечения ребёнка?

Имеется целый ряд методов лечения, которые применяются к заикающимся детям. Однако среди них нет на сегодня практического решения, которое гарантирует надёжный и быстрый успех. Проинформируйтесь во всяком случае основательно у логопеда (терапевта), расспросите его о протекании лечения и о других возможных упражнениях для исправления нарушения речи. Советуем Вам проинформироваться у нескольких специалистов перед тем, как Вы выберете одного.

Хорошее лечение включает в себя на начальном этапе как минимум 1 час в неделю, и если возможно, то желательно, чтобы он складывался частично из групповой (совместно с другими заикающимися детьми) и индивидуальной формы лечения. Процесс лечения должен быть направлен как на устранение дефекта речи так и на преодоление ребёнком его боязни говорить. В процесс лечения должны быть вовлечены люди, окружающие ребёнка, родители, старшие братья и сёстры. Во время консультации с Вами логопед даст Вам целенаправленные указания и рекомендации по устранению индивидуальных дефектов речи Вашего ребёнка. И конечно особенно важно, чтобы Ваш ребёнок охотно и не против своей воли посещал занятия логопеда.

Was wird in einer Therapie gemacht?

Es gibt eine ganze Reihe von Behandlungsmethoden, die bei stotternden Kindern angewandt werden. Ein Patentrezept, das sicheren und schnellen Erfolg garantiert, ist jedoch nicht darunter. Lassen Sie sich auf jeden Fall von dem Therapeuten gründlich informieren, fragen Sie nach dem üblichen Therapieverlauf und nach anderen Behandlungsmöglichkeiten. Es ist ratsam, sich bei mehreren Fachleuten zu erkundigen, bevor Sie sich für einen entscheiden.

Eine gute Therapie wird anfangs mindestens eine Stunde pro Woche umfassen und, wenn möglich, zu einem Teil in Form einer Gruppentherapie zusammen mit anderen stotternden Kindern durchgeführt werden. Sie wird sowohl am Sprechen selbst ansetzen als auch auf die Sprechängste eingehen. Sie sollte auch die Bezugspersonen des Kindes, die Eltern und größere Geschwister miteinbeziehen. In der Elternberatung gibt Ihnen der Fachmann gezielte Hinweise und Hilfestellung für die Bewältigung der individuellen Schwierigkeiten Ihres Kindes. Und es ist natürlich besonders wichtig, dass Ihr Kind im allgemeinen gern und nicht widerwillig zur Therapie geht.

Literatur für Eltern stotternder Kinder:
Список литературы, рекомендуемой для родителей заикающихся детей:

Wenn Ihr Schüler stottert	Stephan Baumgartner, Manfred Krika, Köln 1993, BV Stotterer - Selbsthilfe e.V.
Therapieratgeber Stottern	Demosthenes Institut, Köln 1992, BV Stotterer – Selbsthilfe e.V.
Therapie für das stotternde Schulkind	Carl Dell, Köln 1994, BV Stotterer–Selbsthilfe e.V.
Wenn mein Kind stottert - ein Elternratgeber -	Ruth Heap (Hrsg.), Köln 1996, Demosthenes Verlag der BV Stotterer – Selbsthilfe e.V.
Mein Kind fängt an zu stottern. Ein Selbsthilfeprogramm für Eltern, die Ihren Kindern helfen möchten	A. Irwin, Stuttgart 1990, Thieme

Ergänzende Literatur für jugendliche und erwachsene Stotternde, interessierte Laien und Fachleute:
Список дополнительной литературы, рекомендуемой для заикающихся подростков и взрослых:

Selbsttherapie für Stotterer	Malcom Fraser, Köln 1987, BV Stotterer – Selbsthilfe e.V.
An einen Stotterer	Stephen B. Hood, Köln 1993, BV Stotterer – Selbsthilfe e.V.
Stottern ins Rollen bringen	Wolfgang Wendlandt, Köln 1994, BV Stotterer – Selbsthilfe e.V.
Zum Beispiel Stottern. Stolperdrähte, Sackgassen und Lichtblicke im Therapiealltag	Wolfgang Wendlandt, München 1984, Pfeiffer
Ratgeber Stottern	Angelika Schindler, Weinheim 1995, Beltz

Videos zum Thema Stottern:

Video: Was tun, wenn mein Kind stottert.	Elternratgeber zum kindlichen Stottern.
Video: Mein Schüler stottert.	Ein Ratgeber für Lehrer
Video: Stottern: (K)ein hoffnungsloser Fall?	Die Therapie erwachsener Stotterer.

Alle Videos von: F. Dutzmann und M. Kofort, Köln 1994, BV Stotterer – Selbsthilfe e.V.

ФЕДЕРАЛЬНОЕ ЗАРЕГИСТРИРОВАННОЕ ОБЩЕСТВО «САМОПОМОЩЬ ЗАИКАЮЩИХСЯ»

Уважаемые родители!

Ваш ребёнок заикается, и Вы уже многое предприняли, чтобы помочь ему. Может быть Вы нуждаетесь в дополнительной информации о:

* актуальном состоянии исследований причин, диагностики и лечения заикания

* лечении заикания в Германии (амбулаторном и стационарном)

* мероприятиях, проводимых по теме «Заикание в детстве», «Возможности профилактики заикания»

* школьной карьере заикающихся детей

* литературе, видеофильмах или другой помощи для заикающихся

Мы хотим улучшить как нашу просветительную работу и помощь (например семинары для родителей заикающихся детей), так и индивидуальные консультации для родителей детей с заиканием. Для этого нам нужна Ваша поддержка. Мы хотели бы, чтобы Вы стали участником нашего проекта « Мой ребёнок заикается».

Что для Вас означает, стать участником этого проекта:

Вы становитесь членом нашего общества «самопомощь заикающихся». Ваш членский взнос (50 марок в год) даёт Вам возможность показать насколько важен для Вас этот проект.

Наши обязательства перед Вами, как перед членом общества:

* постоянно информировать Вас об актуальном состоянии исследований в области заикания, о методах лечения и предлагаемой помощи для заикающихся. В настоящее время это включает в себя бесплатную посылку информационных листов (и на русском языке) и серийного письма родителей «Мой ребёнок заикается».

* предоставлять Вам возможность по сниженным ценам принимать участие во всех семинарах.

Мы рассчитываем на Вашу заинтересованность и поддержку.

С уважением

Федеральное зарегистрированное общество
«самопомощь заикающихся».

Gereonswall 112
50670 Köln
Tel.: (0221) 139 11 06/07 Fax: (0221) 139 13 70

BUNDESVEREINIGUNG STOTTERER – SELBSTHILFE e.V.

Liebe Eltern,

Ihr Kind stottert, und Sie haben sicher schon viel unternommen, um ihm zu helfen.
Vielleicht benötigen Sie noch Informationen über:

- den aktuellen Forschungsstand zu den Ursachen, der Diagnose und zur
  Behandlung des Stotterns

- Therapieangebote in Deutschland (ambulant und stationär)

- Veranstaltungen zum Thema „Kindliches Stottern",
  „Präventionsmöglichkeiten"

- die Schullaufbahn von stotternden Kindern

- Literatur, Fachvideos und sonstige Hilfe.

Wir möchten sowohl unsere Informationsarbeit und Hilfsangebote (z. B. Elternseminare) als
auch das individuelle Beratungsangebot für Eltern stotternder Kinder verbessern. Hierfür
bitten wir um Ihre Unterstützung und möchten Sie als Fördermitglied für das Projekt „Mein
Kind stottert" gewinnen.

- **Eine Fördermitgliedschaft bedeutet von Ihrer Seite:**
  Sie treten als Fördermitglied der Bundesvereinigung Stotterer-Selbsthilfe e.V. bei.
  Mit der Höhe Ihres Förderbeitrages (ab 50,00 DM/Jahr) legen Sie fest, wie wichtig
  Ihnen das Projekt ist.

Ihre Fördermitgliedschaft verpflichtet uns dazu:
- Sie regelmäßig über den aktuellen Stand der Forschung, Behandlung und Hilfsangebote
  für stotternde Kinder zu informieren. Zur Zeit beinhaltet dies u.a. die kostenlose
  Zusendung von Informationsblättern (auch in russischer Sprache) und des Elternbriefes
  „Mein Kind stottert".

- Ihnen die Möglichkeit zu geben, zu ermäßigten Gebühren an allen Seminaren Teil zu
  nehmen.

Wir zählen auf Ihr Interesse und Ihre Unterstützung.

Mit freundlichen Grüßen

Bundesvereinigung Stotterer-Selbsthilfe e.V.

Gereonswall 112
50670 Köln

Tel.: (0221) 139 11 06/07
Fax: (0221) 139 13 70